HTML/XML & JavaScript

D1678175

HTML/XML
& JavaScript

Johann-Christian Hanke

DATA BECKER

Copyright	© 2002 by DATA BECKER GmbH & Co. KG
	Merowingerstr. 30
	40223 Düsseldorf

1. Auflage 2002

Reihenkonzeption	Birgit Klapdor
Produktmanagement	Christian Strauch
Umschlaggestaltung	Inhouse-Agentur DATA BECKER
Druck	Media-Print, Paderborn
E-Mail	buch@databecker.de

ISBN 3-8158-2291-2

Vorwort

Schön, dass Sie da sind! Sie interessieren sich für HTML, XHTML und XML? Sie möchten Ihren Webseiten mit JavaScript „Beine machen"? Kein Problem! Nach dem Motto: „Vom konkreten Beispiel zum Ziel" bauen Sie mühelos zuerst einfache, dann immer komplexere Projekte. Sie finden im Buch u. a. folgende Themen:

- (X)HTML-Projekte planen und strukturieren
- Hyperlinks, Grafiken, Animationen einbauen
- Mit Style Sheets (CSS), Tabellen und Frames Seiten perfekt gestalten
- Feedback-Formulare einbinden und auswerten
- Einführung in XML, die künftige Seitenbeschreibungssprache für das Web
- XML in der Praxis: Dokumenttyp-Definition, XLink und WML
- XML-Seiten mit CSS und XSL gestalten
- Dynamische Schaltflächen, Cookies, Ticker, Banner, Pulldown-Menüs und andere „JavaScript- bzw. DHTML-Raffinessen" in die Seiten einbinden
- Homepage auf den Server laden und bei den Suchmaschinen anmelden

Das Schwergewicht liegt dabei stets auf der Veröffentlichung im World Wide Web.

Die Themen sind beispielorientiert aufbereitet. Das Buch basiert auf meinen Kurserfahrungen als Schulungsleiter. Im Anhang finden Sie außerdem einen ausführlichen Referenzteil zu HTML bzw. XHTML, Style Sheets und JavaScript.

Sie finden alle Beispiele auch auf der CD zum Buch.

Und nun wünsche ich Ihnen viel Spaß und Erfolg mit Ihrer eigenen Seite im Web oder im firmeneigenen Intranet! Wir sehen uns – gleich auf den nächsten Seiten!

Ihr Johann-Christian Hanke
Berlin im Sommer 2002

Inhaltsverzeichnis

1. **HTML, XHTML und XML: Gemeinsamkeiten und Unterschiede** **17**

Internet oder World Wide Web? 17

Homepage: Grafik und Querverweise 18

HTML, die Sprache für Webseiten 19
    Das World Wide Web Consortium (W3C) 20
    HTML, XHTML oder XML? 20

Was sich hinter WAP verbirgt 22

Wo bekommen Sie Ihre Homepage? 23
    Kostenloser Webspace 23
    Die eigene Domäne 24

Von Netscape bis Internet Explorer – Eigenheiten der Browsertypen 25

Tools und Ressourcen 26
    HTML-Layoutprogramme 26
    HTML-Quelltext-Editoren 28
    Sonstige Tools 29
    Webressourcen 29

2. **Willkommen im Web: Die erste Seite in HTML** **31**

HTML ist einfach: Head und Body erstellen 31
    Eine Seite ganz schnell erstellen 32
    Los geht's: Kopf und Rumpf 34
    Das Umlaut-Problem 35
    Verweis auf Dokumenttyp-Definition 36

Seminararbeit im Netz: Überschriften und Absätze 37

    Überschriften, Absätze und Linien 37

    Tags mit Attributen steuern 39

    Nummerierung und Aufzählungszeichen 40

Für die Optik: Erweiterte Schrifteigenschaften 41

    Tags zur Schriftgestaltung 41

    Schriftart und -farbe ändern 42

    Leerzeilen erzeugen 43

    Lauftext 44

3. Fotogalerie im Web: Farben und Grafiken   45

Mit Scanner und Digitalkamera – Bilder aufbereiten 45

    Vor- und Nachteile der Grafikformate 46

    Welches Grafikprogramm? 46

    Scannen und Nachbearbeiten der Fotos 47

Fotos und Grafiken ins Dokument einbinden 48

    Eine Grafik als Verweis nutzen 48

    Grafik ausrichten 49

    Breite, Höhe und Alternativtext 51

Tapete für die Homepage: Hintergrund gestalten 52

    Ein-Pixel-Grafik 52

    Farbverlaufeffekt 52

    Hintergrundmuster 53

Tipps und Tricks zu Grafiken 54

    Sichere Webpalette 54

    Hintergrundfarbe transparent schalten 54

    Rahmen um die Grafik legen 55

    Grafik baut sich langsam auf 56

Animationen und Banner erstellen 57

    Textbanner mit Animation Shop 57

    Animation mit StarOffice 58

4. Hyperlinks: Externe und interne Querverweise   61

Querverweise zu anderen Webseiten 61
   Planung muss sein: Struktur festlegen 61
   Seiten erstellen und miteinander verlinken 62
   Verweise auf Seiten in Unterordnern 64
   Links auf externe Webseiten setzen 65

Links auf Dateien und Newsgruppen 66
   Verweis auf eine Datei 67
   Verweis auf eine Newsgruppe 67

Feedback ist wichtig: Der E-Mail-Link 68
   E-Mail-Link mit Betreff 69

Grafik-Links als Schalter 70

Verweise innerhalb der eigenen Seite 71
   Die Tipps-und-Tricks-Sammlung 71
   Interne Anker definieren 72
   Verweise auf interne Anker 74

Sounds und Videos in die Seiten einbinden 75
   Hyperlink auf Mediadatei 75
   Datei per <embed> einbinden 76
   Klangdateien als Hintergrundsound 77

Tipps und Tricks zu Hyperlinks 78
   Hyperlinks umfärben 78
   Neues Browserfenster öffnen 79
   Hyperlinks mit QuickInfo 79
   Image Maps erstellen 80

5. Präsentieren Sie Ihr Büro mit Style Sheets   83

Perfektes Layout durch Formatvorlagen 83
   Ihr Büro präsentiert sich im Web! 84
   Dokument ohne Formatvorlagen 86
   Style Sheets in das Dokument einbinden 86
   Die zweite Version des Dokuments 89

Klassen, Container und Inline-Style 92

Eigene Klassen definieren 92

Kaskadierende Formatvorlagen 92

Listen interessant gestalten 94

Freie Gestaltung mit div und span 94

Inline-Styles verwenden 96

Elemente absolut positionieren 96

Pixelgenaue Ausrichtung mit position 97

Reihenfolge festlegen mit z-index 98

Dynamische Hyperlinks erstellen 99

Pseudo-Klassen 99

Tipps zu Hover-Links 100

Style Sheets extern auslagern 101

6. Die Meinungsumfrage per Feedback-Formular 103

Daten abschicken: per E-Mail oder CGI? 103

Quelltext für das Formular 103

Formularauswertung per CGI 105

Formularauswertung per E-Mail 105

Ihr Name bitte: Texteingabefelder erstellen 106

Einfache Texteingabefelder 106

Attribute für Texteingabefelder 107

Mehrzeiliges Texteingabefeld 107

Wählen Sie: Auswahlfelder, Radioknöpfe und Kontrollkästchen 108

Auswahlfelder 108

Radioknöpfe 108

Kontrollkästchen 109

Submit und Reset 109

7. Exaktes Layout mit Tabellen 111

So erstellen Sie einfache Tabellen 112

Einfache Tabelle 112

Tabellen interessant gestalten 113

Zellen verbinden 115

Richten Sie den Zellinhalt genau aus **116**

Genaue Maße mit width und height 116

Zellinhalt ausrichten mit align und valign 119

Tabelle passt sich der Breite des Browserfensters an 121

8. Besser navigieren mit Frames 123

Seite in zwei Frames aufteilen **123**

Dokumente vorbereiten 124

Das Frameset erstellen 126

Zeilen statt Spalten 128

Anzeige der Frames steuern **129**

Rahmen unterdrücken 130

Rollbalken anzeigen und unterdrücken 130

Rahmengröße kann nicht verändert werden 131

Abstand zwischen Rahmenrand und Rahmeninhalt 132

Ein Logo einbinden: Dreigeteiltes Fenster **133**

Ungleichmäßiges Layout: Framesets schachteln **135**

Verweise aus dem Frameset heraus **138**

9. Der schnelle Einstieg: Hallo XML 141

Wohlgeformte und gültige Dokumente **141**

Unterschiede zwischen HTML und XML 141

Gültige Dokumente 143

Der Nutzen von XML 144

Wohlgeformte Dokumente 146

Definieren Sie Ihre eigenen Tags **146**

Hallo XML! 146

Struktur im Browser betrachten 148

Die Bücherliste mit Dokumenttyp-Definition **149**

Das XML-Dokument 149

Die Dokumenttyp-Definition 150

Schlüsselwörter und Indikatoren 151

Verweis auf die DTD setzen 152

Validierenden Parser verwenden **154**

10. XML-Praxis: Datenbank, Hyperlinks und WML   157

DTD und Tags für die Produktdatenbank **157**
    Die DTD planen 157
    Attribute definieren 158
    Das XML-Dokument 160

Namensräume und Dateninseln **161**
    HTML-Datei in XML einbinden 162
    Geht auch: XML in HTML 163

Hyperlinks mit XLink **164**

Grundaufbau einer WML-Datei **165**
    Diese Tags können Sie verwenden 165
    Beispielseite in WML 166

11. CSS oder XSL? Layout für XML   169

XML-Dokumente mit CSS gestalten **169**
    Verweis auf CSS-Datei setzen 170
    Display: inline oder block? 170

XSL als XSLT im Internet Explorer **172**
    Das erste Beispiel: Hallo XSL 172
    Grafik und Tabelle mit XSL 174
    Mit Inline-Styles arbeiten 175

XSL professionell: Daten aufbereiten und sortieren **176**
    Schleife bilden mit for-each 176
    Die Produktdatenbank mit XSL gestalten 179
    Datenbank als sortierte Liste ausgeben 180

12. Mehr Dynamik durch JavaScript   183

Durchstarten mit JavaScript **183**
    JavaScript und Java 184
    Objekte, Eigenschaften und Methoden 186
    Hallo Welt – Das erste Programm 188
    JavaScript und XML/XSL 192

JavaScript in Funktionen einbinden **193**

   Skript in eine Funktion einbauen 193

   Funktionen durch Event-Handler aufrufen 194

   Farbwechsler: Mehrere Funktionen kombinieren 197

Umleitung, Passwort, Browserabfrage **198**

   Hyperlinks mit JavaScript 198

   Surfer auf andere Seiten umleiten 200

   Begrüßung mit Variablen 202

   Einfache Passwortabfragen erstellen 205

   Passwortabfrage in externe Datei auslagern 207

   Hartnäckige Abfrage mit der while-Schleife 208

   Dreimalige Abfrage mit einer Zählschleife 210

   Passwortabfrage mit Fallunterscheidung 211

   Passwortabfrage, die schwerer zu enträtseln ist 214

   Browserabfrage und Infos zum Surfer 216

Bequemer navigieren per Menü **220**

   Pulldown-Menü mit Schaltfläche 220

   Noch bequemer navigieren mit OnChange 223

Eigene JavaScript-Fenster programmieren **224**

   Einfache Fenster erzeugen 224

   Fensterinhalt rollen und exakt positionieren 226

   Fenster schließen 227

   Fenster als Fernbedienung 229

13. Besser reagieren: Cookies, Datum, Frames und Forms   233

Fehlerbehandlung in Formularen **233**

   Versehentliches Reset verhindern 233

   Formularfeld auf Eingabe kontrollieren 236

   Kontrolle vor dem Abschicken 238

   E-Mail-Adresse auf Gültigkeit prüfen 240

Datum und Uhrzeit anzeigen **243**

   Das Datum ausgeben 243

   Arrays helfen: Wochentag und Monatsnamen 246

   Uhrzeitanzeige im Formularfeld 249

   Besuchszeit ermitteln 253

Mit JavaScript Cookies definieren **258**

    Cookies schnell im Griff 258

    Surfer wiedererkennen mit Cookies 259

    Speicherort der Cookies 260

    Cookie auslesen und reagieren 263

    Namentliche Begrüßung mit Cookies 266

Besser navigieren in Framesets **271**

    Zwei Frames auf einmal ändern 272

    Drei Frames auf einmal ändern 276

    Pulldown-Menü in Frames 278

    Dokumente in Framesets ein- bzw. ausgliedern 279

14. Seiten mit Pep: Animation, Dynamik und DHTML   281

Dynamische Schaltflächen **281**

    Dynamik mit Inline-Skript 282

    Skript verbessern durch Vorladen der Grafiken 284

Ein animiertes Banner erstellen **285**

    Banner mit JavaScript 286

    Diashow statt Banner 288

Lauftext erzeugen **289**

    Lauftext im Formularfeld 290

    Lauftext in der Statuszeile 291

Ebenentechnik: Objekte fliegen lassen **291**

    Objekte animieren 292

    Skript für beide Browser tauglich machen 296

Pulldown-Menü mit DHTML **298**

    Style Sheets vorbereiten 299

    Das komplette Dokument 300

    Das Skript im Überblick 301

15. Hallo Webmaster, bitte hochladen   305

Meta-Tags und mehr **305**

Die Site auf den Server laden **306**

Seiten mit WS_FTP auf den Server laden 306
Tipps zu WS_FTP 308

Anmeldung bei Suchmaschinen **309**
Suchmaschinen im Überblick 309
Seite bei Katalogen anmelden 309
Seite bei Crawlern anmelden 310
Automatische Eintragung 311

Stichwortverzeichnis 365

Stichwortverzeichnis 365

Kapitel 1

HTML, XHTML und XML: Gemeinsamkeiten und Unterschiede

Nanu, wieso gleich drei Websprachen auf einmal? Und warum bekommt HTML plötzlich ein X vor dem H? Klären wir das zuerst einmal auf.

Die mysteriöse Seitenbeschreibungssprache HTML ist untrennbar verbunden mit der Entwicklung des World Wide Web (WWW). HTML und das Web wiederum verdanken ihre Entstehung maßgeblich dem Informatiker Tim Berners-Lee, einem Mitarbeiter an einem Schweizer Kernforschungszentrum. Lee dachte sich, dass das Internet für wissenschaftliche Zwecke nicht komfortabel genug sei. So erfand er kurzerhand das World Wide Web und die Sprache HTML. Wann das war? Ende der 80er-Jahre des 20. Jahrhunderts.

Moment mal, das Internet sei nicht komfortabel genug? Sind World Wide Web und Internet denn nicht das Gleiche? Nein! Das World Wide Web ist nur ein Teilgebiet des Internet, und ein recht junges dazu.

Internet oder World Wide Web?

Ob Sie's glauben oder nicht – die Anfänge des Internet reichen bis in die 60er-Jahre des 20. Jahrhunderts zurück.

In den USA forschte man damals an einem dezentralen Computernetzwerk, das auch einem Atomschlag standhalten sollte. Anfangs war das noch als ARPANET bezeichnete Netzwerk ein rein militärisches Projekt; wenige Rechner gehörten zu diesem Verbund. Später schlossen sich immer mehr Universitäten und Firmen aus dem EDV-Bereich diesem Netzwerk an – das Netz wurde ein rein wissenschaftliches, nicht-kommerzielles Unternehmen. Am Ende entstand daraus das Internet.

Selbstredend gab es schon zu „reinen Internetzeiten" regen E-Mail-Verkehr. Auch das so genannte Usenet (Diskussionsgruppen im Internet) erfreute sich großer Beliebtheit unter Studenten und Wissenschaftlern, auch wenn Sie und ich damals davon vielleicht überhaupt nichts mitbekamen.

Neben E-Mail und Usenet standen weiterhin mehrere textbasierte Dienste zur Verfügung, u. a.

- *FTP*, Dateien abrufen, „downloaden"
- *WAIS*, Recherche in Datenbanken
- *Archie*, Dateien finden

Kurz, das Internet war das ideale Medium für den Austausch textbasierter Mitteilungen. Man bediente die Rechner über kryptische Befehle, die man lernen musste und in von DOS bekannte Kommandozeilen (die meisten Internetrechner sind UNIX-Maschinen!) einhämmerte.

Der Haken: Viele Wissenschaftler waren vielleicht Koryphäen auf ihrem Fachgebiet, allerdings keine Computerspezialisten. Und hier griff die Erfindung von Tim Berners-Lee.

Homepage: Grafik und Querverweise

Es lebe die Maus, es lebe die grafische Benutzeroberfläche: Mit dem World Wide Web kamen erstmals die bunten, anklickbaren Seiten – das, was landläufig auch als Homepage bezeichnet wird. Eine Homepage ist zuerst nichts weiter als ein Dokument mit Text, Querverweisen (und Grafiken), vorgesehen für die Betrachtung am Bildschirm. Und zum Betrachten nutzen Sie Ihr Betrachtungsprogramm, den „Browser". Einfache Idee, finden Sie nicht?

Sie klicken auf einen dieser so genannten Hyperlinks, kurz Link genannt: Schon wechseln Sie zu einem anderen Dokument, Sie surfen! Dabei kann es sich um eine Seite auf dem gleichen Rechner handeln. Oder der Querverweis führt auf externe Seiten. Es spielt keine Rolle, ob diese auf Servern (Netz-Computern) in Berlin, London, Ohio oder Novosibirsk abgelegt sind.

Dieses „Sprungverfahren" wird auch als Hypertext-Prinzip bezeichnet. Und das ist genau das, was Webseiten ausmacht, es sind Hypertext-Dokumente.

Das World Wide Web besteht also aus folgenden Elementen:

- den Webseiten, landläufig auch als Homepages bezeichnet
- den Webservern, also den Computern im Netz, auf denen die Webseiten liegen
- dem HTTP-Protokoll, einem Verfahren zum Übertragen der Seiten (HTPP steht für **Hy**per**T**ext **T**ransfer **P**rotocol)
- dem Programm auf Ihrem Rechner, das die Seiten anzeigt (Browser, z. B. Internet Explorer)

Und zur Erzeugung der Seiten dient nun die Sprache HTML.

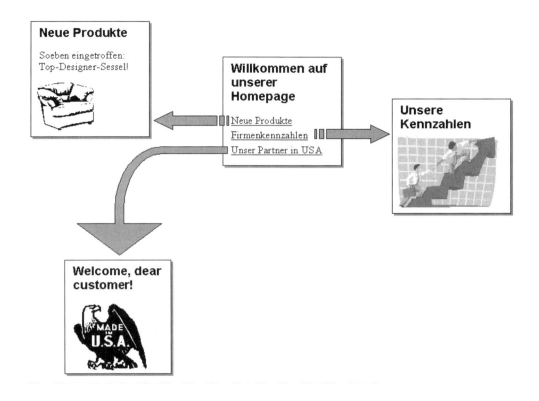

HTML, die Sprache für Webseiten

Lee, pfiffig wie er war, hat das Rad natürlich nicht neu erfunden. Er griff auf bestehende Standards zurück. Webseiten im HTML-Format sind nichts weiter als ASCII-Dokumente. ASCII steht für **A**merican **S**tandard **C**ode for **I**nformation **I**nterchange. Kurz, es ist ein standardisiertes, reines „Textformat", der kleinste gemeinsame Nenner beim Datenaustausch zwischen PCs. Jedes Minimalschreibprogramm kann in ASCII speichern bzw. ASCII-Texte lesen. Möglicherweise ist Ihnen ASCII auch unter der Bezeichnung MS-DOS-Text vertraut.

Da mit ASCII aber weder das Kennzeichnen von Überschriften noch Eigenschaften wie fett, kursiv oder unterstrichen möglich sind, besann Lee sich außerdem auf SGML.

 SGML steht für **S**tandardized **G**eneralized **M**arkup **L**anguage, zu Deutsch „standardisierte, allgemeine Sprache zur Textauszeichnung". SGML speichert nicht das Layout, sondern die logische Struktur von Dokumenten. SGML wurde in den 80er-Jahren entwickelt, um wichtige Dokumente unabhängig von ständig wechselnden binären Dateiformaten (Word, WordPerfect) oder Betriebssystemen (Windows, Mac-OS, UNIX usw.) dauerhaft elektronisch sichern zu können. Behörden, Firmen und Institutionen speichern Dokumente in SGML. SGML ist seit 1986 als internationaler Standard anerkannt.

In SGML und HTML werden Eigenschaften wie „Das ist eine Überschrift, dieser Text eine Aufzählung" usw. mit so genannten Tags dargestellt. Diese „Markierungen" stehen in spitzen Klammern. Es gibt ein Tag zum Einschalten, eins zum Ausschalten.

Um eine Überschrift erster Ordnung darzustellen, schreiben Sie:

<h1>Das ist eine Headline</h1>

Beachten Sie: Sowohl HTML als auch SGML kümmern sich nicht in erster Linie um das Layout einer Seite. Es sind logische Dokumentbeschreibungssprachen! Die Struktur eines Dokuments soll gesichert werden.

 HTML bedeutet übrigens nichts weiter als **H**yper**T**ext **M**arkup **L**anguage, Sprache zur „Auszeichnung" von Hypertext-Dokumenten. Hypertext ist sicher klar, Text mit „Sprungmarken". Und mit Auszeichnung ist nicht etwa der große Preis von Wimbledon gemeint, sondern „Textauszeichnung", die Darstellung von Eigenschaften (wie Überschrift, Liste, fett, Tabellenzelle usw.).

Das World Wide Web Consortium (W3C)

HTML wird und wurde ständig weiterentwickelt. Aber auch neue Sprachen und Standards braucht(e) das Web. Und da einer allein diese Aufgabe nicht bewältigen kann, wurde 1994 das World Wide Web Consortium ins Leben gerufen, das W3C. Dabei handelt es sich um eine Art gemeinnützigen Verband verschiedener Interessengruppen. Das W3C erarbeitet Vorschläge und Empfehlungen für neue Webstandards.

Der Leiter des W3C heißt übrigens Tim Berners-Lee!

 Selbstverständlich hat das W3C eine eigene Webadresse. Hier finden Sie Veröffentlichungen in englischer Sprache zu allen derzeit wichtigen Empfehlungen, Entwürfen und Projekten. Surfen Sie einfach zur Seite www.w3.org und informieren Sie sich!

Das W3C verfügt über mehr als 400 Mitglieder, darunter große Firmen wie Adobe, Microsoft oder Sun. Übrigens, auch Sie können Mitglied im W3C werden. Der Mitgliedsbeitrag beträgt 5.000 Dollar im Jahr.

Um mehr über das W3C selbst zu erfahren, surfen Sie zu www.w3.org/Consortium/.

HTML, XHTML oder XML?

Wenn HTML die Seitenbeschreibungssprache für Webdokumente ist, was ist XHTML? Das Gleiche in Grün! XHTML ist die neuste Fassung von HTML. Allerdings hat sich hier im Vergleich zu vorhergehenden HTML-Versionen doch einiges geändert.

XHTML ist eXtended HTML, ein an den künftigen Standard XML angenähertes HTML. In diesem Buch bringe ich Ihnen HTML nach dem neusten Standard XHTML bei.

Leider wird „reines" XHTML im Gegensatz zu HTML nur von den neusten Browsern unterstützt, beispielsweise vom Internet Explorer ab Version 5 und Netscape ab Version 6. Deshalb müssen Sie an vielen Stellen für die „Rückwärtskompatibilität" Kompromisse mache. Die in diesem Buch erstellten Seiten sind „rückwärtskompatibel".

Sie steigen gerade von HTML 4 auf XHTML um und wollen sich über die genauen Unterschiede zwischen beiden „Varianten" infomieren? Schlagen Sie einfach im Anhang auf der CD zum Buch nach.

Und XML? Das ist wiederum ein neuer Standard, ideal vor allem für logisch strukturierte Daten wie Adressverzeichnisse, Datenbanken, Kataloge, Online-Formulare usw. XML wurde erstmals 1998 vorgestellt. In XML sind Struktur und Layout streng getrennt. Sie können (und müssen) Ihre eigenen Tags kreieren, die je nach Kontext eine eigene Bedeutung erhalten.

XML ist übrigens nichts weiter als die Kurzform von eXtensible Markup Language, erweiterbare Auszeichnungssprache.

Viele Zusatzsprachen zu XML befinden sich derzeit noch in der Entwicklung, beispielsweise XSL, X-Forms oder XLink. XSL wird zur Darstellung von XML-Dokumenten benötigt, X-Forms für Formulare und XLink dagegen für das Einfügen von Hyperlinks.

Aus diesem Grund ist XML derzeit nur bedingt für die Darstellung von Dokumenten im Web geeignet. Auch der Aufwand beim Planen und Erstellen von XML-Dokumenten ist ungleich höher als bei HTML. Statt eines Dokuments benötigen Sie in der Regel drei: Eins für die Daten, eins zum Festlegen der Tags (die Dokumenttyp-Definition) und eines für die Layoutanweisungen (Style Sheets).

Aber keine Sorge: Auch das trainiere ich mit Ihnen an mehreren Beispielen. Die (X)HTML-Vorkenntnisse werden Ihnen dabei nützen. Auf Seite 141 geht's los mit XML.

Doch hier zuerst ein Gesamtüberblick über die Entwicklung.

Zeitpunkt	Was passiert?
1969, Gründung des ARPANET (Advanced Research Projects Agency-NET)	Vier Universitäten schließen ihre riesigen Computersysteme auf Betreiben des US-Verteidigungsministeriums zusammen.
1971	Erste Versuche mit E-Mail-Übertragung (elektronische Post).
1973	Die ersten europäischen Großrechner werden ans Netz angeschlossen.
1985	2.000 Computer sind weltweit zusammengeschlossen.
BITNET, NSFNET entstehen	und wachsen mit ARPANET zusammen zum so genannten INTERNET.
1989/90	Tim Berners-Lee erfindet das World Wide Web an einem Schweizer Kernforschungszentrum (CERN) in Lausanne bei Genf, er entwickelt HTML.
1992	1 Millionen Rechner sind zusammengeschlossen, vorrangig an Universitäten.
1994	Das World Wide Web Consortium (W3C) wird gegründet.
1995	Das Internet wird kommerziell, die Welle bricht los. Immer mehr Menschen erstellen ihre Homepage in der Seitenbeschreibungssprache HTML.

Zeitpunkt	Was passiert?
1998	XML wird vom W3C als Standard vorgestellt, XML ist derzeit wegen mangelnder Browserunterstützung und noch nicht abeschlossener Entwicklung nur bedingt für Webprojekte geeignet.
1998	Das W3C empfiehlt die HTML-Version 4 als neuen Webstandard.
2000	Das W3C empfieht im Januar 2000 XHTML als neuen Webstandard.

Was sich hinter WAP verbirgt

Als ob HTML, XHTML oder XML nicht genug wären, redet die ganze Welt neuerdings nur noch von WAP. WAP selbst ist jedoch keine Seitenbeschreibungssprache, sondern ein Übertragungsverfahren.

WAP steht für **W**ireless **A**pplication **P**rotocol, das Übertragungsverfahren für drahtlose Geräte im Zusammenhang mit dem Internet. Kurz: WAP ist der Quasi-Standard für die Kommunikation von Handys, Mobilcomputern usw. mit dem Internet. Was Sie davon haben? WAP ermöglicht es Ihrem Handy beispielsweise, im Web zu surfen.

 WAP wird von einem Industrieverband entwickelt, sie finden diesen unter der Adresse www.wapforum.org. Dokumente, die auf WAP-Handys angezeigt werden können, müssen in der Seitenbeschreibungssprache WML verfasst werden.

Das Ganze hat jedoch derzeit noch mehrere Haken:

- Sie benötigen eins dieser neuen WAP-fähigen Handys, „gewöhnliche" Handys sind nicht WAP-tauglich.
- Die Seite, die Sie besuchen wollen, muss im WML-Format vorliegen, HTML-Dokumente können nicht angezeigt werden.
- Bisher lassen sich nur Texte, Tabellen und grobe Schwarzweiß-Grafiken darstellen.
- Bedingt durch das kleine Display des Handys können nur sehr wenige Informationen gleichzeitig übertragen werden.
- Die Übertragungsgeschwindigkeit ist mit 9,6 KBit/s gegenüber 64 KBit/s bei ISDN oder 56 KBit/s bei Modemverbindungen lächerlich gering. Dadurch wird das Surfen zusätzlich teuer.
- Das Fehlen einer Maus und die winzige Tastatur machen das Auswählen der Seiten mühselig.
- Es gibt derzeit nur wenige WAP-Angebote. Und nicht alle WAP-Angebote können über alle Netzbetreiber abgerufen werden!

Tests großer Computerzeitschriften haben bisher eher ein ernüchterndes Bild gezeichnet. Das Abrufen von WML-Seiten ist zeitraubend und stellt wegen des kleinen Displays und der winzigen Tastatur keine wahre Freude dar. Die gleichen Informationen (Zugverbindung heraussuchen, Online-Banking) hätten über ein Telefonat dreimal schneller und kostengünstiger erledigt werden können.

 Gerade Banken und Online-Broker versprechen sich viel von WAP. Aber auch hier lauert derzeit noch ein Pferdefuß: Die Daten können noch nicht manipulationssicher zwischen Handybesitzer und Online-Bank übertragen werden.

Möglicherweise sieht das Ganze in ein paar Jahren schon rosiger aus. Vielleicht gibt es dann ganz andere Handys mit riesigen Klappdisplays und Spracheingabe?

Trotzdem mein Tipp: Halten Sie sich derzeit noch mit WAP-Experimenten zurück, warten Sie lieber mit dem Handy-Kauf: WAP-Handys, die Sie heute kaufen, entsprechen derzeit noch nicht dem künftigen GRPS-Standard (General Radio Pocket Switch). Mit GRPS sind Sie doppelt so schnell wie ISDN. Noch im Jahr 2000 soll GRPS eingeführt werden.

Falls Sie mit Ihrem WAP-Handy surfen wollen: Ersetzen Sie einfach *www* durch *wap*. Ein sehr übersichtliches Angebot von Wetter, News bis Börsennotizen finden Sie beispielsweise bei wap.web.de:

Sie wollen „Webseiten" für Handy-Besitzer schreiben? Dann benötigen Sie vor allem Kenntnisse in der Seitenbeschreibungssprache WML, kurz **W**ireless **M**arkup **L**anguage, Auszeichnungssprache für drahtlose Geräte. WML ist im Prinzip nichts weiter als XML. Im XML-Teil ab Seite 165 zeige ich Ihnen zumindest den Grundaufbau eines WML-Dokuments.

Wo bekommen Sie Ihre Homepage?

Wo gibt es den Platz für Ihre Homepage? Hier habe ich mehrere gute Nachrichten für Sie: Jeder, der bei einem großen Provider oder Online-Dienst Mitglied ist, bekommt in der Regel kostenlosen Webspace. Bei AOL lautet Ihre Webadresse z. B. http://members.aol.com/Benutzername, bei T-Online dagegen http://home.t-online.de/home/Benutzername.

Kostenloser Webspace

Ihr Provider bietet Ihnen keinen zusätzlichen Webspace, beispielsweise, weil es ein günstiger Internet-by-Call-Anbieter ist? Auch das ist nicht so schlimm!

Es gibt im Web inzwischen unüberschaubar viele Dienstleister, die Ihnen eine kostenlose Webpräsenz ermöglichen, beispielsweise www.freepage.de.

Aber ehe ich Ihnen all die anderen aufzähle, surfen Sie lieber zur Suchmaschine für freien Webspace, zu FreeWebspace! Sie finden diese erstaunliche Seite unter www.freewebspace.net!

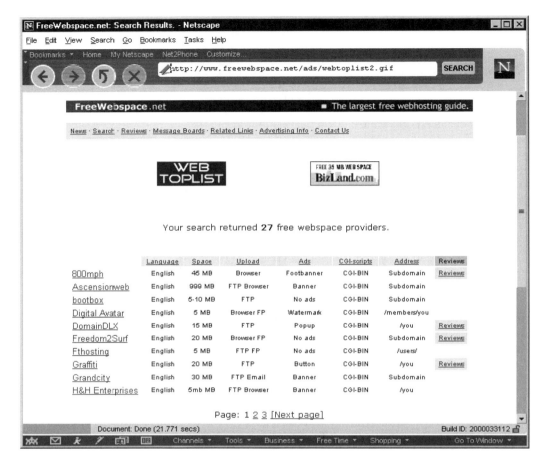

Unter www.freewebspace.net/search/advanced.shtml finden Sie ein erweitertes Suchfor-
mular, bei dem Sie Ihre Suche nach verschiedenen Kriterien eingrenzen können. Suchen Sie
nach Dienstleistern, die Ihnen sogar kostenlos CGI, E-Mail-Konto, sicheren Zugriff oder
Subdomains anbieten! Tipp: Begrenzen Sie die gewünschte Sprache nicht auf Deutsch,
denn sonst erhalten Sie nur wenige Treffer!

Und noch ein Tipp: Im Anhang auf der CD zum Buch zeige ich Ihnen, wie Sie blitzschnell die
Internetverbindung über einen Internet-by-Call-Anbieter einrichten.

Die eigene Domäne

Sie wollen keine dieser „Bandwurmadressen"? Dann sichern Sie sich eine eigene Domäne.
Im Klartext: Ihre Seite folgt dem Muster www.MeinName.de oder www.MeinName.com. Ihr
Name wird bei der DE-NIC registriert, der Organisation für die Vergabe dieser attraktiven
Webadressen.

ACHTUNG
Jeder, der bei der DE-NIC eine Domain anmeldet (oder sie über einen Dienstleister anmelden lässt), ist verpflichtet zu prüfen, ob Rechte Dritter verletzt werden können. Wenn es beispielsweise schon eine gleich oder ähnlich klingende Zeichenfolge als Markennamen gibt, darf diese nicht für den eigentlichen (geschäftlichen) Webauftritt genutzt werden. Dazu sind verschiedenste Recherchen nötig, die so richtig ins Geld gehen können! Auf der CD zu diesem Buch finden Sie einen informativen Artikel zu diesem Thema mit entsprechenden „Recherche-Adressen".

Auch hier gibt es unzählige (kostenpflichtige) Dienstleister, die Ihnen zu einer eigenen Domäne verhelfen und Ihnen gleichzeitig die Registrierung abnehmen. In Deutschland sind das beispielsweise

- PureTec, zu finden unter www.puretec.de
- Strato, zu finden unter www.strato.de
- Loomes, zu finden unter www.loomes.de

Vergleichen Sie die Angebote vorher sorgfältig. Auf den ersten Blick mögen die Offerten günstig erscheinen: Wichtige Funktionen wie freie CGIs oder – falls Sie nicht darauf verzichten können – FrontPage-Unterstützung bekommen Sie teilweise nur gegen erheblichen Aufpreis. Meine Erfahrungen mit PureTec sind gut, von Strato würde ich Ihnen derzeit jedoch abraten.

Übrigens: Eine eigene Domäne wird auch als „first level domain" bezeichnet.

Von Netscape bis Internet Explorer – Eigenheiten der Browsertypen

Das Web ist da, der HTML-Standard ist da, fehlt nur noch der Browser, das Betrachtungsprogramm für Webseiten. Und hier wird's für uns Webprogrammierer richtig kriminell:

- Jeder Browser interpretiert den HTML-Code auf seine Weise.
- Fortgeschrittene Techniken wie Style Sheets oder JavaScript können erst in neueren Anzeigeprogrammen korrekt dargestellt werden.
- Microsoft und Netscape erfanden in der Zwischenzeit eigene Tags (*<blink>* oder *<marquee>*), die auf den Browsern der Gegenseite jeweils nicht funktionieren.

Der so genannte Krieg der Browser wurde jedoch inzwischen von Microsoft haushoch gewonnen. Der Internet Explorer gehört fest zum Betriebssystem und ist so zwangsläufig die bevorzugte Wahl der meisten Anwender.

Der Marktanteil von Microsoft liegt derzeit (Sommer 2002) ungefähr bei 90 %, wobei der Internet Explorer 5.x den höchsten Anteil besitzt. Der Internet Explorer 4 wird jedoch ebenfalls noch benutzt.

Netscape hält derzeit einen Anteil von ca. 10 %, vorrangig mit seinem Netscape Navigator 4.x aus der Communicator Suite.

Der neue Netscape Navigator 6 scheint sich noch nicht richtig durchgesetzt zu haben. Dabei interpretiert er alle Webstandards ohne Fehl und Tadel.

Neben Netscape und Internet Explorer gibt es noch unzählige weitere Browser: Erwähnenswert sind beispielsweise Opera aus Norwegen (www.operasoftware.com), der Textbrowser Lynx, Mosaic oder der Browser des W3C Amaya.

Im Buch gehe ich davon aus, dass Sie entweder den Internet Explorer 5 oder höher oder den Netscape Navigator 4.x verwenden. Bei Besonderheiten mache ich Sie auf die Eigenheiten der Browsertypen aufmerksam. Weiterhin bemühe ich mich, Ihnen stets Lösungen anzubieten, die auch mit älteren Browsermodellen funktionieren. Gerade im JavaScript-Kapitel lautet das Motto: „Lieber eine Code-Zeile mehr, dafür aber Kompatibilität zu älteren Programmen".

Tools und Ressourcen

Zugegeben, eigentlich müssen Sie kein HTML lernen. In der Regeln kann heutzutage jede bessere Textverarbeitung Dokumente als HTML-Datei sichern. Selbst der Internet Explorer bzw. der Netscape Navigator bringen einfache „Layoutprogramme" zur Erstellung von Webseiten mit.

Egal ob Freeware oder Homepage-Rolls-Royce: Der Markt bietet noch mehr: In den folgenden Tabellen gebe ich Ihnen eine kleine Übersicht. Und da ich die meisten dieser Programme auch kenne und selbst getestet habe, verrate ich Ihnen gleich, was ich davon halte.

Allerdings setze ich für dieses Buch keinesfalls voraus, dass Sie sich eins dieser Programme besorgen! Im Gegenteil: Sie können gern mit dem Windows-Editor (NotePad) oder einer anderen „Minimaltextverarbeitung" arbeiten.

HTML-Layoutprogramme

Als „HTML-Layoutprogramme" bezeichne ich Editoren, bei denen Sie keine Zeile Code beherrschen müssen. Sie arbeiten praktisch wie in Ihrer Textverarbeitung.

Trotzdem sind vor allem die teureren Programme so ausgelegt, dass Sie sowohl in der Layoutansicht als auch direkt im Quelltext arbeiten können. Ideal also für HTML-Profis, die sich lästige Routinearbeit ersparen wollen.

Programm	Webadresse	Bemerkungen
Netscape Composer	im Netscape Communicator enthalten, siehe www.netscape.com, kostenlos	Beherrscht keine Style Sheets, nur für sehr einfache Projekte, verändert Quelltext von handgeschriebenen Seiten.
FrontPage Express	im Microsoft Internet Explorer bis Version 4 enthalten, siehe www.microsoft.com, kleiner Bruder von FrontPage, kostenlos	Sehr einfaches Programm, beherrscht keine Style Sheets, nur für sehr einfache Projekte, verändert Quelltext von handgeschriebenen Seiten.
FrontPage	in der Version Office XP Premium enthalten, siehe www.microsoft.com, kostet einzeln ca. 175 EUR	Profiprogramm mit unzähligen Funktionen, Rollover- und DHTML-Effekte, ImageMap-Editor, gute Rechtschreibkontrolle, kennt leider keine Umlautkodierung, fügt außerdem Tags ein, die nur der Microsoft-Browser interpretieren kann, empfehlenswert erst ab FrontPage 2000, eigene Programmphilosophie mit „FrontPage-Web", viele Effekte werden erst erreicht, wenn der Dienstleister die so genannte Microsoft FrontPage-Unterstützung installiert (hoher Aufpreis), Arbeiten sowohl im Quelltext als auch im Layout möglich.
Macromedia Dreamweaver	Infos unter www.macromedia.com, momentan aktuell ist die Version MX, kostet um 450 EUR	Das beste HTML-Programm auf dem Markt für den PC, erzeugt Rollover- und DHTML-Effekte, ImageMap-Editor, lässt Ihren Quelltext absolut in Ruhe, wird mit Homesite ausgeliefert, Arbeiten sowohl im Quelltext als auch im Layout möglich.
Adobe GoLive	siehe www.golive.com, kostet um 450 EUR	Ebenbürtig mit dem Dreamweaver, sowohl für den Apple Macintosh als auch für den PC erhältlich, sehr teuer, Arbeiten sowohl im Quelltext als auch im Layout möglich
Netobjects Fusion	siehe www.netobjects.com, liegt derzeit in der Version MX vor, kostet um 150 EUR	Anderer Ansatz als die vorgenannten Programme, wie in einem DTP-Programm ziehen Sie die Objekte pixelgenau an ihren Platz, ohne mit dem Quellcode in Berührung zukommen, ich würde Ihnen von diesem Programm eher abraten.
Office XP (Office-Suite mit HTML-Unterstützung)	www.microsoft.de, ab 600 EUR	Word, Excel und PowerPoint erzeugen auf Befehl automatisch Webseiten mit Skriptunterstützung, leider ist eine Nachbearbeitung des Quellcodes sehr schwierig, da ein „aufgeblasenes" Gemisch aus HTML-Dateien mit „XML-Inseln" entsteht und eigenmächtig etliche Unterordner angelegt werden. Seiten sind für den Internet Explorer optimiert, Programme sind für unsere Zwecke nicht empfehlenswert.

Wenn Sie Geld ausgeben wollen, ist Ihnen zu FrontPage, Dreamweaver oder GoLive zu raten. Diese Programme wenden sich an den Profi und erlauben Ihnen auch, handgeschriebene Seiten weiterzubearbeiten, ohne dass der Quelltext dabei verändert wird. Der Dreamweaver ist in der Windows-Welt wahrscheinlich die Nummer 1.

Geheimtipp: Der Dienstleister Strato (www.strato.de) legt ab einem bestimmten „Hosting-Paket" eine Lizenz von GoLive 6 kostenlos mit dazu.

HTML-Quelltext-Editoren

Mit Quelltext-Editoren meine ich Programme, bei denen Sie direkt im Quelltext arbeiten. HTML-Kenntnisse werden vorausgesetzt. Die Programme unterstützen Sie jedoch beim Einfügen von Tags, Grafiken und Frames.

Außerdem werden Tags und Attribute unterschiedlich eingefärbt. Eine Vorschau im Browser ermöglicht Ihnen jederzeit die Kontrolle über Ihr Projekt. Ich empfehle Ihnen, mit einem dieser Programme zu arbeiten. Allerdings sind die meisten der hier besprochenen Tools englischsprachig.

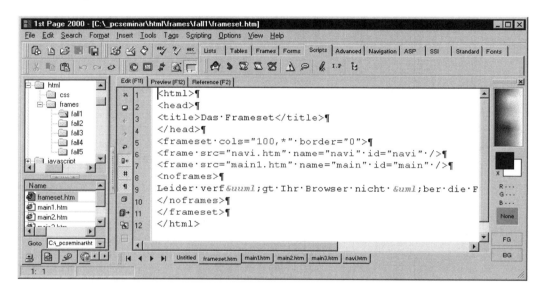

Meine Favoriten sind Homesite, 1ˢᵗ Page 2000 und das HTML-Kit. Ich arbeite am liebsten mit der genügsamen Freewareversion von Homesite, mit Homesite 1.2. Zu diesem Programm halte ich auf der CD zum Buch eine deutschsprachige Anleitung bereit.

Der neue „Shooting-Star" (siehe Abbildung) ist jedoch zweifellos 1ˢᵗ Page 2000!

Programm	Webadresse	Eigenschaften
1st Page 2000	www.evrsoft.com, kostenlos	Hervorragendes, sehr komplexes Programm, Nachbau von Homesite, enthält unzählige vorbereitete JavaScript-, DHTML- und CGI-Beispiele, vom W3C empfohlen, enthält den „HTML-Reiniger" Tidy vom W3C.
HTML-Kit	www.chami.com/html-kit, kostenlos	Kleiner, aber feiner Freeware-HTML-Editor, vom W3C empfohlen, enthält den „HTML-Reiniger" Tidy vom W3C.
Hot Metal	www.softquad.com, kostenpflichtig	Zeigt Tags als Symbolzeichen an, ist der Klassiker unter den HTML-Editoren, unterstützt auch XHTML und XML.

Programm	Webadresse	Eigenschaften
Homesite	www.macromedia.com, ca. 100 Dollar	Fantastisches Spitzenprogramm, erste Wahl vieler professioneller Webdesigner, inzwischen Version 5, Version 1.2 ist Freeware.
Uli Meybohms HTML-Editor	www.meybohm.de, kostenlos	Nachbau von Homesite, von einem deutschen Informatikstudenten geschrieben, sehr empfehlenswert.
Arachnophilia	www.arachnoid.com, kostenlos	Sehr empfehlenswertes, sympathisches Freewareprogramm, kann RTF nach HTML konvertieren.
NoteTab	www.notetab.com, Lightversion kostenlos	Ersatz für den Windows-Editor (NotePad), mit integriertem HTML-Editor.
Coffee-Cup-HTML-Editor	www.coffeecup.com, 40 Dollar	Shareware, enthält in der lizenzierten Version unzählige vorbereitete JavaScripts, außerdem erhältlich: ein Image-Map-Generator.
Weaversleave	www.subjective.de, kostenlos	Deutschsprachiger, schlanker HTML-Editor

Sonstige Tools

Als „Homepage-Bastler" kommen Sie selten mit einem einzigen Programm aus. Werfen Sie einen Blick auf folgende Tools:

Programm	Webadresse	Bemerkungen
MapMaker (Image-Map-Generator)	www.jchanke.de/xhtml/mm32inst.exe	Einfach zu bedienendes, aber leistungsfähiges Image-Map-Programm, siehe auch Workshop Seite 81.
StarOffice (Office-Programm mit HTML-Untertützung) bzw. OpenOffice	www.openoffice.org, kostenlos, in Deutsch, Englisch, Französich, Holländisch usw. erhältlich, Downloaddatei allerdings 65 MByte groß	Komplexes Freeware-Office-Programm mit praktisch allen Funktionen, die Microsoft Office auch bietet, enthält außerdem nützliche Tools für die Homepage-Gestaltung, beispielsweise einen ImageMap-Editor und einen GIF-Animator, auch für Linux, Sun Solaris oder OS/2 erhältlich, sehr empfehlenswert! Siehe Workshop Seite 58.
WS_FTP (FTP-Programm)	www.ipswitch.com, Lightversion kostenlos	Programm zum „Hochladen" der Homepage, siehe Seite 306.
Paint Shop Pro (Bildbearbeitung)	www.jasc.com, ca. 150 EUR, auch in Deutsch erhältlich	Grafikprogramm der Spitzenklasse, kostenlose Demoversion herunterladbar.

Webressourcen

In dieser Tabelle stelle ich Ihnen nützliche Webseiten vor. Doch lassen Sie sich nicht von den etwaigen überkorrekten Prüfprogrammen (Validatoren) einschüchtern!

Ressource	Webadresse	Bemerkungen
Seiten des W3C	www.w3.org	Heimatseite des World Wide Web Consortiums, Informationen aus erster Hand zu allen neuen Standards und Empfehlungen.
Prüfprogramm des W3C	validator.w3.org	Der offizielle Validator des W3C, Sie geben die URL Ihrer Seite lediglich in ein Formular ein.

Ressource	Webadresse	Bemerkungen
HTML/CSS-Referenz und Validator	www.htmlhelp.com	Enthält eine umfangreiche englischsprachige Referenz zu HTML und CSS nebst einem Online-Prüfprogramm für korrektes HTML (Validator), sehr empfehlenswert.
Bobby (HTML-Validator)	www.cast.org/bobby	Prüfprogramm testet über eine Webseite, ob Ihr Seiten auch von behinderten Personen gut lesbar sind.
Selfhtml (HTML-Referenz)	www.netzwelt.com/selfhtml	Deutschsprachige HTML- und JavaScript-Referenz des Webdesigners Stefan Münz, derzeitiger Stand: 2001, sehr empfehlenswert.
JavaScript-world	www.javascript-world.de	Skripts, Workshops und Infos rund um JavaScript.
Tidy (HTML-Säuberer)	www.w3.org/People/Raggett/tidy	Kostenlos downloadbar, repariert fehlerhafte HTML-Dateien und konvertiert diese sogar nach XML, empfehlenswert. Kreidet in den bisherigen Versionen allerdings auch Fehler an, die keine sind.

Zur Erinnerung: Die wichtigsten Tools und Ressourcen können Sie über die CD zum Buch abrufen, hier finden Sie die entsprechenden Download-Links.

Kapitel **2**

Willkommen im Web: Die erste Seite in HTML

Auf los geht's los! Erstellen Sie Ihre erste Seite in HTML! Auf den nächsten Seiten zeige ich Ihnen alles, was Sie dazu wissen müssen.

 Sie benötigen für die Beispiele nur einen Browser und eine einfache Textverarbeitung. Sie arbeiten mit Windows? Dann empfehle ich Ihnen das Minimalprogramm Windows-Editor. Sie können es normalerweise aufrufen, indem Sie *Start/Ausführen* wählen, die Zeichenfolge „notepad" tippen und Enter drücken. Folgen Sie jedoch am besten zuerst meiner „objektorientierten Variante". Als Browser verwende ich in den Beispielen den Internet Explorer.

HTML ist einfach: Head und Body erstellen

Was müssen Sie wissen? Vorerst nicht viel:

- HTML-Seiten sind einfache Textdateien mit der Endung *.htm* oder *.html*!
- Jede HTML-Seite besteht aus dem Head (Kopf) und dem Body (Körper).
- Die einzelnen Eigenschaften („Auszeichnungen") werden durch Tags eingeleitet (*<h1>*), diese stehen in spitzen Klammern.
- Jedes Tag zum Einschalten benötigt eins zum Ausschalten, erkennbar durch den zusätzlichen Schrägstrich, den Slash (*</h1>*).
- Wenn Sie mehrere Tags kombinieren, müssen sie in der entgegengesetzten Reihenfolge wieder abgeschaltet werden, *<p><i>...</i></p>* wäre korrekte Verschachtelung, *<p><i>...</p></i>* ist dagegen falsch.
- Einige Tags benötigen von der Logik her kein End-Tag, beispielsweise das Tag für eine Linie *<hr>*. Solche Tags müssen trotzdem geschlossen werden, und zwar so: *<hr />*! Der Schrägstrich befindet sich am Ende des Tags, und zwar nach einem Leerzeichen.
- Alle Tags werden klein geschrieben.

Das soll für den Anfang genügen! Legen Sie los.

Eine Seite ganz schnell erstellen

Sie arbeiten unter Windows 95/98, NT oder 2000? Sie verwenden den Internet Explorer als Standard-Browser? Dann habe ich eine revolutionär einfache und (hoffentlich) idiotensichere Schrittfolge für das erste Beispiel!

ACHTUNG Achten Sie für dieses und für die nächsten Beispiele unbedingt darauf, dass die Dateiendungen eingeblendet sind. Normalerweise bekommen Sie diese in Windows nicht zu Gesicht. Unter Windows 98 wählen Sie *Start/Einstellungen/Ordneroptionen*. (In Windows 2000 jedoch *Start/Systemsteuerung*, hier das Symbol *Ordneroptionen*). Klicken S e auf die Registerzunge *Ansicht*. Entfernen Sie das Häkchen bei *Dateinamenerweiterungen bei bekannten Dateitypen ausblenden*. Klicken Sie auf *OK*.

Alles bereit, Dateiendungen sichtbar? Prima! Dann zeige ich Ihnen außerdem gleich, wie Sie einen eigenen Ordner einrichten. Denn vor allem am Anfang ist es empfehlenswert, alle zu Ihren HTML-Projekten gehörenden Dateien in einem Ordner abzulegen.

1. Wechseln Sie in den Windows-Explorer. Das gelingt Ihnen beispielsweise, indem Sie die Windows-Taste gedrückt halten (die zweite Taste von links unten auf Ihrer Tastatur, falls Ihre Tastatur eine solche Taste besitzt). Tippen Sie jetzt ein „e". Natürlich können Sie den Windows-Explorer auch über das *Start*-Menü aufrufen, unter Windows 98 wählen Sie *Start/Programme/Windows Explorer*, bei Windows 2000 *Start/Programme/Zubehör/Windows Explorer*

2. Richten Sie sich einen eigenen Ordner für Ihre Versuche ein! Wissen Sie, wie das geht? Sie klicken im linken Bereich auf den Ordner, unter dem Sie einen neuen Ordner einrichten möchten. Klicken Sie beispielsweise auf *Eigene Dateien*. Nun wählen Sie im Menü *Datei* den Befehl *Neu* und klicken auf *Ordner*.

3. Ein Ordner mit dem Platzhalter-Namen *Neuer Ordner* erscheint. Dieser ist noch markiert. Überschreiben Sie die Markierung mit Ihrem eigenen Namen. Tippen Sie beispielsweise „homepage". (Jawohl, ich empfehle Ihnen durchweg Kleinschreibung bei Ordner- und Dateinamen.)

4. „Betreten" Sie diesen Ordner nun, beispielsweise durch Doppelklick. Legen Sie hier von vornherein eine neue Textdatei an. Klicken Sie dazu mit der rechten Maustaste in diesen Ordner. Wählen Sie im Kontextmenü den Befehl *Neu*. Entscheiden Sie sich für den

Eintrag *Textdatei*. Jetzt müsste eine Datei mit dem Platzhalternamen *Neu Textdatei.txt* entstehen.

5. Diesen Namen wollen Sie nicht. Die erste Datei soll *seminar.htm* heißen. Überschreiben Sie den Namen also, tippen Sie „seminar.htm". Drücken Sie auf [Enter]. Windows „schimpft" und meint, die Datei werde möglicherweise unbrauchbar. Quatsch mit Soße, klicken Sie in diesem Dialogfenster also unverzagt auf *Ja*.

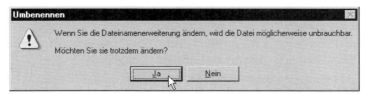

6. Wenn alles geklappt hat, müssten Sie eine Datei vorfinden, auf der stolz das Symbol des Internet Explorer prangt, das blaue *e*. Doppelklicken Sie auf diese Datei, jetzt öffnet sich der Windows-Explorer!

7. Sie sind überrascht, warum der Internet Explorer nichts anzeigt? Nun, Sie haben ja noch nichts in die Datei hineingeschrieben. Wählen Sie also im Menü *Ansicht* den Befehl *Quelltext anzeigen*. Jetzt sehen Sie die (noch leere) HTML-Datei im Editor!

Gehen Sie jetzt folgendermaßen vor: Lassen Sie sowohl den Browser als auch den Editor geöffnet. Sie schreiben im Editor die Tags und speichern die Datei regelmäßig, ohne den Editor zu schließen. Wechseln Sie nun zum Internet Explorer, beispielsweise durch einen Klick auf die Schaltfläche in der Task-Leiste oder über die Tastenkombination [Alt]+[Tab].

Aktualisieren Sie die Ansicht im Internet Explorer, beispielsweise durch einen Klick auf die Schaltfläche *Aktualisieren*.

Das Aktualisieren gelingt noch schneller, wenn Sie die Funktionstaste [F5] drücken. [F5] ist schließlich unter Windows die Universaltaste zum Aktualisieren!

Sie können natürlich Ihren Quelltext in jedem anderen Textverarbeitungsprogramm erstellen. Achten Sie jedoch unbedingt darauf, die Datei im Format „Nur Text" bzw. „Windows-Text" zu sichern. Erzwingen Sie außerdem die Endung *.htm*!

Tipp: Setzen Sie den Dateinamen *seminar.htm* beim Schreiben in Anführungszeichen. So erzwingen Sie zumindest in Windows-Programmen eine Dateiendung, die das Programm normalerweise nicht als Standard verwendet.

Los geht's: Kopf und Rumpf

Sie haben den Editor vor sich? Ein Tool wie Homesite oder ein anderes Minimalprogramm? Dann mal los!

1. Im Beispiel sehen Sie bisher nur das leere Editorfenster. Der Cursor zappelt ungeduldig vor sich hin und wartet darauf, dass Sie die erste Eingabe tätigen.

2. Jedes HTML-Dokument beginnt mit *<html>*. Erstellen Sie danach den Kopf eines HTML-Dokuments, den Head. Schreiben Sie dazu folgenden Code.

```
<html>
<head>
<title>Meine erste Seite</title>
</head>
```

3. Speichern Sie die Datei und betrachten Sie das Ergebnis im Browser (nicht das Aktualisieren vergessen). Das, was zwischen den *<title>*-Tags steht, sehen Sie in der Titelzeile des Browsers! Jawohl, in der ganz oberen Leiste.

4. Ergänzen Sie jetzt Ihren Quelltext. Nach dem Head folgt der Body. Die Zeichenfolge *Hier steht der Inhalt* dient nur als Platzhalter. Der Body wird nun ganz am Schluss wieder abgeschaltet. Auch das Tag *<html>* erhält am Ende sein „Ausschalt-Pendant" *</html>*.

<html>

<head>

<title>Meine erste Seite</title>

</head>

<body>

Hier steht der Inhalt ...

</body>

</html>

5. Und jetzt entspannen Sie sich, lehnen Sie sich zurück! Schauen Sie sich an, was Sie bis jetzt geschaffen haben!

Sie finden den aktuellen Stand übrigens im Ordner *Homepage* unter dem Namen *seminar1.htm*.

Das Umlaut-Problem

Eine wichtige Sache schon vorweg: Umlaute oder bestimmte Sonderzeichen wie ß sollten in (X)HTML umschrieben werden. Das dient vor allem dazu, diese Zeichen in anderen Ländern richtig darzustellen. Hier eine Übersicht.

Sonderzeichen	Kodierung
ä	&auml;
Ä	&Auml;
ö	&ouml;
Ö	&Ouml;
ü	&uuml;
Ü	&Uuml;
ß	&szlig;

Sie wollen Anführungszeichen setzen? Maskieren Sie diese durch *"*! Schreiben Sie beispielsweise:

Das ist meine neuste "Heimatseite"!

Das HTML-Reinigungstool Tidy (in HTML-Kit oder 1ˢᵗ Page 2000 enthalten) wandelt Sonderzeichen automatisch in die entsprechenden Umschreibungen um. Schon die Freewareedition von Homesite besitzt einen praktischen „Umlautersetzer". Wählen Sie hier im Menü *Search* den Befehl *Replace Extended Characters*.

Sie haben keine Lust, die Umlaute zu umschreiben? Dann setzen Sie folgende Zeile in den Kopf des HTML-Dokuments: *<meta http-equiv="Content-Type" content="text/html; charset=ISO-8559-1" />*. Platzieren Sie diese Zeile beispielsweise zwischen *</title>* und *<head>*. Trotzdem empfehle ich Ihnen die Umschreibung. Mit ISO-8559-1 beziehen Sie sich auf Latin-1, den bei uns gebräuchlichen Zeichensatz. Eine erweiterte Liste der wichtigsten „Zeichenkodierungen" erhalten Sie im Referenzteil auf der CD. Es gibt auch Angaben für Griechisch, Kyrillisch usw.

Verweis auf Dokumenttyp-Definition

Wichtiger Hinweis: Laut offiziellem W3C-Standard muss jedes Dokument einen Verweis auf eine so genannte Dokumenttyp-Definition (DTD) besitzen. Das gilt für XHTML, aber auch für HTML. Ich verzichte im Buch bei HTML- bzw. XHTML-Dokumenten grundsätzlich auf die Angabe zu einer solchen DTD. Warum?

- Die aktuellen (und auch künftige) Browser können (X)HTML problemlos ohne DTD lesen, da alle Tags im Browser „eingebaut" und somit bekannt sind.
- Von den derzeit gängigen Browsern wird diese Angabe schlicht ignoriert.
- Es wird in der Praxis kaum verwendet und verwirrt gerade Anfänger.

Hier das bisher erstellte Dokument im „überkorrekten" XHTML-Stil: Dieser Verweis auf eine DTD wird auch als Dokumenttyp-Deklaration bezeichnet.

```
<?xml version="1.0"?>
<!DOCTYPE html PUBLIC "-//W3C//DTD XHTML 1.0 Transitional//EN"
 "http://www.w3.org/TR/xhtml1/DTD/xhtml1-transitional.dtd">
<html xmlns="http://www.w3.org/1999/xhtml">
<head>
<title>Meine erste Seite</title>
</head>
<body>
Hier steht der Inhalt ...
</body>
</html>
```

Wenn Sie sich damit herumärgern wollen: Im Anhang auf der CD gebe ich Ihnen einen ausführlichen Überblick über die möglichen DTDs für HTML und XHTML.

Seminararbeit im Netz: Überschriften und Absätze

In diesem Kapitel erzeugen Sie aus Ihrem Versuch ein richtiges Dokument: Bauen Sie verschiedene Überschriftsebenen ein. Arbeiten Sie mit Absätzen, Linien und verschiedenen Schriftarten!

Nehmen wir als Beispiel eine Seminararbeit: Gerade bei wissenschaftlichen Arbeiten wird häufig mit mehreren Überschriftsebenen gearbeitet. Und schließlich war HTML ursprünglich für den wissenschaftlichen Informationsaustausch gedacht!

Überschriften, Absätze und Linien

Sie werden merken, wie einfach HTML im Prinzip ist. Folgendes Wissen ist Ihnen dabei behilflich:

- *<h1>* bis *<h6>* sind die Tags für Überschriften, es gibt sechs Überschriftsebenen.
- Absätze werden mit *<p>* eingeleitet und mit *</p>* beendet.
- Eine Linie erhält das Symbol *<hr />*, beachten Sie das Leerzeichen und das integrierte End-Tag.

Und hier zeige ich Ihnen schon den kompletten Quelltext für das Beispiel. Sie können das Beispiel ergänzen oder auch eigenen Text verwenden. Hier wird lediglich der Titel geändert (Seminararbeit) und der Body mit „Leben erfüllt".

```
<html>
<head>
<title>Seminararbeit</title>
</head>
<body>
<h1>London und Berlin im Vergleich</h1>
<h2>Stadtentwicklung</h2>
<h3>Berlin</h3>
<p>Wenn man sich mit der Stadtentwicklung Berlins besch&auml;ftigt, st&ouml;&szlig;t man
zwangsl&auml;ufig auf das Ph&auml;nomen der Mietskaserne. Keine andere Stadt der Welt, nicht einmal
Paris, weist so viele im 19. Jahrhundert auf engstem Raum erbaute Wohnquartiere auf ...
</p>
<hr />
```

```
<h3>London</h3>
<p>Man brauchte mehr als 300 Jahre, um das London, das sich nach dem großen Brand langsam entfaltete,
zu bauen. Man brauchte ungef&auml;hr 15 Jahre, um es zu vernichten.
<br />Prince of Wales
</p>
<p>London blickt auf eine beinahe 2000j&auml;hrige Geschichte zur&uuml;ck. Die Stadtmauer f&auml;llt
schon im ausgehenden 17. Jahrhundert und die Stadt kann sich frei entfalten ...
</p>
<hr />
<h2>Das Wohnhaus</h2>
<p>Dieser Abschnitt besch&auml;ftigt sich mit dem Wohnhaus. Folgende Themen werden behandelt:</p>
</body>
</html>
```

Und was verbirgt sich konkret dahinter? Ganz einfach!

1. Mit *<h1>* bis *<h3>* definieren Sie Überschriften. In unserem Fall haben wir es mit drei Überschriftsebenen zu tun. Vergessen Sie nicht, die Tags jeweils mit *</h1>*, *</h2>* bzw. *</h3>* wieder zu schließen. Der Buchstabe *h* steht übrigens für *heading*, *<h1>* ist eine *heading 1*, eine Überschrift erster Ordnung.

2. Das *<p>*-Tag leitet einen Absatz ein, mit *</p>* wird er wieder geschlossen. Mit *p* ist *paragraph* gemeint, zu Deutsch nichts weiter als Absatz. Wie Sie sehen, schaffen sich diese Überschriften und Absätze zusätzlich noch etwas Raum.

3. Im zweiten Absatz finden Sie das Tag *
*. Mit *
* wie *break* erzeugen Sie einen einfachen Zeilenumbruch, und zwar ohne gleich einen neuen Absatz zu beginnen. Beachten Sie den Schrägstrich.

4. Außerdem habe ich an zwei Stellen mit *<hr />* Linien eingefügt, um das Dokument etwas aufzulockern. In der Praxis besteht die Seminararbeit natürlich aus viel mehr Text, aber die Abschreibarbeit wollte ich Ihnen nicht unbedingt zumuten.

Schauen Sie sich das Ergebnis ruhig schon einmal im Browser an. Ändern Sie spaßeshalber einmal die Größe des Browserfensters.

Sie merken:

- Der Umbruch des Dokuments passt sich der Größe des Browserfensters an.
- Absatzwechsel im Editor spielen keine Rolle, nur die Tags zählen.
- Mehr als ein Leerzeichen wird nicht interpretiert.

Und damit kennen Sie schon eine wichtige Gesetzmäßigkeit von HTML-Dokumenten. Um hier ein exaktes, pixelgenaues Layout zu erzielen, müssen Sie also tief in die HTML-Trickkiste greifen. Sie finden das bisherige Ergebnis unter dem Namen *seminar2.htm* im Ordner *homepage*.

Tags mit Attributen steuern

Richten Sie Ihre Absätze rechtsbündig aus oder zentriert. Verändern Sie die Breite der Linien. Wie das gelingt? Mit den so genannten Attributen!

Hier einige Attribute im Überblick:

align

Das Attribut *align* ist verantwortlich für die Ausrichtung. Es kann folgende Werte annehmen: *left* (links), *right* (rechts), *center* (zentriert), *justify* (Blocksatz). Sie wollen einen Absatz rechtsbündig ausrichten? Dann schreiben Sie

```
<p align="right">Absatztext</p>
```

width

Mit dem Attribut *width* können Sie die Breite eines Elements festlegen. Schreiben Sie *<hr width="100" />*, wenn die Linie beispielsweise 100 Pixel breit sein soll.

Beachten Sie, dass bei Linien das Attribut *align* standardmäßig auf *center* eingestellt ist. Die Linie wird also nicht nur 100 Pixel breit sein, sondern auch in die Mitte rutschen. Ergänzen Sie gegebenenfalls noch *align="left"* oder *align="right"*.

Auch relative Maßangaben sind möglich. Setzen Sie einfach ein %-Zeichen hinter den Wert. Die folgende Linie steht linksbündig und nimmt 30 % der Fensterbreite ein:

```
<hr width="30%" align="left">
```

 Beachten Sie, dass die Attributnamen klein geschrieben werden, genau wie die HTML-Tags. Die jeweiligen Attributwerte müssen stets in Anführungszeichen gesetzt werden. Falls Sie kein Attribut setzen, gilt die jeweilige Voreinstellung, bei *<p>* ist es *align="left"* und bei *<hr>* ist es *width="100%"* und *align="center"*.

Probieren Sie nun, den Absatz *Man brauchte mehr als 300 Jahre ...* rechtsbündig auszurichten (*<p align="right">*)! Die zwei Linien sollen 300 Pixel breit sein und linksbündig stehen (*<hr width="300" align="left" />*).

Vergleichen Sie ruhig mit dem Dokument *seminar3.htm* im Ordner *Homepage*.

Nummerierung und Aufzählungszeichen

Sie wollen Listen und Aufzählungen erzeugen? Immer zu! Doch Spiegelstriche sind out: Was Ihre Textverarbeitung kann, geht in HTML schon lange.

- Eine Nummerierung beginnt mit *<ol>* und endet mit *</ol>*.
- Eine Aufzählung beginnt mit *<ul>* und endet mit *</ul>*.
- Die einzelnen Listenpunkte werden von *<li></li>* „eingekleidet".

Hier eine Beispielliste, die Sie gern nachträglich in Ihr Dokument einfügen können:

```
<ul>
<li>Industriestadt</li>
<li>Zerst&ouml;rung</li>
<li>Wiederaufbau</li>
<li>Postmoderne</li>
</ul>
```

Die Zeichenfolge *ol* steht übrigens für *ordered list*, geordnete Liste. Mit *ul* (*unordered list*) erzeugen Sie dagegen schicke Aufzählungszeichen, so genannte Bullets.

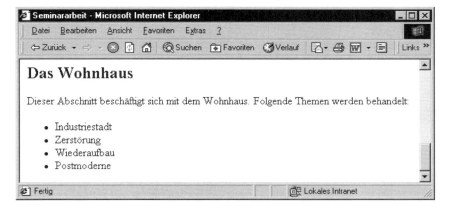

Auch zu den Listen gibt es unzählige Attribute. So können Sie ein individuelles Aufzählungszeichen auswählen oder für die Nummerierung einen anderen Startwert bestimmen.

Schauen Sie einfach im Referenzteil auf der CD nach! Die bisherige Liste können Sie im Dokument *seminar4.htm* bewundern.

Für die Optik: Erweiterte Schrifteigenschaften

Gestalten Sie die Schrift. Weisen Sie Eigenschaften zu wie fett oder kursiv. Arbeiten Sie mit verschiedenen Farben und Schriftarten.

Tags zur Schriftgestaltung

In HTML stehen Ihnen u. a. folgende Tags zur Verfügung

- *<b>* wie *bold*, formatiert Text fett.
- *<i>* wie *italic*, weist die Eigenschaft kursiv zu.
- *<u>* wie *underline*, unterstreicht Textpassagen.

Abgesehen von *<u>* können Sie die Eigenschaften gern einmal ausprobieren. Auf die Unterstreichung verzichten Sie am besten, weil man das sonst mit einem Hyperlink verwechselt. Hier mein Vorschlag, ich habe das Zitat kursiv gestellt.

```
<h3>London</h3>
<p align="right"><i>Man brauchte mehr als 300 Jahre, um das London, das sich nach dem großen Brand
langsam entfaltete, zu bauen. Man brauchte ungefähr 15 Jahre, um es zu vernichten.</i>
<br />Prince of Wales
</p>
<p>London blickt auf eine beinahe 2000j&auml;hrige Geschichte zur&uuml;ck. Die Stadtmauer fällt schon im
ausgehenden 17. Jahrhundert und die Stadt kann sich frei entfalten ...</p>
```

Sie finden das Ergebnis auch in der Datei *seminar5.htm*.

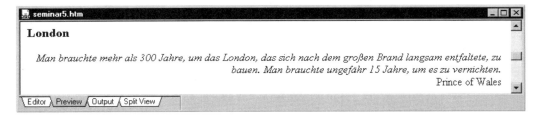

Schriftart und -farbe ändern

Nun kommt die große Frage. Wie ändert man Schriftart und -farbe? Dabei hilft Ihnen das Tag *<font>*. Das *<font>*-Tag kann folgende Attribute annehmen:

- *face*, geben Sie einen Schriftartnamen an.
- *size*, Schriftgröße in Stufen von 1 bis 7, Normalwert 3.
- *color*, Farbname wie *blue* (blau), *red* (rot) usw.

Sie wollen eine Passage beispielsweise rot einfärben, eine Stufe größer darstellen und mit der Schriftart Arial anzeigen? Dann schreiben Sie

```
<font face="Arial" size="4" color="red">Das ist der Text</font>
```

Hier finden Sie eine Übersicht über die erlaubten Farbnamen für die 16 Grundfarben.

engl. Name	dt. Name	hexadezimaler Wert
black	schwarz	#000000
silver	hellgrau	#C0C0C0
gray	grau	#808080
white	weiß	#FFFFFF
maroon	kastanienbraun	#800000
red	rot	#FF0000
purple	lila	#800080
fuchsia	hellila	#FF00FF
green	dunkelgrün	#008000
lime	hellgrün	#00FF00
olive	olivgrün	#808000
yellow	gelb	#FFFF00
navy	dunkelblau	#000080
blue	blau	#0000FF
teal	blaugrün	#008080
aqua	himmelblau	#00FFFF

Sie wundern sich über die kryptische Zahl mit der Raute? Das ist der so genannte hexadezimale Farbwert: Hier werden alle 16,7 Mio. Farben aus den drei Grundfarben Rot, Grün und Blau zusammengesetzt. 00 steht für keine Farbe (#000000 ist folgerichtig der Wert für Schwarz), FF ist dagegen der volle Wert (#FFFFFF wäre Weiß). Die möglichen Abstufungen sind 0, 1, 2, 3, 4, 5, 6, 7, 8, 9, A, B, C, D, E, F.

Die Entwickler von HTML lehnen das <font>-Tag inzwischen ab und empfehlen Style Sheets als Alternative. Mehr zu Style Sheets können sie ab Seite 83 nachlesen.

Leerzeilen erzeugen

Sie wollen Leerräume zwischen Ihren Absätzen erzeugen? Und Sie haben schon probiert, mehrere leere Absätze untereinander zu schreiben? Und zwar so?

```
<p></p>
<p></p>
```

Und wenn Sie hundert Absätze untereinander schreiben, es hat keinen Zweck. Mehr als ein „leerer" Absatz wird nicht interpretiert. Der Trick: Füllen Sie den Absatz einfach aus, und zwar mit einem geschützen Leerzeichen ( ). Schreiben Sie

```
<p> </p>
<p> </p>
```

und Sie bekommen die schönsten Leerräume, die man sich vorstellen kann.

 Normalerweise dient ein „non breaking space" dazu, Wortbestandteile „festzukleben", beispielsweise 1. Mai. So verhindern Sie, das Zahl und Wort auseinander gerissen werden.

Die beste Lösung sind jedoch wieder die schon erwähnten Style Sheets. Nutzen Sie hier das Attribut *margin* bzw. *padding*. Das Kapitel zu Style Sheets beginnt ab Seite 83.

Lauftext

Auf Betreiben Microsofts wurde das Tag *<marquee>* in HTML eingeführt. Damit können Sie Laufbänder erzeugen, beispielsweise so:

    <marquee>Das ist durchlaufender Text, der nach links rollt.</marquee>

Leider wird dieses Tag derzeit nur vom Internet Explorer angezeigt. Wenn Sie es trotzdem verwenden möchten, schauen Sie einmal in den Referenzteil auf der CD. Dort finden Sie die wichtigsten Attribute und Werte.

Kapitel 3

Fotogalerie im Web:
Farben und Grafiken

Das Web lebt von Grafiken! Binden Sie Ihre Bilder in die Webseiten ein. Arbeiten Sie mit schicken Hintergrundfarben und -effekten. Stellen Sie Ihre eigene Fotogalerie ins Web. Wir fangen ganz bescheiden mit einer Grafik an.

Mit Scanner und Digitalkamera –
Bilder aufbereiten

Sie scannen Ihre Urlaubsfotos ein? Sie übernehmen die Bilder direkt von der Digitalkamera? Sie kennen sich mit Ihrer Bildbearbeitung aus? Wunderbar, dann kann ja kaum etwas schief gehen! Eine Kleinigkeit noch: Grafiken für das Web müssen in den Formaten GIF, JPEG (oder PNG) vorliegen. Formate wie BMP oder TIF sind nicht geeignet!

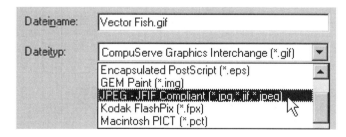

INFO Schauen Sie einfach nach, ob Ihr Grafikprogramm diese Formate anbietet. Wählen Sie *Datei/Speichern unter*. Schauen Sie in das Listenfeld beim Feld *Dateityp*. Hier sollten Sie Einträge wie **.gif* , **.jpg* oder **.jpeg* vorfinden.

Vor- und Nachteile der Grafikformate

Warum eigentlich GIF, JPG oder PNG? Was hat es mit diesen Formaten auf sich? Informieren Sie sich einfach in folgender Tabelle!

Grafikformat	GIF	JPG	PNG
Farbenzahl	Maximal 256.	Maximal 16,7 Mio. (TrueColor).	Maximal 16,7 Mio. (TrueColor).
Hintergrundtransparenz	Möglich.	Nicht möglich.	Möglich.
geeignet für	Fotos, „Textgrafiken", animierte Banner.	Hochqualitative Fotos.	Textgrafiken, Animationen, hochqualitative Fotos.
Bemerkungen	Mehrere Grafiken lassen sich in einer speichern, so kann eine GIF-Animation erzeugt werden.	Kompressionsfaktor in Stufen regelbar, Kompression mit hohem Qualitätsverlust.	Wird nur von neueren Browsern unterstützt.

Ich rate Ihnen zum alt-ehrwürdigen GIF-Format. Nur bei hochqualitativen Fotos sollten Sie JPG verwenden. Allerdings kommt es bei JPG vor allem bei hoher Kompression zu starken Bildverfälschungen, den Artefakten. Diese hässlichen Verluste gibt es beim GIF-Format nicht.

Außerdem lässt sich GIF mit einem Trick zum Erstellen von Animationen und Bannern „missbrauchen". Doch dazu verrate ich Ihnen mehr im nächsten Kapitel.

Welches Grafikprogramm?

Sie wissen nicht, welches Grafikprogramm Sie nehmen sollen? Das ist ganz einfach: Sie benötigen ein so genanntes Bildbearbeitungsprogramm. Es muss in den Formaten GIF und/oder JPG speichern können.

 Wenn bei Ihnen Microsoft Office in der Version 97/2000 installiert ist, können Sie sogar das in Windows eingebaute Programm Paint verwenden. Denn jetzt versteht Paint auch das GIF- und das JPG-Format. Ohne Office speichert Paint nur im ungeeigneten BMP-Format. Paint kann natürlich nicht mit Ihrem Scanner kommunizieren.

Der Rolls Royce unter den Bildbearbeitern ist zweifellos Adobe Photoshop. Dafür müssen Sie allerdings einen „fortgeschrittenen" vierstelligen Betrag über den Ladentisch schieben. Außerdem ist Photoshop ohne Zusatzmodule nicht optimal für die Erstellung von Webgrafiken eingerichtet.

Empfehlenswert für den „schmaleren Geldbeutel" sind Corel PHOTO-PAINT, Produkte der Firma Micrografx (Picture Publisher) oder Programme von Ulead (Photo Impact).

Ganz hervorragend zum Nachbearbeiten und Umwandeln von Grafiken eignet sich jedoch das preisgekrönte Bildbearbeitungsprogramm Paint Shop Pro. Paint Shop Pro arbeitet mit allen gängigen Scannern und Digitalkameras zusammen und besitzt mit Animation Shop sogar ein Animationsprogramm für die Erstellung von Bannern.

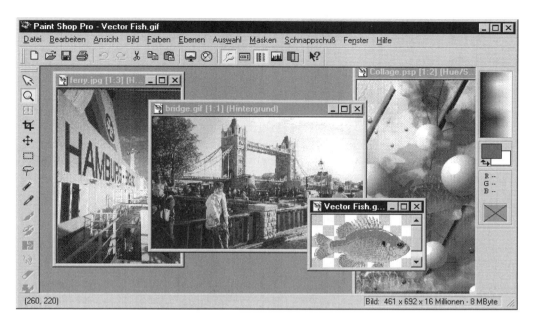

Derzeit aktuell ist die Version 6. Paint Shop Pro kostet im Handel ca. 300 DM. Das Programm kennt die Ebenentechnik, arbeitet neuerdings auch als Vektorgrafikprogramm und kann sogar im Vierfarbenformat speichern. Paint Shop Pro ist ein sehr schnelles und genügsames Tool. Eine kostenlose Demoversion bekommen Sie unter www.jasc.com. Als alter „PSP-Hase" empfehle ich Ihnen das Programm mit gutem Gewissen!

Ich führe Ihnen einige Techniken am Beispiel der aktuellen Version von Paint Shop Pro vor.

Scannen und Nachbearbeiten der Fotos

An dieser Stelle schnell noch ein paar Tipps zum Scannen und Nachbearbeiten der Fotos. Falls Sie nicht mit Paint Shop Pro arbeiten, gehen Sie einfach sinngemäß vor.

1. Sie wollen eine Grafik scannen? Wählen Sie im Menü *Datei* den Befehl *Import*. Klicken Sie auf *TWAIN* und auf *Einlesen*.

2. Nun erscheint der Dialog zum Scannen. Dieser sieht je nach Scannermodell anders aus. In der Regel wird zuerst der so genannte Prescan durchgeführt. Wählen Sie dann den gewünschten Bildausschnitt. Entscheiden Sie sich für eine geringe Auflösung. Bei Grafiken für das Web sind 72 dpi völlig ausreichend.

3. Bearbeiten Sie Ihr Foto nun in der Bildbearbeitung nach. Wählen Sie in Paint Shop Pro *Farben/Farbeinstellungen*. Hier können sie Farbe, Helligkeit, Kontrast usw. wunschgemäß einstellen.

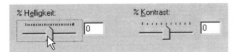

4. Probieren Sie die verschiedenen Effektfilter aus. Wählen Sie im Menü *Bild* den Befehl *Effekte*. Probieren Sie auch einmal den Filter-Browser. Egal ob Mosaik, Wachsabdruck oder Kohlezeichnung – alles ist möglich!

5. Ebenfalls empfehlenswert ist der Schärfenfilter. Wählen Sie *Bild/Bildschärfe*, klicken Sie beispielsweise auf *Scharfzeichen*.

Achten Sie darauf, wenn Sie Ihre Grafik speichern: Der Dateiname darf keine Leerzeichen enthalten. Außerdem empfehle ich Ihnen grundsätzlich Kleinschreibung.

 Versuchen Sie stets, einen Kompromiss zwischen Dateigröße und Bildqualität zu finden. Faustregel: Mehr als 35 KByte sollte die Dateigröße „bei normalen Grafiken" nicht betragen. Verringern Sie gegebenenfalls die Bildgröße, in Paint Shop Pro über *Bild/Bildgröße*, in Paint dagegen über *Bild/Strecken/Zerren*. Experimentieren Sie mit dem Kompressionsfaktor bei JPG-Grafiken (*Datei/Speichern unter* und *Optionen*). Auch ein „Eindampfen" der Farbtiefe (*Farben/Farbtiefe verringern*) kann schon Wunder wirken!

Fotos und Grafiken ins Dokument einbinden

Das Foto ist fertig, wunderbar. Und nun? Jetzt binden Sie es in Ihr Dokument ein! Sie werden staunen, wie einfach das vonstatten geht. Hauptsache, das Bild liegt in einem der oben genannten Dateiformate vor.

Eine Grafik als Verweis nutzen

So viel schon vorweg: Die Grafik wird nicht direkt in das HTML-Dokument eingebunden. Sie setzen lediglich einen Verweis auf die Datei.

 Ich erinnere noch einmal daran: Der Dateiname darf keine Leerzeichen enthalten. Achten Sie außerdem auf Groß- und Kleinschreibung. Ihrem heimischen Windows-PCs ist es egal, ob Sie die Grafik *Bridge.gif* oder *bridge.gif* genannt haben. Auch wenn Sie die Datei unter dem Namen *bridge.gif* einbinden, klappt die Anzeige auf jedem Fall. Auf Webservern (UNIX-Dateisystem) wird jedoch streng zwischen Groß- und Kleinschreibung unterschieden. Im Zweifelsfalle sieht der Surfer kein Bild und wundert sich!

Und so gelingt Ihnen das Einbinden der Grafik:

1. Legen Sie die Grafik am besten in den gleichen Ordner wie die HTML-Datei. Im Beispiel ist es die Datei *bridge.gif*.

2. Nutzen Sie das *<image>*-Tag (image heißt Bild). Verwenden Sie es im Zusammenhang mit dem Attribut *src* (für source, Quelle). Schreiben Sie im HTML-Dokument einfach:

<img src="bridge.gif" />

3. Das war alles! Speichern Sie die HTML-Datei und betrachten Sie die Vorschau!

Und warum müssen Sie Leerzeichen und Schrägstrich setzen? Das liegt daran, dass *<img>* normalerweise kein End-Tag benötigt. Da solche Tags in XHTML trotzdem abgeschlossen werden müssen, wählt man diese Schreibweise. Durch das Leerzeichen „denken" ältere Browser, der Slash wäre ein zusätzliches Attribut. Sie ignorieren diesen „unbekannten" Schrägstrich.

Sie finden das Ergebnis im Ordner *grafik* in einer kompletten Beispieldatei namens *galerie1.htm*.

Grafik ausrichten

Normalerweise benimmt sich die Grafik wie ein Zeichen, zugegeben, wie ein riesiges Zeichen. Der übrige Text rutscht beiseite, es findet kein Textfluss statt. Sie möchten, dass der übrige Text um die Grafik fließt? Dann ergänzen Sie einfach das attribut *align*. Folgende Varianten sind möglich:

- *<img src="bridge.gif" align="left" />*, Text fließt rechts um die Grafik.
- *<img src="bridge.gif" align="right" />*, Text fließt links um die Grafik.

Schauen sie sich das Beispiel an, hier fließt der Text rechts um die Grafik.

Dieser Abbildung liegt folgender Quelltext zugrunde:

```
<html>
<head>
<title>Galerie</title>
</head>
<body>
<h1>Unsere London-Reise</h1>
<p>Hier ein paar Fotos unserer London-Reise.</p>
<img src="bridge.gif" align="left" />
<p>Der Text fließt rechts um die Grafik.</p>
</body>
</html>
```

Vergleichen Sie ruhig mit der Datei *galerie2.htm*. Verkleinern Sie gegebenenfalls das Browserfenster, um den Effekt zu sehen.

Doch was machen Sie, wenn der Text links und rechts um die Grafik fließen soll? Oder wenn Sie das Bild exakt an einer ganz bestimmten Stelle ausrichten möchten?

Dann können Sie nur mit einem Trick arbeiten: Setzen Sie die Grafik in eine (unsichtbare) Tabelle! Mehr zu Tabellen erfahren Sie im Tabellenkapitel ab Seite 111.

Breite, Höhe und Alternativtext

Zugegeben, die Anweisung *<img src="Grafikname" />* genügt vollkommen zum Einfügen der Datei. Trotzdem ist es gute Praxis, außerdem noch Breite, Höhe und einen Alternativtext anzugeben. Ermitteln Sie Breite (*width*) und Höhe (*height*) der Datei vorher in Ihrem Grafik-programm.

Bild: 300 x 194 x 256 - 57,8 KByte

In Paint Shop Pro können Sie diese wichtigen Angaben beispielsweise aus der Statuszeile entnehmen.

 Sie arbeiten mit Homesite oder 1st Page? Dann brauchen Sie die Grafik nur aus dem linken Bereich in Ihr HTML-Dokument „zu ziehen". Ganz automatisch ermittelt das Programm Breite und Höhe und fügt diese Angaben in Ihre Datei mit ein.

Der Alternativtext (Attribut *alt*) wiederum ist dann wichtig, wenn der Surfer die Grafikanzeige abgeschaltet hat. Hier das mögliche Beispiel mit allen Attributen:

    <img src="bridge.gif" width="300" height="194" alt="Towerbridge in London" />

Noch ein angenehmer Nebeneffekt des *alt*-Attributs: Wenn man den Mauszeiger kurz über einer Grafik parkt, wird eine gelbe „Kurzinfo" sichtbar.

Außerdem sind Alternativtexte gerade bei langsamen Verbindungen von Vorteil. Ehe sich die Grafik aufgebaut hat, sieht der Surfer, was sich dahinter verbirgt. Vergleichen sie ruhig mit der Datei *galerie3.htm*.

Und welchen Nutzen bringen *width* und *height*? Durch *width* und *height* weiß der Browser schon, bevor die Grafik aufgebaut ist, welchen Platz er reservieren soll. Fehlen diese Anga-ben, erhält man häufig den hässlichen Effekt des „Springens" von Grafiken. Das Layout der Seite steht erst dann still, wenn alle Grafiken eingelesen wurden.

Tapete für die Homepage: Hintergrund gestalten

Farbe für Ihre Homepage? Hintergrundgrafiken? Na klar! Bohren Sie das *<body>*-Tag mit mehreren Attributen auf. So sorgt *bgcolor* beispielsweise für eine Hintergrundfarbe. Die Seite soll ganz in Gelb erscheinen? Schreiben Sie einfach:

```
<body bgcolor="yellow">
```

Und wie gelingt Ihnen das mit dem Hintergrund für die Seite? Auch ganz einfach! Setzen Sie lediglich das Attribut *background* in das *<body>*-Tag. Schreiben Sie nach dem Motto:

```
<body background="Grafikname">
```

Übrigens: Wenn die Grafik kleiner als der Bildschirm ist, wird Sie stets wiederholt, gekachelt. Es ergibt sich der Eindruck eines „Teppichmusters". Vergleichen Sie mit den Dateien *bgcolor.htm* und *background.htm*.

 Sie haben keine Hintergrundfarbe gewählt bzw. keine Grafik? Dann nutzen neuere Browser stets Weiß als Hintergrundfarbe. Ältere Anzeigeprogramme (z. B. ältere Netscape-Browser) verwenden jedoch Grau. Um auf Nummer Sicher zu gehen, empfehle ich Ihnen, die Hintergrundfarbe mit *<body bgcolor="white">* auf Weiß zu setzen!

Aus diesem Wissen ergeben sich mehrere Tricks:

Ein-Pixel-Grafik

Sie wollen eine ganz bestimmte Hintergrundfarbe anzeigen, für die Sie keinen Farbnamen wissen? Erstellen Sie eine Grafik, die nur 1 x 1 Pixel groß ist und diese Farbe anzeigt. Binden Sie das Objekt als Hintergrundbild ein. Dadurch, dass die Grafik wiederholt wird, ergibt sich ein Farbteppich. Der Speicherplatzbedarf ist sehr gering.

Farbverlaufeffekt

Sie wünschen einen Farbverlaufeffekt? Erstellen Sie eine zweifarbige Grafik, die nur wenige Pixel hoch ist. Wählen Sie jedoch eine möglichst große Breite, beispielsweise 1.200 Pixel. Dadurch kann sich das Bild nur nach unten wiederholen.

Binden Sie diese Grafik einfach in Ihre Seite ein. In der Datei *verlauf.htm* können Sie dieses „Phänomen" begutachten:

Und das Schönste daran: Auch zweifarbige Grafiken benötigen wenig Speicher, egal wie lang sie sind.

Hintergrundmuster

Die ganze Seite voller Wassertropfen oder mit Packpapiereffekt? Nicht schlecht: Solch ein Hintergrundmuster wird durch eine Grafik erzielt, die sich nahtlos an sich selbst anschließt. Man spricht in diesem Zusammenhang von Texturen. Auch dieses Bild muss nur wenige Pixel groß sein.

Viele Grafikprogramme bringen Ihnen etliche vorgefertigte Texturen mit. Hier als Beispiel eine Textur aus Paint Shop Pro, die ich im GIF-Format abgespeichert und über die Anweisung *<body background="packpapier.gif" />* in die Seite eingebunden habe. (Falls Sie keine Texturen besitzen: Surfen Sie einmal ins Web und suchen Sie nach dem Stichwort *texturen* bzw. *textures*.)

Beachten Sie außerdem, dass eine Hintergrundgrafik die eventuelle Hintergrundfarbe überschreibt. Die Datei *textur.htm* enthält das Beispiel.

Tipps und Tricks zu Grafiken

Mit welchem Bildbearbeitungsprogramm arbeiten Sie? Leistungsfähige Programme wie Paint Shop Pro bieten Ihnen interessante Möglichkeiten, die Homepage spannender zu gestalten. Aber zuerst schauen Sie sich einmal an, was sich hinter der „sicheren Webpalette" verbirgt.

Sichere Webpalette

Können Sie die Wahrheit vertragen? Jeder Rechner stellt Ihre Farben etwas anders dar! Das hängt nicht nur vom Rechner, sondern auch vom Betriebssystem ab. Auf dem Mac erscheinen die Farben beispielsweise anders als auf dem PC. Viele Surfer nutzen außerdem lediglich 256 Farben, was zu weiteren Verfälschungen führt.

Aus diesem Grund wurde die so genannte „sichere Webpalette" eingeführt. Es handelt sich um die 216 Farben, die auf allen Rechnern ähnlich aussehen. Bessere Grafikprogramme erlauben Ihnen, Ihre Grafiken mit dieser „sicheren Palette" zu verbinden. In Paint Shop Pro gehen Sie so vor:

1. Wählen sie im Menü *Farben* den Befehl *Bildpalette öffnen*.

2. Gehen Sie in den Ordner *Palettes*, Sie finden ihn in der Regel unter *Programme/Paint Shop Pro 6*.

3. Doppelklicken Sie auf den Eintrag *Web-sicher.pal*. Und schon werden abweichende Farben durch die der sicheren Webpalette ersetzt.

Hintergrundfarbe transparent schalten

Weiterhin können Sie beim GIF-Format für Ihre Grafik eine Farbtransparenz einstellen. Das ist vor allem dann ideal, wenn der Hintergrund der Homepage noch durch die Grafik hindurchscheinen soll. In Paint Shop Pro gehen Sie dafür so vor:

1. Wählen Sie im Menü *Farben* den Befehl *Farbtransparenz einstellen*.

2. Klicken Sie vor *Aktuelle Hintergrundfarbe transparent schalten*. Wählen Sie *OK*. Oder wählen Sie die Transparenz für eine andere Farbe aus. Sie müssen sich entscheiden, da Sie nur eine Farbe transparent setzen können.

3. Sie wollen die Transparenz schon einmal anzeigen? Dann wählen Sie *Farben/Farbtransparenz anzeigen*. Sie erkennen die Hintergrundtransparenz an einem Schachbrettmuster.

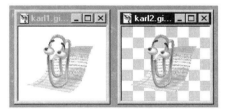

Hätten Sie's gedacht? Selbst in Paint können Sie ganz problemlos eine Farbe transparent schalten. Wählen Sie *Bild/Attribute*. Schauen Sie in den Bereich *Transparenz* und nehmen Sie hier die gewünschten Einstellungen vor.

Vergleichen Sie: In der Datei *transparenz.htm* finden Sie die gleiche Grafik einmal ohne (links) und einmal mit transparenter Hintergrundfarbe.

Rahmen um die Grafik legen

Sie wollen einen Rahmen um die Grafik legen? Dazu benötigen Sie lediglich das Attribut *border*. Geben Sie als Wert die Rahmengröße in Pixeln an.

```
<img src="bridge.gif" width="300" height="194" alt="Tower von London" border="3" />
```

Standardmäßig wird der Rahmen als „schwarzer Trauerrand" angezeigt. Vergleichen Sie mit dem Dokument *border.htm*.

In dieser Abbildung habe ich diesen Rahmen mit der zweifarbigen Hintergrundgrafik kombiniert.

Grafik baut sich langsam auf

Haben Sie auch schon bemerkt, dass sich auf manchen Seiten die Grafiken erst langsam aufbauen? Zuerst erscheinen sie verschwommen, bis sie immer klarer werden.

Diesen Effekt können Sie auch erzielen! Bei GIF-Bildern wird das Ganze durch die Eigenschaft interlaced (phasenweise, „scheibchenweise") erreicht. Bei JPG-Grafiken ist eine als progressive bezeichnete Eigenschaft dafür verantwortlich.

Wählen Sie in Paint Shop Pro einfach *Datei/Speichern unter*. Entscheiden Sie sich für den betreffenden Dateityp. Klicken Sie dann auf *Optionen*, um die Eigenschaft einzustellen. Klicken Sie beispielsweise vor *Interlaced* und wählen Sie *OK*.

Animationen und Banner erstellen

Wie wäre es mit Animationen und Bannern? Das ist gar nicht schwer! Nutzen Sie das GIF-Format! Mit etwas Geschick können Sie ganz ohne Programmierung ein interessantes Banner oder einen ganzen Trickfilm „zaubern".

Mit Handarbeit kommen Sie jedoch nicht weit. Und auch HTML oder XHTML helfen nicht viel. Ich zeige Ihnen anhand zweier Programme trotzdem ganz kurz, wie Sie am besten vorgehen.

 Leider benötigen Sie zum Erstellen von Bannern und Animationen Fingerspitzengefühl, gute Grafikkenntnisse und viel Geduld. Sie haben dafür keine Zeit bzw. Nerven? Achten Sie einmal darauf: In etlichen Programmen, beispielsweise in StarOffice, werden Dutzende animierte GIF-Dateien gleich mitgeliefert. Und noch ein Tipp: Auf der Webseite www.mediabuilder.com/abm.html können Sie ganz kostenlos zumindest einen Textbanner erstellen.

Textbanner mit Animation Shop

Paint Shop Pro wird zusammen mit einem sehr leistungsfähigen Animations-Programm ausgeliefert. Die Version 2 von Animation Shop (in Paint Shop Pro 6 enthalten) besitzt sogar Assistenten zum Erstellen eines Textbanners.

Ich reiße die Vorgehensweise kurz an:

1. Rufen Sie Animation Shop auf, beispielsweise über *Start/Programme/Paint Shop Pro 6/Animation Shop 2*.

2. Wählen Sie *Datei/Banner-Wizard*. Entscheiden Sie sich für den gewünschten Hintergrund. Wählen Sie beispielsweise *Transparenter Hintergrund*. Oder Sie wählen *gedeckter Hintergrund*. Klicken Sie dann in das Farbfeld, um die genaue Farbe festzulegen.

3. Klicken Sie auf *Weiter*. Legen Sie in den nächsten Schritten die Größe des Banners und die Anzeigedauer der Einzelbilder fest. Tragen Sie schließlich in das dafür vorgesehene Feld Ihren Text ein. Klicken Sie auf die Schaltfläche *Formatieren*, um *Textgröße und Schriftart* festzulegen.

4. Besonders interessant wird es an der Stelle, wo Sie letztlich den Texteffekt festlegen. Suchen Sie sich einen interessanten Effekt aus und begutachten Sie die Vorschau.

5. Klicken Sie auf *Fertig stellen*, wenn Sie alle Schritte geschafft haben.

6. Nun wird Ihnen Ihre Animation in einer Art „Filmstreifen" gezeigt. Sie sehen, dass die Grafik aus lauter Einzelbildern besteht. Sie wollen eine Vorschau anzeigen? Klicken Sie auf *Animationswiedergabe*. Wählen Sie die Schaltfläche *Speichern*, wenn Sie mit Ihrem Ergebnis zufrieden sind.

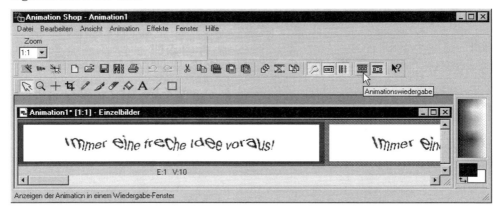

Ich empfehle Ihnen: Experimentieren Sie ein wenig mit Animation Shop herum. Es macht Spaß!

Animation mit StarOffice

Kennen Sie StarOffice, das Büropaket von Sun? Oder vielleicht die kostenlose Variante OpenOffice (www.openoffice.org)? Das Beste: StarOffice bietet Ihnen die Möglichkeit, sogar aus normalen ClipArts (Vektorgrafiken) eine animierte GIF-Datei zu erstellen.

Die Vorgehensweise ist allerdings sehr kompliziert. Zum einen werden gute Grafikkenntnisse vorausgesetzt. Sie sollten also wissen, wie man in StarOffice ClipArt-Grafiken einfügt, Kreise oder Rechtecke zeichnet und mit Füllfarben arbeitet. Zum anderen müssen Sie etliche „Softwarehebelchen und -schalterchen" umlegen.

Sie lassen sich nicht entmutigen? Schön! Dann zeige ich Ihnen fix, wie das Prinzip funktioniert! Im Beispiel erstellen Sie eine Animation in Rechteckform.

1. Starten Sie Impress, nicht jedoch Draw! Das gelingt beispielsweise über *Datei/Neu/Präsentation*. Wählen Sie den Eintrag *Leere Präsentation* und klicken Sie auf *Fertigstellen*.

2. Doppelklicken Sie auf den Eintrag *Leeres Dia*, es ist das leere, weiße Blatt. Nun empfehle ich Ihnen, das Blatt durch so genannte Fanglinien in rechteckige Bereiche aufzuteilen. Fanglinien helfen bei der korrekten Ausrichtung der Zeichnungslemente. Wie erzeugen Sie Fanglinien? Klicken Sie in das Lineal. Ziehen Sie bei gedrückter Maustaste solch eine Linie in Ihr Dokument.

3. Erstellen Sie jetzt mehrere Grafiken in der gleichen Größe. Dazu können Sie gern Clip-Arts einfügen. Auch Text lässt sich für Ihre Animationen verwenden. Wichtig ist, dass die Grafiken jeweils in einigen Details variieren.

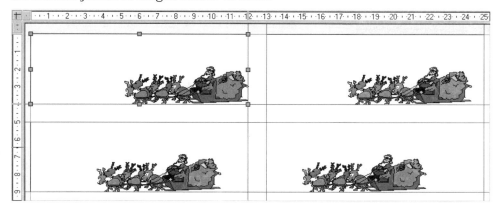

4. Im Beispiel handelt es sich um ein Weihnachtsmotiv, bei dem auf eine ClipArt aus StarOffice zurückgegriffen wird. Diese wird von Bild zu Bild ein Stückchen verschoben.

5. Rufen Sie jetzt den so genannten Animator auf. Dazu wählen Sie *(Bildschirm)Präsentation/Animation*. Markieren Sie nun die erste Grafik. Klicken Sie im Animator auf *Objekt übernehmen*. Fügen Sie auf diese Art auch die übrigen Grafiken ein. Ganz wichtig: Stellen Sie im Animator unbedingt die Option *Bitmapobjekt* ein.

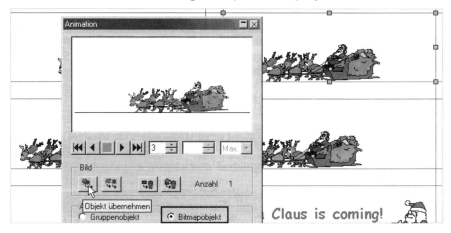

6. Stellen Sie jetzt im mittleren Drehfeld für jedes einzelne Bild die Anzeigedauer ein. Eine 1 bedeutet, dass das Einzelbild eine Sekunde lang angezeigt wird. Tipp: Sie können jederzeit eine Vorschau betrachten, klicken Sie einfach auf die „Play"-Schaltfläche. Klicken Sie zum Schluss auf die Schaltfläche *Erstellen*. Nun ist Ihre Animation (vorerst) fertig. Allerdings liegt sie erst in einem StarOffice-eigenen Format vor.

7. Sie müssen die Animation als GIF-Datei sichern. Achten Sie zuerst darauf, dass das Grafikobjekt noch markiert ist. Falls nicht, ziehen Sie bei gedrückter linker Maustaste „einen Markierrahmen" um das Objekt.

8. Wählen Sie *Datei/Exportieren*. Stellen Sie im Feld *Dateityp* den Eintrag *GIF – Graphics Interchange* ein. Setzen Sie weiterhin ein Häkchen bei *Selektion*. Denken Sie sich einen Dateinamen aus und klicken Sie auf *Speichern*.

9. Jetzt erscheint ein GIF-Optionen-Dialog. Hier sollten sowohl die Optionen *Interlaced* als auch *Transparent speichern* abgehakt. sein. Klicken Sie auf *OK*, die Animation ist fertig.

Bitte fragen Sie mich nicht, warum das Ganze so kompliziert ist! Aber es funktioniert, zumindest irgendwann.

Im Dokument *banner.htm* finden Sie zwei Beispiele für animierte GIF-Dateien.

Kapitel **4**

Hyperlinks:
Externe und interne Querverweise

Endlich! Machen Sie sich mit den Hyperlinks vertraut, den berühmten Querverweisen. Erstellen Sie externe und interne Links, Links auf Grafiken, Newsgruppen, Mediadateien usw. Zerlegen Sie Ihr Bilder in kleine Teile, bauen Sie die so genannten Image Maps!

Doch zuallererst verrate ich Ihnen, wie Sie Ihre „Homepage" planen und eine richtige „Online-Publikation" erstellen. Los geht's!

Querverweise zu anderen Webseiten

Webprojekte leben von den Querverweisen. Verweisen Sie auf andere Seiten, „werfen Sie Ihre Leinen aus" zu den schönsten Plätzen im Web.

Planung muss sein: Struktur festlegen

Sie wollen ein umfangreicheres Projekt erstellen? Immer zu! Doch ehe Sie drauflos arbeiten, beherzigen Sie unbedingt meine Ratschläge! Planen Sie, damit Ihre erste richtige „Webpublikation" auch ein voller Erfolg wird!

1. Machen Sie sich zuerst über die Struktur Ihrer Site Gedanken. Im Beispiel erstellen Sie eine „Homepage" zum Thema Microsoft Word. Legen Sie zuerst eine Startseite an, die eigentliche Homepage. Auf einer zweiten Seite bieten Sie dem Surfer weiterführende Querverweise und Tipps an.

2. Die Publikation wird im Beispiel jedoch aus insgesamt drei Dokumenten bestehen; den Seiten *index.htm*, *links.htm* und *tipps.htm*. Für die Startseite wird häufig der Name *index.htm* (oder auch *index.html*, das hängt vom Dienstleister ab) verlangt! Die Namen der übrigen Seiten können Sie sich frei ausdenken. Verzichten Sie auf Leerzeichen, schreiben Sie die Dateinamen am besten klein.

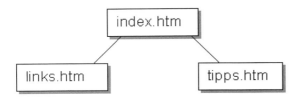

3. Machen Sie sich außerdem schon über den Inhalt Gedanken.

Machen Sie Skizzen – entwerfen Sie Ihre Seiten vorher mit Papier und Bleistift.

Zugegeben, bei drei Seiten mag die Planerei fast überflüssig sein. Doch glauben Sie mir – spätestens bei umfangreichen Projekten verlieren Sie ohne diese Vorarbeit schnell den „roten Faden".

 Was hat es mit dem Namen *index.htm* auf sich? Nun, die Startseite einer Publikation heißt normalerweise *index.htm* oder *index.html*. (Jawohl, es sind beide Varianten erlaubt.) Alle anderen Seiten dürfen Sie natürlich frei benennen. Verzichten Sie bei der Namensvergabe jedoch unbedingt auf Leerzeichen. Halten Sie sich außerdem an meine Empfehlung: Kleinschreibung ist Trumpf!

Seiten erstellen und miteinander verlinken

Die Vorarbeit ist geschafft! Erstellen Sie nun die drei Seiten. Speichern Sie diese im gleichen Ordner ab. Hier mein Vorschlag für *index.htm*:

```
<html>
<head>
<title>Serviceseite zu Word</title>
</head>
<body bgcolor="white">
<h1>Die Word-Homepage</h1>
<p>Hier finden Sie Tipps, Tricks und interessante Querverweise zum Thema Word.</p>
</body>
</html>
```

Die Seite *links.htm* sieht bisher so aus:

```
<html>
<head>
<title>Links zu Word</title>
</head>
<body bgcolor="white">
```

```
<h1>Interessante Links zu Word</h1>
</body>
</html>
```

Die Seite *tipps.htm* ist ähnlich einfach gestrickt. Im *TITLE* schreiben Sie *Tipps und Tricks*, als H1 schlage ich *Tipps und Tricks zu Word* vor.

Die drei Seiten haben Sie? Dann geht es zuerst ums Verlinken. Hyperlinks setzt man gern ganz oben auf die Seite, also direkt unter das *<body>*-Tag. Schauen Sie sich das fertige Beispiel schon einmal in einer schematischen Übersicht an:

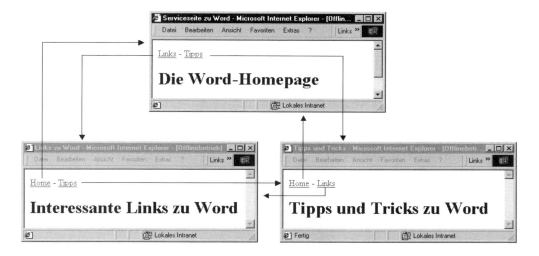

Und wie setzen Sie die Hyperlinks? Dazu benötigen Sie lediglich das Anker-Tag *<a>*. Im Zusammenspiel mit dem Attribut *src* (Quelle) gelingt Ihnen der Hypersprung ganz problemlos. Hier die schematische Syntax:

```
<a href="Dateiname">Linkbeschreibung</a>
```

Bei *Dateiname* setzen Sie in unserem Beispiel jeweils *index.htm*, *links.htm* bzw. *tipps.htm* ein. Die Linkbeschreibung können Sie sich aussuchen, ich schlage *Home*, *Links* und *Tipps* vor. Und so gehen Sie konkret vor:

1. Auf der Startseite (*index.htm*) ergänzen Sie die Zeile *<a href="links.htm">Links</a>* – *<a href="tipps.htm">Tipps</a>*. Das komplette Dokument sieht nun so aus:

```
<html>
<head>
<title>Serviceseite zu Word</title>
</head>
<body bgcolor="white">
```

```
<a href="links.htm">Links</a> – <a href="tipps.htm">Tipps</a>
<h1>Die Word-Homepage</h1>
<p>Hier finden Sie Tipps, Tricks und interessante Querverweise zum Thema Word.</p>
</body>
</html>
```

2. Im Dokument *links.htm* fehlt folgende Zeile:

```
<a href="index.htm">Home</a> – <a href="tipps.htm">Tipps</a>
```

3. Und die Datei *tipps.htm* muss lediglich um diese Links ergänzt werden:

```
<a href="index.htm">Home</a> – <a href="links.htm">Links</a>
```

Probieren Sie Ihre Seiten aus! Wenn alles geklappt hat, können Sie sich bequem von einer Seite zur anderen „durchklicken". Sie finden das fertige Ergebnis im Ordner *hyperlink*, Unterordner *fall1*.

Verweise auf Seiten in Unterordnern

Bei unserem Beispiel ist alles ganz einfach, da alle Dateien im gleichen Ordner liegen. Doch schweifen wir einmal kurz ab. Denn auch Verweise auf Seiten in Unterordnern sind möglich!

Gerade bei größeren Projekten mit Hunderten von Dateien wird es unübersichtlich, wenn sich alle Dateien in einem Ordner stapeln. Hier sollten Sie Unterordner einrichten.

ACHTUNG

Erkunden Sie sich vorher, ob Ihnen Ihr Dienstleister das Einrichten von Unterordnern gestattet. In vielen Fällen dürfen Sie keine Unterordner anlegen.

Doch wie gelingt Ihnen der Verweis auf diese Unterordner? Angenommen, die Seite *links.htm* liegt im Unterordner *hyperlink*, die Seite *tipps* dagegen im Unterordner *tipp*.

Die Links auf der *index.htm* sehen dann so aus:

```
<a href="link/links.htm">Links</a> – <a href="tipp/tipps.htm">Tipps</a>
```

Beachten Sie, dass Sie im Gegensatz zum Windows-Dateisystem mit einem Slash (/) arbeiten. Sie dürfen die Pfade nicht etwa mit Backslash (\) schreiben!

Die Links in der Datei *links.htm* würden so aussehen.

```
<a href="../index.htm">Home</a> – <a href="../tipp/tipps.htm">Tipps</a>
```

Die zwei Punkte stehen für „eine Ordnerebene hoch". Die Datei *index.htm* liegt schließlich, von der Datei *tipps.htm* aus betrachtet, eine Ebene höher. Es sind also relative Links. Beim Verweis auf *tipps.htm* marschieren Sie mit den zwei Punkten erst eine Ebene höher, um sich dann wieder in den Ordner *Tipp* durchzuhangeln.

ACHTUNG

Verwenden Sie nie absolute Hyperlinks wie *C:\Eigene Dateien\homepage\index.htm*! Schließlich wissen Sie nicht genau, unter welchem Pfad Ihre Datei beim Dienstleister abgelegt wird. Sie müssen ausschließlich mit relativen Links arbeiten.

Folgerichtig sehen die Links in der Datei *tipps.htm* so aus:

```
<a href="../index.htm">Home</a> – <a href="../link/links.htm">Links</a>
```

Sie finden das für den Anfang zu kompliziert? Keine Bange, wenn Sie Tools wie 1ˢᵗ Page oder Homesite verwenden, werden ganz automatisch die entsprechenden relativen Links in der korrekten Syntax erstellt!

Falls Sie vergleichen möchten: Sie finden das „Unterordner-Projekt" im Ordner *hyperlink*, Unterordner *subfolder*.

Links auf externe Webseiten setzen

Doch zurück zu unserem Projekt! Schließlich hatten Sie dem Surfer externe Hyperlinks versprochen. Das Prinzip ist exakt das Gleiche wie bei Verweisen auf benachbarte Seiten. Doch statt des Dateinamens tragen Sie die komplette Webadresse ein, den so genannten URL (**U**niform **R**esource **L**ocator).

```
<a href="URL">Linkbeschreibung</a>
```

Knöpfen Sie sich die Link-Seite vor, *links.htm*. Setzen Sie die Links!

Ich schlage zuerst einen Link zur Seite von Microsoft (http://www.microsoft.de) und einen zur Seite eines an dieser Stelle nicht näher bezeichneten Computerbuchverlags (http://www.databecker.de) vor. Damit die Optik stimmt, „wickeln" wir die Links in eine nummerierte Liste (*<ol></ol>*) ein.

```
<html>
<head>
<title>Links zu Word</title>
</head>
<body bgcolor="white">
<a href="index.htm">Home</a> – <a href="tipps.htm">Tipps</a>
<h1>Interessante Links zu Word</h1>
<ol>
<li><a href="http://www.microsoft.de">Infos zu Word</a></li>
<li><a href="http://www.databecker.de">Literatur zu Word</a></li>
</ol>
</body>
</html>
```

Und so sieht's im Browser aus:

Übrigens, dass besuchte Links lila und unbesuchte blau dargestellt werden, haben Sie sicher längst bemerkt. Im Abschnitt „Tipps und Tricks zu Hyperlinks" ab Seite 78 verrate ich Ihnen, wie Sie eigene Farben definieren können!

Das Beispiel finden Sie im Ordner *Hyperlink*, Unterordner *Fall2*.

Links auf Dateien und Newsgruppen

Sie möchten auf eine Datei oder auf eine Newsgruppe verweisen? Nichts leichter als das! Schließlich fehlen auf unserer Link-Seite noch einige Querverweise.

Hoppla, Sie wissen im Moment gerade nicht, was sich hinter den Newsgruppen im Usenet verbirgt? Das sind die „schwarzen Bretter" im Internet, es handelt sich um eine Art „Selbsthilfeforum". Jeder kann hier seine Meinung zu einem speziellen Thema los werden. Im Usenet hilft man sich gegenseitig und lernt allein durch das Mitlesen. Sie haben ein kniffliges Problem mit Word? Stellen Sie Ihre Frage in der speziellen Word-Newsgruppe. Newsgruppen erreichen Sie per E-Mail. Sie benötigen einen so genannten Newsreader wie Outlook Express. Outlook Express ist in Windows enthalten.

Widmen wir uns zuerst dem Link auf eine Datei.

Verweis auf eine Datei

Sie wollen auf eine Datei verweisen, die auf einem so genannten FTP-Server liegt? Oder Sie haben die Datei auf Ihre eigene Homepage gepackt? Auch hier müssen Sie lediglich das Grundprinzip etwas abwandeln. Schreiben Sie:

```
<a href="Pfad zu Datei auf FTP-Server">Linkbeschreibung</a>
```

Sie wollen auf die Datei *wordia.exe* verweisen, die sich auf dem FTP-Server von Microsoft befindet? Und zwar unter dem Pfad *ftp://ftp.microsoft.com/deskapps/word/winword-public/ia/wordia.exe*? Dann schreiben Sie einfach:

```
<a href="ftp://ftp.microsoft.com/deskapps/word/winword-public/ia/wordia.exe">Internet Assistent für Word
6/95</a>
```

Hinter dieser Datei verbirgt sich übrigens der so genannte Internet-Assistent, ein englischsprachiges Add-In, um auch mit älteren Word-Versionen (Word 6/95) Webseiten erzeugen zu können!

 Natürlich könnten Sie auf die gleiche Art auch eine Datei einbinden, die auf Ihrem eigenen Server liegt. Fügen Sie lediglich Dateinamen (und evtl. den Pfad) ein, z. B. so: *<a href="word.zip">Infos zu Word</a>*.

Verweis auf eine Newsgruppe

Und wie setzen Sie einen Verweis auf eine Newsgruppe? Ganz ähnlich! Schauen Sie sich das Ganze am Beispiel des freien Newsservers news://msnews.microsoft.com an! Verweisen Sie hier auf die Gruppe microsoft.public.de.word. Und so sieht der Hyperlink im Endeffekt aus:

```
<a href="news://msnews.microsoft.com/microsoft.public.de.word">Newsgruppe zu Word</a>
```

Klickt der Surfer darauf, wird – ein installierter Newsreader vorausgesetzt – die Gruppe direkt aufgerufen.

Achten Sie einmal darauf: Sobald der Surfer einen Link überfährt, erscheint in der Status-zeile die eigentliche Adresse.

Die so „aufpolierte" Datei *links.htm* finden Sie im Unterordner *fall3*.

Feedback ist wichtig: Der E-Mail-Link

Sie möchten, dass der Surfer Ihnen eine Botschaft schicken kann? Fügen Sie den so ge-nannten E-Mail-Link ein. Die Syntax ist wieder sehr einfach:

    <a href="mailto:E-Mail-Adresse">Feedback</a>

Statt *E-Mail-Adresse* tragen Sie natürlich Ihre eigene Adresse ein, beispielsweise x.html@jchanke.de. Der komplette E-Mail-Link sieht dann so aus:

    <a href="mailtc:x.html@jchanke.de">Feedback</a>

Klickt der Surfer auf den Link, öffnet sich bei ihr oder ihm das E-Mail-Programm. Ein neues E-Mail-Formular erscheint. Das Beste: Der Empfänger (also Ihre oder meine E-Mail-Adresse) ist automatisch schon eingetragen.

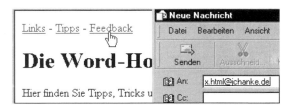

Einzige Voraussetzung: Der Surfer hat ein korrekt installiertes und konfiguriertes E-Mail-Programm auf seinem Rechner. Sonst funktioniert diese Dienstleistung natürlich nicht!

E-Mail-Link mit Betreff

Das war aber noch nicht alles! Mit einem Trick gelingt es Ihnen sogar, gleich einen Betreff in das E-Mail-Formular „hineinzuzaubern". Schreiben Sie nach dem Muster:

```
<a href="mailto:E-Mail-Adresse?subject=Betrefftext">Feedback</a>
```

Im Beispiel könnte das so aussehen:

```
<a href="mailto:x.html@jchanke.de?subject=Kommentar zur Seite">Kommentar zur Seite</a>
```

Das, was nach *subject=* folgt, wird als Betreff in das E-Mail-Formular übernommen!

Sie finden die so veränderte Datei *index.htm* im Ordner *hyperlink*, Unterordner *fall4*.

Grafik-Links als Schalter

Niemand hindert Sie daran, auch eine Grafik als Hyperlink „zu missbrauchen". Ideal, um beispielsweise eine Schaltfläche zu erstellen. „Wickeln" Sie einfach den Hyperlink um das Bild. Hier das Beispiel:

```
<h3>Und hier ein Link zur Knowledge Base:</h3>
<a href="http://search.support.microsoft.com/kb"><img src="help.gif" width="80" height="80" /></a>
```

Grafisch sieht das Ganze so aus:

Sie wollen den störenden Rahmen abschalten? Dann nutzen Sie das Attribut *border*, schreiben Sie *border="0"*. Fügen Sie außerdem als „Linkbeschreibung" via *alt* noch einen Alternativtext ein.

```
<a href="http://search.support.microsoft.com/kb"><img src="help.gif" width="80" height="80" border="0"
alt="Wissensdatenbank zu allen Microsoft-Themen" /></a>
```

Und schon sieht die Schaltfläche noch schicker aus:

Sie können praktisch jede Grafik auf diese Weise in eine Schaltfläche umwandeln. Wie wäre es mit einem Häuschen als Verweis auf die Startseite? Oder einem Pfeil, um zur nächsten Seite zu verzweigen? Die Grenzen setzt nur Ihre Phantasie!

Sie finden das Ergebnis im Ordner *hyperlink*, Unterordner *fall5*. Schauen Sie in die Datei *links.htm*.

Verweise innerhalb der eigenen Seite

Fehlt noch die letzte Gruppe der Verweise, die internen Links. Interne Links werden immer dann benötigt, wenn Sie viel Inhalt auf eine Seite setzen. Fügen Sie interne Anker in das Dokument ein. Verweisen Sie dann regelmäßig auf diese Anker.

Die Tipps-und-Tricks-Sammlung

Und bei dieser Gelegenheit machen wir uns gleich über die Tipps-und-Tricks-Sammlung her, über das Dokument *tipps.htm*. Schließlich fehlt noch etwas Inhalt. Und hier das komplette Dokument mit einigen Tipps und Tricks:

```
<html>
<head>
<title>Tipps und Tricks</title>
</head>
<body bgcolor="white">
<a href="index.htm">Home</a> – <a href="links.htm">Links</a>
<h1>Tipps und Tricks zu Word</h1>
<p>Welchen Tipp m&ouml;chten Sie lesen?</p>
<hr />
<h3>Tabelle l&ouml;schen</h3>
<p>Das L&ouml;schen einer Tabelle ist normalerweise recht m&uuml;hselig und nur &uuml;ber das
Men&uuml; zu erreichen. Der Trick: Markieren Sie die Tabelle bis &uuml;ber die (m&ouml;glichst leere)
Absatzmarke des darauffolgenden Absatzes. Dr&uuml;cken Sie die Taste <kbd>Entf</kbd>!</p>
<hr />
<h3>Tabulatoren in Tabellen</h3>
<p>Halten Sie die <kbd>Strg</kbd>-Taste gedr&uuml;ckt. Dann k&ouml;nnen Sie in Tabellen auch
Tabulatoren setzen. Zum Anspringen derselben m&uuml;ssen Sie wieder <kbd>Strg</kbd> dr&uuml;cken!</p>
<hr />
<h3>W&ouml;rter ganz schnell fetten</h3>
<p>Die Tastenkombination <kbd>Strg + Umschalt + F</kbd> fettet ein Wort.</p>
<hr />
<h3>Zeichenformate (fett, kursiv etc.) entfernen</h3>
```

<p>Klicken Sie in ein Wort. Drücken Sie <kbd>Strg + Leertaste</kbd>. So entfernen Sie die festen Zeichenformatierungen des Worts. Es steht nur noch das "nackte" Wort da.</p>

</body>

</html>

Je mehr Tipps Sie einfügen, desto mühseliger wird es für den Surfer. Er muss erst scrollen, um sich zu tiefer gelegenen Stellen zu bewegen. Ein Inhaltsverzeichnis wäre schick – erstellt am Seitenbeginn. Hier verweisen Sie auf die entsprechenden Stellen im Dokument. Und damit der Surfer von dort wieder zurück springen kann, fügen Sie gleich Links nach oben ein.

So soll das Dokument im Endeffekt aussehen:

Machen Sie sich zuerst über die Definition der Anker her!

Interne Anker definieren

Um einen Anker zu definieren, benötigen Sie das Ankertag <a>. Mit dem Attribut *name* legen Sie einen selbst gewählten Namen fest. Für HTML 4 würde das genügen. In XHTML wird neuerdings das Attribut *id* verwendet. Schreiben Sie also sowohl *name* als auch *id* in das Anker-Tag hinein, vergeben Sie für beide Attribute die gleichen Werte. Hier ein Beispiel:

```
<a name="oben" id="oben">...</a>
```

ACHTUNG

Achten Sie darauf, sich für jeden Anker einen eindeutigen, im Dokument nur einmal vorkommenden Namen auszudenken! Verzichten Sie auf Leerzeichen. Ich empfehle generell Kleinschreibung, da auch hier zwischen Groß- und Kleinschreibung unterschieden wird.

Für das Dokument habe ich mir die folgenden Ankernamen ausgedacht: *oben, tabelleweg, tabelletab, wortfett, formatreset.* Und hier sehen Sie, wie diese unsichtbaren Anker in das Dokument eingefügt werden. Die entsprechenden Stellen habe ich zur Verdeutlichung besonders hervorgehoben:

```
<html>
<head>
    <title>Tipps und Tricks</title>
</head>
<body bgcolor="white">
<a name="oben" id="oben"></a><a href="index.htm">Home</a> – <a href="links.htm">Links</a>
<h1>Tipps und Tricks zu Word</h1>
<p>Welchen Tipp m&ouml;chten Sie lesen?</p>
<hr />
<a name="tabelleweg" id="tabelleweg"></a><h3>Tabelle l&ouml;schen</h3>
<p>Das L&ouml;schen einer Tabelle ist normalerweise recht m&uuml;hselig und nur &uuml;ber das Men&uuml; zu erreichen. Der Trick: Markieren Sie die Tabelle bis &uuml;ber die (m&ouml;glichst leere) Absatzmarke des darauffolgenden Absatzes. Dr&uuml;cken Sie die Taste <kbd>Entf</kbd>!</p>
<hr />
<a name="tabelletab" id="tabelletab"></a><h3>Tabulatoren in Tabellen</h3>
<p>Halten Sie die <kbd>Strg</kbd>-Taste gedr&uuml;ckt. Dann k&ouml;nnen Sie in Tabellen auch Tabulatoren setzen. Zum Anspringen derselben m&uuml;ssen Sie wieder <kbd>Strg</kbd> dr&uuml;cken!</p>
<hr />
<a name="wortfett" id="wortfett"></a><h3>W&ouml;rter ganz schnell fetten</h3>
<p>Die Tastenkombination <kbd>Strg + Umschalt + F</kbd> fettet ein Wort.</p>
<hr />
<a name="formatreset" id="formatreset"></a><h3>Zeichenformate (fett, kursiv etc.) entfernen</h3>
<p>Klicken Sie in ein Wort. Dr&uuml;cken Sie <kbd>Strg + Leertaste</kbd>. So entfernen Sie die festen Zeichenformatierungen des Worts. Es steht nur noch das &quot;nackte&quot; Wort da.</p>
</body>
</html>
```

Übrigens ist es nicht nötig, dass ein Anker „um ein anderes Element" gewickelt wird. Diese Schreibweise ist also vollkommen korrekt:

```
<a name="oben" id="oben"></a>
```

Verweise auf interne Anker

Und nun setzen Sie einfach auf diese internen Anker einen Verweis. Diesmal benötigen Sie das *href*-Attribut. Und *href* ist nichts weiter als die Abkürzung für **hyper ref**erence, Querverweis.

Vergessen Sie dabei nicht, auch auf den Anker *oben* zu verweisen. So kann der Surfer schnell und bequem immer wieder zum Seitenanfang springen.

Die Syntax für einen Verweis lautet:

```
<a href="#Ankername">Linkbeschreibung</a>
```

Die Raute dient als Erkennungsmerkmal für einen internen Anker. Als Ankernamen wählen Sie natürlich Ihre eigenen Bezeichnungen, im Beispiel *oben*, *tabelleweg* usw.

Hier der komplette Quelltext. Das „Inhaltsverzeichnis" wurde diesmal in eine „ungeordnete Liste" (*<ul></ul>*) gesetzt. Außerdem habe ich die Verweise gesondert hervorgehoben.

```
<html>
<head>
<title>Tipps und Tricks</title>
</head>
<body bgcolor="white">
<a name="oben" id="oben"><a href="index.htm">Home</a> – <a href="links.htm">Links</a></a>
<h1>Tipps und Tricks zu Word</h1>
<p>Welchen Tipp m&ouml;chten Sie lesen?</p>
<ul>
<li><a href="#tabelleweg">Tabelle l&ouml;schen</a></li>
<li><a href="#tabelletab">Tabulatoren in Tabellen</a></li>
<li><a href="#wortfett">W&ouml;rter ganz schnell fetten</a></li>
<li><a href="#formatreset">Zeichenformate entfernen</a></li>
</ul>
<hr />
<a name="tabelleweg" id="tabelleweg"><h3>Tabelle l&ouml;schen</h3></a>
<a href="#oben">oben</a>
```

<p>Das Löschen einer Tabelle ist normalerweise recht mühselig und nur über das Menü zu erreichen. Der Trick: Markieren Sie die Tabelle bis über die (möglichst leere) Absatzmarke des darauffolgenden Absatzes. Drücken Sie die Taste <kbd>Entf</kbd>!</p>

<hr />

<a name="tabelletab" id="tabelletab"><h3>Tabulatoren in Tabellen</h3></a>

<a href="#oben">oben</a>

<p>Halten Sie die <kbd>Strg</kbd>-Taste gedrückt. Dann können Sie in Tabellen auch Tabulatoren setzen. Zum Anspringen derselben müssen Sie wieder <kbd>Strg</kbd> drücken!</p>

<hr />

<a name="wortfett" id="wortfett"><h3>Wörter ganz schnell fetten</h3></a>

<a href="#oben">oben</a>

<p>Die Tastenkombination <kbd>Strg + Umschalt + F</kbd> fettet ein Wort.</p>

<hr />

<a name="formatreset" id="formatreset"><h3>Zeichenformate (fett, kursiv etc.) entfernen</h3></a>

<a href="#oben">oben</a>

<p>Klicken Sie in ein Wort. Drücken Sie <kbd>Strg + Leertaste</kbd>. So entfernen Sie die festen Zeichenformatierungen des Worts. Es steht nur noch das "nackte" Wort da.</p>

</body>

</html>

Vergleichen Sie ruhig mit der Datei *tipps.htm* im Ordner *fall6*. Tipp: Verkleinern Sie das Browserfenster, damit der Effekt deutlich wird!

Sounds und Videos in die Seiten einbinden

Sie wollen fetzige MIDI- oder MP3-Songs, Videofilmchen oder WAV-Dateien in die Seite einbinden? Oder – wenn's denn wirklich sein muss – heiße „Flash-Animationen"? Das geht einfacher, als Sie denken! Hier zuerst die „leichteste Variante".

Hyperlink auf Mediadatei

Fügen Sie lediglich einen Link auf diese Datei ein. Schreiben Sie nach dem Motto:

    <a href="Mediadatei">Linkbeschreibung</a>

Sie wollen eine MP3-Datei namens *song.mp3* einbinden? Schreiben Sie:

    <a href="song.mp3">Mein Lieblings-MP3-Song</a>

Der Browser erkennt automatisch, um welchen Dateityp es sich handelt, und ruft in der Regel das entsprechende Abspielprogramm auf den Plan. Manchmal will der Internet Explorer die Datei herunterladen und speichern. Wählen Sie dann die Option *Öffnen*, um sie gleich abzuspielen.

 Apropos Abspielprogramm: Am leistungsstärksten ist der Media-Player des Internet Explorer 5.x. Er kennt die gängigsten Media-Formate, beispielsweise Wave, MIDI, Streaming Audio, QuickTime, Au, Real Media, MP2 oder MP3. Der Netscape Navigator ab 4.7 wird mit dem bekannten Media-Player WinAmp ausgeliefert, der ebenfalls viele Formate abspielen kann.

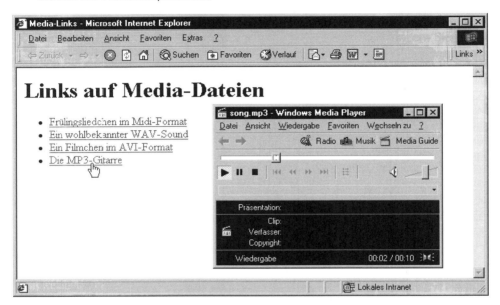

Schauen Sie in den Ordner *hyperlink*, Unterordner *media*. Im Dokument *medialink.htm* finden Sie etliche Beispiele für Links auf Mediadateien!

Sie arbeiten mit „exotischen Dateiformaten", beispielsweise mit Macromedia Flash? In solchen Fällen kann die Datei nur dann abgerufen und abgespielt werden, wenn ein Plug-In in Ihrem Browser installiert ist. Mein Tipp: Verzichten Sie lieber auf diese Media-Formate. Prüfen Sie zuerst, ob die Dateien korrekt sowohl vom Internet Explorer als auch vom Netscape Navigator wiedergegeben werden können. Nichts ist ärgerlicher für den Surfer, als wenn er sich erst zeitraubend ein Plug-In herunterladen muss, bevor er die Seite betrachten kann.

Datei per <embed> einbinden

Sie können die Datei auch „visuell erlebbar" in Ihre Seite einbinden. Das Tag *<embed>* hilft Ihnen dabei. Verwenden Sie folgende Syntax:

```
<embed src="Dateiname" width="Pixel" height="Pixel" autostart="false" loop="false" />
```

Setzen Sie das Tag in den Body des Dokuments, und zwar exakt an der Stelle, wo der Medienplayer angezeigt werden soll. Das Tag benimmt sich wie ein Zeichen. Mit den Größenangaben (z. B. *width="150" height="40"*) legen Sie die Größe des integrierten Players genau fest.

Der Dateiname ist nichts weiter als Ihre Mediadatei. Mit *autostart="false"* weisen Sie den Player an, das Stück erst nach einem Klick auf den Play-Schalter abzuspielen. Mit *autostart="true"* würde die Datei dagegen sofort abgespielt. Und *loop="false"* bedeutet, dass das Stückchen nur einmal „heruntergenudelt" wird. Für ein „Endlosband" setzen Sie jedoch *loop="true"*.

Das Beispiel finden Sie im Unterordner *Media* in der Datei *embed.htm*.

Wichtiger Hinweis: Das *<embed>*-Tag gehört nicht zum offiziellen HTML/XHTML-Standard, das W3C favorisiert dagegen *<object>*. Um eine MIDI-Datei mit *<object>* einzubinden, schreiben Sie beispielsweise *<object data="song.mid" type="audio/midi" width="150" height="100" autostart="false"></object>*. Leider wird *<object>* nicht von allen Browsern interpretiert. Ich empfehle Ihnen *<object>* derzeit nicht.

Klangdateien als Hintergrundsound

Sehr beliebt gerade unter vielen „Homepage-Bastlern" sind Hintergrundklänge. Diese werden automatisch beim Laden der Seite abgespielt.

Auch das gelingt Ihnen mit *<embed>*, und zwar mit einem Trick. Fügen Sie das Attribut *hidden* mit dem Wert *true* ein. Schalten Sie *autostart* auf *true*. Auch wenn Sie Höhe und Breite angeben, nimmt das Objekt so überhaupt keinen Platz ein. Setzen Sie es an irgendeine Stelle im Body Ihres HTML-Dokuments, und zwar möglichst innerhalb eines anderen Tag-Paars. Hier ein Beispiel, das Sie auch in der Datei *hintergrund.htm* finden:

```
<html>
<head>
<title>Hintergrund</title>
</head>
```

```
<body bgcolor="white">
<h1>Hintergrundsound</h1>
<p><embed src="sprng_01.mid" width="150" height="40" autostart="true" loop="false"
hidden="true" />Hintergrundsound wird abgespielt.</p>
</body>
</html>
```

Keine Bange, durch *hidden="true"* wird der Player weder angezeigt noch nimmt er Platz weg. Geben Sie am besten trotzdem *width* und *height* an, da das einige Browser so verlangen.

 Microsoft hat ein Tag namens *<bgsound>* eingeführt. Sie setzen es nicht in den Body, sondern in den Kopfbereich des Dokuments. Schreiben Sie beispielsweise *<bgsound src="sprng_01.mid" />*. Dieses Tag gehört weder zum offiziellen Standard noch wird es von Netscape verstanden. Leider bauen es Programme wie FrontPage oder Word 2000 ungeachtet dieser Nachteile in Ihre Webseite ein. Ein Beispiel finden Sie in der Datei *bgsound.htm*.

Tipps und Tricks zu Hyperlinks

Das war noch längst nicht alles zum Thema Hyperlink. Öffnen Sie ein neues Browserfenster. Erstellen Sie Querverweise mit „Info-Fahnen", zaubern Sie tolle Image Maps, die verweissensitiven Grafiken.

Sie werden staunen, mit welch geringem Aufwand sich manche Effekte erzielen lassen. Doch beginnen wir mit den Farben.

Hyperlinks umfärben

Sie haben die Nase voll vom ewigen Blau-Lila? Dann definieren Sie Ihre eigenen Farben. Setzen Sie einfach folgende zusätzliche Attribute in das *<body>*-Tag:

- *link*, definiert die Linkfarbe, Voreinstellung blau.
- *vlink*, definiert die Farbe des besuchten Links, Voreinstellung lila.
- *alink*, Farbe des aktiven Links (während des Klickens).

Sie können als Attributwert die hexadezimalen Farbcodes oder die erlaubten Farbnamen verwenden. Hier ein Beispiel:

```
<body link="green" vlink="red" alink="green">
```

Übrigens: Mit Style Sheets können Sie noch mehr Einfluss auf das Aussehen Ihrer Links nehmen. Schlagen Sie auf Seite 85 nach, um weitere Details zu erfahren.

Neues Browserfenster öffnen

Der Surfer klickt auf einen Hyperlink und was passiert? Normalerweise erscheint die neue Seite im gleichen Browserfenster. Besonders bei externen Querverweisen ist das ärgerlich. Sorgen Sie dafür, dass Ihre Seite wenigstens im Hintergrund geöffnet bleibt.

Ergänzen Sie im *<a>*-Tag einfach das Attribut *target* mit dem Wert *_blank*. Schreiben Sie nach dem Muster

```
<a href="www.webadresse.com" target="_blank">Linkbezeichnung</a>
```

So bleibt Ihre Seite im Hintergrund geöffnet. Ein neues Browserfenster erscheint.

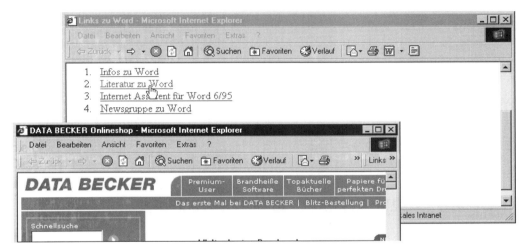

Vergleichen Sie mit dem Dokument *links.htm* im Ordner *fall7*. Hier wurde der Link *Literatur zu Word* um das Attribut *target="_blank"* erweitert.

Hyperlinks mit QuickInfo

Dass Sie Grafik-Links mit Hilfe des Attributs *alt* mit einer gelben QuickInfo versehen können, wissen Sie. Doch geht das auch bei Text-Links? Jawohl, es geht. Verantwortlich dafür ist das Attribut *title*!

Setzen Sie als Wert einfach einen frei wählbaren Beschreibungstext ein, schreiben Sie nach dem Muster:

```
<a href="www.webadresse.com" title="QuickInfo-Text">Linkbeschreibung</a>
```

Hat die Sache wieder einen Haken? Ja! Leider ist der Internet Explorer der einzige Browser, der bei der Geschichte „mitmacht"! Allerdings versteht er es immerhin schon ab Version 4!

Beispiele für dieses Feature finden Sie im Dokument *links.htm* im Ordner *fall8*.

Image Maps erstellen

Versehen Sie Ihre Grafiken mit Hot Spots, den berührungsempfindlichen Stellen. Legen Sie die Links auf bestimmte Bereiche einer Grafik. Damit lassen sich tolle Effekte erzielen.

Leider ist es recht schwer, Image Maps von Hand herzustellen. Ich zeige Ihnen deshalb, wie Sie mit dem Freewareprogramm MapMaker schnell zum Ziel gelangen! MapMaker gibt es unter www.jchanke.de/xhtml/mm32inst.exe.

Im Beispiel sollen bestimmte Städte auf einer Landkarte „anklickbar" gemacht werden. Durch einen Klick auf eine Stadt springt der Surfer zur entsprechenden Seite.

Die Landkarte ist dabei nichts weiter als eine Grafik im GIF-Format. (Es könnte aber auch gut und gern eine Textgrafik sein.)

1. Starten Sie MapMaker über *Start/Programme/MapMaker32/MapMaker32*. Klicken Sie hier auf die Schaltfläche *Öffnen*. Suchen Sie Ihre Grafik heraus.

2. Wählen Sie jetzt das gewünschte Zeichenwerkzeug. Voreingestellt ist das Rechteck, im Beispiel bleiben wir dabei. Ziehen Sie bei gedrückter linker Maustaste um die Stelle einen Rahmen, die Sie als „berührungsempfindlich" definieren möchten. Doppelklicken Sie auf diesen Bereich. Tragen Sie den URL und einen Alternativtext ein und klicken Sie auf *OK*.

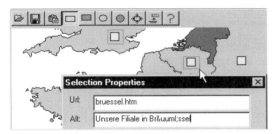

3. Wählen Sie im Menü *File* den Befehl *Save HTML/To Clipboard*. Der Quelltext wird jetzt in die Zwischenablage gelegt.

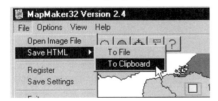

4. Gehen Sie in Ihr HTML-Dokument, und zwar an die Stelle, wo die Image Map erscheinen soll. Fügen Sie den Inhalt der Zwischenablage ein, beispielsweise mit Strg+V bzw. dem *Einfügen*-Befehl im *Bearbeiten*-Menü (*Edit/Paste*).

```
<p>Bitte besuchen Sie unsere Filialen:</p>

<! — Image map created by MapMaker32 —>
<IMG SRC="map.gif" USEMAP="#map" BORDER=0>
<!— Image Map (client side) starts... —>
<MAP NAME="map">
<AREA SHAPE="rect" COORDS="137,4,159,25", HREF="london.htm"
ALT="Unsere Filiale in London">
<AREA SHAPE="rect" COORDS="176,100,200,124", HREF="paris.htm"
ALT="Unsere Filiale in Paris">
<AREA SHAPE="rect" COORDS="245,44,268,62", HREF="bruessel.htm"
ALT="Unsere Filiale in Br&uuml;ssel">
<AREA SHAPE="rect" COORDS="317,40,340,60", HREF="koeln.htm"
ALT="Unsere Filiale in K&ouml;n">
</MAP>
<!— End of map definition —>
```

Sie finden das Beispiel im Ordner *hyperlink*, Unterordner *imagemap*. Die Image Map selbst liegt in der Datei *index.htm*. Wenn Sie Nerven haben und unbedingt dem XHTML-Standard folgen wollen, können Sie Tags und Attribute noch in Kleinschreibung umwandeln. Es funktioniert aber auch so!

 Sie können auch mit dem Freewareprogramm StarOffice eine Image Map erstellen. Klicken Sie einfach mit der rechten Maustaste auf eine Grafik. Wählen Sie im Kontextmenü den Befehl *Image Map*. Jetzt erscheint ein kleiner, aber feiner Image-Map-Editor, der sich ähnlich einfach wie MapMaker bedienen lässt.

Kapitel 5

Präsentieren Sie Ihr Büro mit Style Sheets

Endlich wird das Gestalten Ihrer Webseiten revolutionär einfach! Nutzen Sie die so genannten Style Sheets. Verändern Sie Schriftart, -farbe und andere Eigenschaften auf einen Schlag. Arbeiten Sie mit Rändern, Rahmen und Schatteneffekten. Platzieren Sie Grafiken und Text exakt an einer bestimmten Stelle auf der Seite. Im Gegensatz zu „*<font>*-Tag und Konsorten" haben Sie mit Style Sheets weitaus mehr Möglichkeiten.

In diesem Kapitel dreht sich alles um die Sprache Cascading Style Sheets (CSS), zu deutsch „kaskadierende Formatvorlagen".

 Auch wenn es am Anfang etwas Mühe macht: Um Style Sheets kommen Sie nicht mehr herum. Zugegeben, bei HTML oder XHTML können (und müssen) Sie derzeit teilweise noch mit dem *<font>*-Tag oder anderen „Tricks" arbeiten. Denn nur so erreichen Sie, dass die Dokumente auch auf älteren Browsern noch perfekt aussehen. Bei XML sind derartige „Hilfslösungen" jedoch streng verboten. Style Sheets sind hier die Möglichkeit, Ihre Dokumente attraktiv am Bildschirm darzustellen. Derzeit ist CSS die derzeit „sicherste Formatiersprache" auch für XML. Eine noch umfassendere „Style Sheet-Sprache" speziell für XML wird gerade entwickelt, sie heißt XSL. Mehr zu XML erfahren Sie ab Seite 141. Der XSL-Teil beginnt ab Seite 172.

Ich verrate Ihnen auf den nächsten Seiten das Wichtigste, was Sie zum Thema Style Sheets wissen müssen. Und damit es nicht gleich zum „Stil-Bruch" kommt, probieren wir es gemeinsam Schritt für Schritt an einem XHTML-Beispiel aus. Zum krönenden Abschluss verrate ich Ihnen außerdem, wie Sie Elemente absolut platzieren und so interessante Layouteffekte erzielen. Eine komplette CSS-Referenz finden Sie im Referenzteil auf der CD!

Perfektes Layout durch Formatvorlagen

Was zum Kuckuck sind denn nun Style Sheets? Style Sheets sind nichts weiter als die von großen Textverarbeitungen her bekannten Formatvorlagen.

Schon in Word erleichtern Sie sich die Arbeit durch Formatvorlagen. Überschriften gestalten Sie beispielsweise mit den Vorlagen *Überschrift 1* bis *Überschrift 6* (HTML lässt grüßen!). Für Zitate oder besonders wichtige Passagen erzeugen Sie eigene Absatzvorlagen. Auch für

Zeichen existieren spezielle Zeichenvorlagen; das sind Vorlagen, die nur auf ein Wort oder eine Wortgruppe angewendet werden können.

Wozu das Sinn macht? Angenommen, Sie wollen nachträglich die Schriftart für die Überschriften ändern. Bei direkter Formatierung wären Sie Jahre beschäftigt: Sie müssten jede einzelne Überschrift aufspüren und separat die Eigenschaften ändern. Mit Formatvorlagen bzw. Style Sheets sind Sie fein raus: Sie ändern nur die Eigenschaften in dieser einen Vorlage und alle mit diesem „Stilformat" behandelten Stellen werden auf einen Schlag mit verändert.

Ähnlich praktisch sind Zeichenvorlagen. So können alle kursiv gesetzten Wörter auf einen Schlag „gefettet" oder in rot und als Kapitälchen dargestellt werden. Alle Absätze erhalten eine Hintergrundschattierung und einen Absatzeinzug. Und so weiter. Aber ehe ich mich vollends von meiner Begeisterung hinreißen lasse, kommen wir endlich zum praktischen Beispiel. Und zwar nicht in Word, sondern in (X)HTML und CSS!

Hinter Formatvorlagen verbirgt sich ein ganz raffiniertes Konzept: Gestaltungseigenschaften werden in „Bündeln" zusammengefasst und an zentraler Stelle „geparkt". Statt beispielsweise einen Absatz immer wieder mit den gleichen Einstellungen zu versehen, legen Sie diese Eigenschaften in der Formatvorlage fest. Dann weisen Sie dem Absatz nur noch diesen „Style" zu. Kreieren Sie eigene „Stile". Je nach Textverarbeitungsprogramm werden Formatvorlagen unterschiedlich bezeichnet, in Word oder StarWriter heißen sie Formatvorlagen, in WordPerfect dagegen „Styles". In CSS nun nennt man diese Vorlagen „Style Sheets", Stilblätter. Alles klar?

Ihr Büro präsentiert sich im Web!

Der Chef hat sich entschlossen, dem Büro Happy Office eine Webseite zu spendieren. Als dynamischer Mensch konnte er es sich nicht verkneifen, gleich sein eigenes Konterfei mit abzulichten. Immerhin, so weit ist er mit den vorhanden HTML-Kenntnissen schon gekommen:

Seine Sekretärin Frau Hallmeyer ist eine Spur pfiffiger! Sie verwendet Style Sheets. Nach wenigen Klicks und Tastendrücken hat sie das Dokument komplett „umgekrempelt".

Schauen wir Frau Hallmeyer über die Schulter! Verwandeln wir auf den nächsten Seiten gemeinsam ein „hässliches Entlein" in einen „hübschen jungen Schwan". Hier schon einmal vorab das Ergebnis:

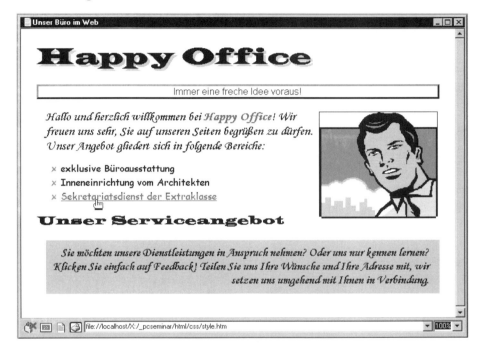

So wird die Seite in Opera 4, im Internet Explorer 5 und in Netscape 6 dargestellt. Diese Abbildung stammt aus Opera 4. Warum ich das so betone?

ACHTUNG Wie immer, wenn es um fortgeschrittene Techniken geht, finden sich etliche Haare in der Suppe. Style Sheets werden leider nur von den neusten Browsern interpretiert, und auch hier nicht immer im vollen Umfang. In Netscape können Sie Style Sheets erst ab Version 4.x bewundern, und das nur dann, wenn Sie JavaScript aktiviert haben. (Schauen Sie also unter *Bearbeiten/Einstellungen/Erweitert* nach, ob hier ein Häkchen sitzt bei *JavaScript aktivieren*!) Trotzdem werden Ihnen wichtige Eigenschaften vorenthalten (z. B. Ränder, Rahmenlinien oder bestimmte Schriftattribute wie Kapitälchen). Der Internet Explorer unterstützt Style Sheets immerhin schon seit Version 3 in Ansätzen und ab Version 4 zu ca. 80 %. Die Version 5 ist zu 95 % „Style Sheet-kompatibel". Die beste Darstellung erreichen Sie derzeit mit Internet Explorer ab 5.5, Opera ab Version 4 und Netscape ab Version 6. (Diese Browser liegen zum Zeitpunkt des Schreibens erst im Beta-Stadium vor.)

Trotz aller Darstellungsprobleme haben sich die Style Sheets längst durchgesetzt! Die Vorteile wiegen die derzeit noch bestehenden Nachteile auf.

Denken Sie trotzdem daran zu prüfen, ob das Dokument auch ohne Style Sheets gut aussieht.

Dokument ohne Formatvorlagen

Schauen Sie sich zuerst den Quelltext für das „nackte" Dokument an. So, wie es unser „CSS-unkundiger" Chef erstellt hat.

```
<html>
<head>
<title>Unser B&uuml;ro im Web</title>
</head>
<body bgcolor="white">
<h1>Happy Office</h1>
Immer eine freche Idee voraus!
<img src="man.gif" width="200" height="185" border="0" alt="Unser B&uuml;ro" align="right" />
<p>Hallo und herzlich willkommen bei <b>Happy Office</b>! Wir freuen uns sehr, Sie auf unseren Seiten
begr&uuml;&szlig;en zu d&uuml;rfen. Unser Angebot gliedert sich in folgende Bereiche:</p>
<ul>
<li><a href="ausstattung.htm">exklusive B&uuml;roausstattung</a></li>
<li><a href="innen.htm">Inneneinrichtung vom Architekten</a></li>
<li><a href="sekretariat.htm">Sekretariatsdienst der Extraklasse</a></li>
</ul>
<h2>Unser Serviceangebot</h2>
<p>Sie m&ouml;chten unsere Dienstleistungen in Anspruch nehmen? Oder uns nur kennen lernen? Klicken
Sie einfach auf <a href="mailto:feedback@happyoffice.com">Feedback</a>! Teilen Sie uns Ihre
W&uuml;nsche und Ihre Adresse mit, wir setzen uns umgehend mit Ihnen in Verbindung.</p>
</body>
</html>
```

Wie Sie sehen, enthält der Quelltext keine Besonderheiten. Sie finden zwei Überschriftsebenen, eine Liste und eine Grafik, die mit *align="right"* rechtsbündig ausgerichtet wurde. Der Satz *Immer eine freche Idee ...* wurde nicht in einen Absatz eingebunden. Das ist Absicht.

Vergleichen Sie ruhig mit der Datei *nostyle.htm* im Ordner *css*.

Style Sheets in das Dokument einbinden

Wandeln Sie das Dokument um! Ich zeige Ihnen nun, wie Sie Style Sheets in Ihr Dokument einbinden.

1. Schauen Sie in den Kopfbereich des Dokuments. Style Sheets setzen Sie zwischen *</title>* und *</head>*. Style Sheets werden durch *<style type="text/css">* eingeleitet und mit *</style>* abgeschaltet. Schreiben Sie zuerst:

```
<style type="text/css">
hier kommen die Style Sheets hin
</style>
```

Diese Position ist zwar nicht zwingend vorgeschrieben, hat sich aber so durchgesetzt.

2. Setzen Sie außerdem um Ihre „Stil-Definitionen" HTML-Kommentarzeichen, damit ältere Browser nicht verwirrt werden. Schreiben Sie insgesamt also:

```
<style type="text/css">
<!--
hier kommen die Style Sheets hin
//-->
</style>
```

(Auch hier greifen Ihnen Tools wie Homesite oder 1ˢᵗ Page wieder ganz hervorragend unter die Arme. Per Klick auf eine Schaltfläche wird das komplette Grundgerüst für die Style Sheets eingefügt.)

3. Definieren Sie nun die entsprechenden Formatvorlagen. Dazu schreiben Sie zuerst den Namen des Tags, allerdings ohne Klammern. Setzen Sie dann ein Paar geschweifte Klammern. Hier tragen Sie die Eigenschaften ein. Wenn Sie das *<h1>*-Tag „bearbeiten" wollen, schreiben Sie:

```
<style type="text/css">
<!--
h1 {
Eigenschaften;
}
//-->
</style>
```

4. Nun zu den Eigenschaften in den geschweiften Klammern. Hier müssen Sie eine komplett andere Syntax lernen! Schreiben Sie das entsprechende Attribut. Sie wollen die Schriftart ändern? Dann nehmen Sie *font-family* (nicht *font-face*!). Danach tippen Sie den Doppelpunkt (kein Gleichheitszeichen!) und dann den Attributwert. Der Attributwert wird nicht in Anführungszeichen gesetzt. Sie können folgende Schreibweise verwenden:

```
<style type="text/css">
<!--
h1 {
font-family: Wide Latin;
}
```

```
//-->
</style>
```

Die Zeile wird durch ein Semikolon abgeschlossen. Vergleichen Sie ruhig mit den Ja-vaScript-Kapiteln; in JavaScript wird exakt die gleiche Syntax verwendet! Und tatsächlich haben sich die Entwickler von Style Sheets kräftig bei Programmiersprachen wie C (oder JavaScript) „bedient"!

5. Natürlich können Sie auch mehrere Attribute aufreihen oder sogar einem Attribut mehrere Werte zuweisen. Setzen Sie immer dann, wenn ein Attribut mehrere Werte hat, ein Komma.

ACHTUNG Denken Sie stets an die Betrachter, die möglicherweise die von Ihnen angegebenen Schriften nicht installiert haben. So gibt es in der Macintosh- oder Linux-Welt kein Arial, sondern Helvetica. Geben Sie weitere Alternativschriften an. Diese müssen Sie lediglich durch Kommas aufreihen. Schreiben Sie beispielsweise *font-family: Arial, Helvetica, sans-serif.* Falls vorhanden, zeigt der Browser den Text in *Arial* an. Wenn die Schrift nicht vorhanden ist, wird nach Helvetica gesucht. Sollte auch diese Schrift nicht installiert sein, wählt das Anzeigeprogamm die nächstbeste serifenlose Schrift.

Setzen Sie jedoch immer dann ein Semikolon, wenn eine neue Zeile folgt. Sie möchten die Schriftgröße ändern? Das gelingt Ihnen mit *font-size*.

```
h1 {
font-family: Wide Latin, Arial Black, Helvetica, sans-serif;
font-size: 30pt
}
```

Mit diesem Style Sheet sorgen Sie immerhin schon dafür, dass die Hauptüberschrift „zünftig" gestaltet wird! Sie finden den bisherigen Stand auch in der Datei *style1.htm* im Ordner *css*.

Die wichtigsten Attribute

Welche Möglichkeiten bieten Ihnen Style Sheets noch? Hier schon einmal die wichtigsten Attribute vorab:

- *font-family*, verantwortlich für die Schriftart
- *font-size*, Schriftgröße, Angabe z. B. in pt (Punkt)
- *color*, Schriftfarbe, z. B. als hexadezimaler Wert (*#ff0000*) oder Farbname (*red*)
- *background*, verantwortlich für die Hintergrundfarbe
- *margin-left*, verantwortlich für den linken Rand, z. B. in px (Pixel)
- *margin*, verantwortlich für den gesamten Rand, z. B. in px (Pixel)

Eine ausführliche Komplettübersicht über alle Attribute und Werte mit Erläuterung finden Sie, wie schon erwähnt, im Referenzteil auf der CD.

Kompaktschreibweise

Und noch etwas: Um Platz zu sparen, verwendet man bei Style Sheets gern die „Kompaktschreibweise". Kurz, die einzelnen Zeilen werden nicht mehr untereinander, sondern hintereinander aufgelistet. Das Beispiel von oben sieht in Kompaktschreibweise so aus:

```
<style type="text/css">
<!--
h1 { font-family: Wide Latin, Arial Black, Helvetica, sans-serif; font-size: 30pt; }
//-->
</style>
```

Ich halte mich in diesem Buch an die Kompaktschreibweise, da Style Sheets übersichtlich und verständlich sind. Außerdem sparen Sie dadurch Platz!

(In JavaScript sollten Sie jedoch unbedingt für jede Zeile auch eine eigene Zeile vorsehen, damit Sie nicht den Überblick verlieren.)

Mehrere Elemente auf einen Schlag gestalten

Und gleich noch ein Trick zu Style Sheets: Sie wollen mehre Elemente auf einmal gestalten, beispielsweise alle drei Überschriftebenen? Dann reihen Sie die Tags einfach vor der Stildefinition auf, lediglich durch Kommas getrennt. Schreiben Sie beispielsweise

```
h1, h2, h3 { font-family: Arial, Helvetica, sans-serif; }
```

Kommentare in Style Sheets

Sie möchten in Style Sheets Kommentare setzen? Auch das ist selbstverständlich kein Problem! Schreiben Sie

```
/* Die folgende Zeile ändert die Schriftart der drei Hauptüberschriften */
h1, h2, h3 { font-family: Arial, Helvetica, sans-serif; }
```

Nur nebenbei: In Style Sheets wird auf die gleiche Art und Weise kommentiert wie in JavaScript!

Die zweite Version des Dokuments

Schauen wir uns einmal die zweite Version des Dokuments an! Ich liste Ihnen zuerst das komplette Style Sheet auf:

```
<style type="text/css">
<!--
```

body { margin: 0.5cm; }

h1 { font-family: Wide Latin, Arial Black, Helvetica, sans-serif; font-size: 30pt; }

h2 { font-family: Wide Latin, Arial Black, Helvetica, sans-serif; font-size: 16pt; }

p { font-family: Monotype Corsiva, fantasy; font-size: 16pt; margin-left: 15px; }

b { color: red; }

ul { font-family: Comic Sans MS, Arial, Helvetica, sans-serif; font-size: 12pt; }

//-->

</style>

Und was verbirgt sich dahinter im Einzelnen?

1. Das Schlüsselwort *body* ist für das gesamte Dokument verantwortlich. Mit dieser Anweisung sorgen Sie dafür, dass das komplette Dokument rundherum einen Rand von 0,5 cm erhält. Beachten Sie bitte, dass Sie in Dezimalbrüchen statt des Kommas einen Punkt setzen müssen!

body { margin: 0.5cm; }

Das Tag *<body>* ist das wichtigste Element in Ihrem HTML-Dokument. Warum? Nun, weil das *<body>*-Tag von allen Tags das höchstwertige ist. Wenn Sie hier eine Schriftart oder -farbe definieren, gilt diese für das gesamte Dokument! Man spricht davon, dass die anderen Tags diese Eigenschaften erben. Probieren Sie es ruhig aus! Sie werden dieses „Vererbungsprinzip" noch an einem anderen Beispiel kennen lernen.

2. In den nächsten beiden Zeilen werden die Eigenschaften für die Überschriftsebenen festgelegt. Sie unterscheiden sich lediglich in der Größe voneinander.

h1 { font-family: Wide Latin, Arial Black, Helvetica, sans-serif; font-size: 30pt; }

h2 { font-family: Wide Latin, Arial Black, Helvetica, sans-serif; font-size: 16pt; }

3. Nun legen Sie die Eigenschaften fest, die für alle Absätze *<p>* gelten sollen. Interessant ist, dass diesmal eine besondere Schriftart gewählt wird. Außerdem soll der linke Rand (zusätzlich zum bei *body* festgelegten „Blattrand") 15 Pixel betragen.

p { font-family: Monotype Corsiva, fantasy; font-size: 16pt; margin-left: 15px; }

Was verbirgt sich hinter *fantasy*? Nun, das ist der Stellvertreter für die Schriftfamilie der „Phantasieschriften". Falls auf dem Rechner keine *Monotype Corsiva* vorhanden ist, wird stattdessen die „nächstbeste" Phantasieschrift angezeigt. Als weitere Stellvertreter gibt es beispielsweise *serif* oder *sans-serif*, wobei erstere für die gut lesbaren Schriften wie Times, die zweite Familie für die sachlicheren Schriften wie Arial oder Helvetica steht.

4. Jawohl, es gibt auch Zeichenformate! Sie möchten, dass alle mit *<b>* formatierten Stellen zusätzlich rot dargestellt werden? Diesen Wunsch können wir ganz einfach erfüllen:

b { color: red; }

5. Zu guter Letzt „bearbeiten" wir die Listeneinträge, also die Aufzählungspunkte unserer Liste. Sie legen diese Eigenschaften am besten im übergeordneten Tag *<ul>* fest, nicht im *<li>*-Tag.

ul { font-family: Comic Sans MS, Arial, Helvetica, sans-serif; font-size: 12pt; }

Bisher sieht Ihr Projekt im Browser so aus. Deutlich zu erkennen ist beispielsweise der Absatzrand *margin-left: 15px*! Vergleichen Sie: Die oberste Zeile *Immer eine freche Idee ...* wurde ausnahmsweise nicht in einen Absatz eingebunden! (Damit haben wir noch Großes vor!)

Sie finden den bisherigen Stand auch in der Datei *style2.htm*.

Klassen, Container und Inline-Style

Sie sind noch nicht fertig! Hinterlegen Sie Ihren Textabsatz farbig. Nutzen Sie eigene Grafiken als Aufzählungszeichen. Ziehen Sie einen Rahmen um die oberste Zeile. Lernen Sie Klassen und Inline-Styles kennen!

Eigene Klassen definieren

Bisher besitzen Sie ein einziges Absatzformat, das alle Absätze (<p></p>) gleichermaßen betrifft. Doch für den zweiten Absatz benötigen wir eigentlich ein ganz anderes Absatzformat! Kein Problem: Bilden Sie so genannte Klassen!

1. Sie benötigen eine weitere Absatzvorlage, hier für einen Rahmen. Erzeugen Sie die Klasse *rahmen*. Schreiben Sie im Style Sheet:

    p.rahmen { }

    Setzen Sie also nach dem Tag-Namen einen Punkt und schließen Sie ohne Leerzeichen den Klassennamen an. Die Eigenschaften in den geschweiften Klammern lassen wir im Beispiel noch frei, wir machen ein Experiment!

2. Den Klassennamen dürfen Sie sich im Prinzip frei ausdenken. Sie können theoretisch so viele Klassen bilden, wie Sie lustig sind!

3. Und wie sagen Sie's dem Element, dass es zu einer bestimmten Klasse zählt? Nutzen Sie das Attribut *class*, schreiben Sie *class="Klassenname"*. Im Beispiel wird der untere Absatz also folgendermaßen eingeleitet:

    <p class="rahmen">Sie möchten unsere Dienstleistungen ...</p>

4. Speichern Sie unser Beispieldokument und betrachten Sie die Vorschau im Browser!

Was stellen Sie fest? Offenbar hat sich nichts geändert?! Auf den ersten Blick lässt sich die neu gewonnene Klasse anscheinend von ihrer Existenz überhaupt nicht beeindrucken. Der zweite Absatz besitzt weiterhin die gleichen Eigenschaften wie der erste.

Kaskadierende Formatvorlagen

Aber das ist ja der Dreh- und Angelpunkt bei der ganzen Geschichte! Da sind wir genau da, wo wir hinwollten, und zwar beim Begriff „kaskadierende Formatvorlagen". Wie bei einer Kaskade werden die Eigenschaften „von oben nach unten gespült". Kurz: Die neue Klasse erbt ihre Eigenschaften von der übergeordneten „Instanz"!

Trotzdem können Sie jetzt für den zweiten Absatz zusätzlich andere Eigenschaften festlegen. Sobald Sie etwas Neues festlegen, wird das Alte überschrieben. Doch vorher stelle ich Ihnen drei neue Attribute vor:

- *text-align*, verantwortlich für die Textausrichtung.
- *line-height*, kontrolliert die Zeilenhöhe.
- *padding*, beschreibt den Innenrand, die „Füllung" bzw. „Polsterung".

Und hier nun die beiden Absatz-Style Sheets im Überblick:

> p { font-family: Monotype Corsiva, fantasy; font-size: 16pt; margin-left: 15px; }
> p.rahmen { text-align: right; line-height: 1.2; padding: 10px; background: silver; }

Zuerst wird die Textausrichtung mit *text-align: right* auf rechtsbündig gesetzt. Der Zeilenabstand (*line-height*) soll auf 1,2-zeilig (in CSS schreiben Sie 1.2) eingestellt werden. Der Innenrand (*padding*) beträgt 10 Pixel und die Hintergrundfarbe ist ein „silbernes" Hellgrau.

Vergleichen Sie ruhig mit der Datei *style3.htm*.

Listen interessant gestalten

Schauen Sie sich noch einmal die Liste an:

ul { font-family: Comic Sans MS, Arial, Helvetica, sans-serif; font-size: 12pt; }

Wollen Sie Ihre Aufzählungszeichen durch schicke Grafiken ersetzen? Kein Problem!

1. Bereiten Sie die entsprechende Grafik vor, sie braucht nur wenige Pixel hoch und breit zu sein. Im Beispiel handelt es sich um die GIF-Datei *cross.gif*, die ein kleines rotes Kreuz darstellt.

2. Fügen Sie jetzt das Attribut *list-style-image* in Ihr Style Sheet ein. Die Syntax lautet:

list-style-image: url(Dateiname)

3. Das auf diese Art veränderte Style Sheet sieht so aus:

ul { list-style-image: url(cross.gif); font-family: Comic Sans MS, Arial, Helvetica, sans-serif; font-size: 12pt; }

4. Das Resultat entschädigt doch für die kleine Mühe, finden Sie nicht auch?

> ˣ **exklusive Büroausstattung**
> ˣ **Inneneinrichtung vom Architekten**
> ˣ **Sekretariatsdienst der Extraklasse**

Das bisherige Ergebnis können Sie der Datei *style4.htm* entnehmen.

Freie Gestaltung mit div und span

Nun können Sie über die vorhandenen HTML-Tags sowohl Absätze also auch Zeichen ansprechen. Diese besitzen in aller Regel jedoch eine bestimmte Eigenschaft, die voreingestellt ist. In *<h1>* stecken eine besondere Schriftgröße und ein zusätzlicher Abstand, *<b>* formatiert ein Zeichen fett und *<pre>* sorgt für eine nichtproportionale Schriftart.

Um diesen Zwängen zu entgehen, wurden gerade für Style Sheets die Tags *<div>* und *<span>* „erfunden".

- *<div>* ist eine Art Container auf Absatzebene, das Wort kommt von Division, Abschnitt.
- *<span>* ist als „Behälter" für einzelne Zeichen bzw. Wörter gedacht.

Und natürlich können Sie auch hier eigene Klassen bilden und das Vererbungsprinzip nutzen. Darauf komme ich noch einmal im Abschnitt zu DHTML zurück.

Hier jedoch setzen Sie den Abschnitt *Immer eine freche Idee voraus!* in einen so genannten *<div>*-Container. Es fehlt noch die schicke Umrandung.

```
<div>Immer eine freche Idee voraus!</div>
```

Sie können jetzt im Style Sheet Folgendes notieren:

```
div { font-family: Arial, Helvetica, sans-serif; text-align: center; border-style: outset; margin-bottom: 15px; }
```

Und schon wird der *<div>*-Container zünftig gestaltet, zumindest in den neusten Browsern.

*   *border-style: outset* legt einen „schaltflächenähnlichen" 3-D-Umrandungsstil fest.
*   *text-align: center* richtet den Inhalt zentriert aus.
*   *margin-bottom* ist für den unteren Rand verantwortlich.

Eine Komplettübersicht über alle in Style Sheets möglichen Umrandungen erhalten Sie im Referenzteil auf der CD zum Buch.

Und welche Vorteile besitzt *<span>* nun gegenüber *<div>*? Da *<span>* ein „freies Zeichen-format ist", könnten sie so einzelne Wörter gestalten. Umklammern Sie diese einfach mit *<span></span>* und weisen Sie das gewünschte Format zu.

Das *<div>*-Tag verhält sich dagegen im Prinzip wie *<p>*, durch *<div>* wird bei Textpassagen ebenfalls ein Absatzumbruch hervorgerufen. Man spricht davon, dass *<div>* auf Absatz oder Blockebene, *<span>* jedoch auf Zeichenebene wirkt.

Auch bei *<div>* und *<span>* ist es selbstverständlich möglich, Klassen zu bilden.

 Im Zusammenhang mit absoluter Positionierung und mit den darauf basierenden DHTML-Effekten können *<div>* und *<span>* ihre Vorteile so richtig ausspielen. Lesen Sie mehr zur absoluten Positionieren einige Seiten weiter hinten. Im Zusammenhang mit DHMTL begegnen Sie zumindest *<div>* auch ab Seite 293.

Das bisherige Resultat finden Sie auch in der Datei *style5.htm*.

Inline-Styles verwenden

Wussten Sie, das Sie Ihre Styles auch als Inline-Style definieren können? Nutzen Sie das Attribut *style*. Fügen Sie die Angaben einfach in die Gänsefüßchen ein, verzichten Sie dabei jedoch auf die geschweiften Klammern.

```
<tag style="Stylesheet-Definitionen">
```

Wandeln Sie die Stildefinitionen für unseren *<div>*-Container in ein Inline-Style um, löschen Sie vorher das entsprechende Style Sheet im Kopfbereich. Bohren Sie das *<div>*-Tag wie folgt auf:

```
<div style="fort-family: Arial, Helvetica, sans-serif; text-align: center; border-style: outset; margin-bottom: 35px;">Immer eine freche Idee voraus!</div>
```

Inline-Styles werden gerade dann gern verwendet, wenn es sich um „einmalige" Gestaltungsaktionen handelt. So können Sie sich das Definieren von Klassen sparen.

Sie finden das Inline-Style Sheet in der Datei *style6.htm*.

Und wie erzielen Sie den Schatteneffekt für die Überschrift? Auch das gelingt mit *<div>*-Containern und der so genannten absoluten Positionierung.

Doch bevor ich Ihnen die Einzelheiten verrate und Sie damit in die CSS-Oberklasse aufsteigen – verschaffen Sie sich am besten einen umfassenden Überblick über alle möglichen CSS-Formate! Haben Sie schon den Referenzteil auf der CD studiert?

Elemente absolut positionieren

In CSS ist es endlich möglich, Objekte pixelgenau auf der Seite auszurichten. Damit lassen sich interessante Effekte erzielen.

Schauen Sie sich nun an, wie Sie diesen Schatteneffekt für die Überschrift „hervorzaubern"! Denn auch hier haben die *<div>*-Container ihren großen Auftritt. Im Prinzip wird der Schriftzug *Happy Office* zweimal eingefügt. Durch gezielte Überlagerung entsteht dieser Effekt!

Pixelgenaue Ausrichtung mit position

Sorgen Sie mit den Positions-Attributen für eine pixelgenaue Ausrichtung.

Das entsprechende Attribut zum Ausrichten heißt *position*, der Wert lautet *absolute*. Außerdem müssen Sie den oberen (*top*) und den linken (*left*) Abstand von der linken oberen Fensterinnenkante angeben.

Sie wollen ein Objekt exakt 20 Pixel von oben und 20 Pixel von links ausrichten? Dann schreiben Sie:

```
position: absolute; top: 20px; left: 20px;
```

Hier zeige ich Ihnen zuerst die Syntax für die Überschriften. Dabei wird im Beispiel wieder mit einem Inline-Style Sheet gearbeitet. Zusätzlich verändern wir auch die Zeile mit der „frechen Idee".

```
<div style="position: absolute; top: 20px; left: 20px;"><h1>Happy Office</h1></div>
<div style="position: absolute; top: 24px; left: 24px; color: silver;"><h1>Happy Office</h1></div>
<div style="font-family: Arial, Helvetica, sans-serif; text-align: center; border-style: outset; margin-bottom: 15px;
margin-top: 85px;">Immer eine freche Idee voraus!</div>
```

Schauen Sie sich nun an, was sich hinter den Eigenschaften verbirgt.

1. Die erste Zeile richtet das erste Vorkommen des Überschriftstextes absolut aus.

2. Wir benötigen die Überschrift für den Schatteneffekt ein zweites Mal. Die Position soll um 4 Pixel variieren, damit sich der Überlappungseffekt ergibt. Außerdem wird die Schriftfarbe auf Hellgrau (*color: silver*) gesetzt.

   ```
   <div style="position: absolute; top: 24px; left: 24px; color: silver;"><h1>Happy Office</h1></div>
   ```

3. Auch die darunter liegende Zeile muss verändert werden. Neu hinzugekommen ist *margin-top: 85px*. Damit fügen Sie einen größeren Abstand zur Fensteroberkante ein.

   ```
   <div style="font-family: Arial, Helvetica, sans-serif; text-align: center; border-style: outset; margin-bottom: 15px;
   margin-top: 85px;">Immer eine freche Idee voraus!</div>
   ```

In Schritt 3 haben Sie eine interessante Gesetzmäßigkeit kennen gelernt. Absolut eingefügte Elemente überlagern alle anderen Elemente auf dem Bildschirm. Sie gelten nicht mehr als Bezugspunkt.

Wenn Sie den oberen Randabstand in der Passage *Immer eine freche Idee ...* nicht vergrößern würden, würden sich die absolut ausgerichteten Überschriften und diese Zeile überlagern!

Dieses Wissen können Sie für interessante Effekte ausnutzen, beispielsweise für Pulldown-Menüs, die sich über den Seiteninhalt legen, ohne diesen zu verdrängen. Erfahren Sie mehr darüber auf Seite 298.

Das bisherige, jedoch korrekt ausgerichtete Ergebnis finden Sie in der Datei *style7.htm*.

ACHTUNG Falls Sie sich über den größeren Abstand vom oberen als von linken Rand wundern: Das liegt daran, dass *<h1>* ebenfalls einen „Raum" um sich herum definiert. Probieren Sie es beispielsweise mit normalem Text oder mit einer Grafik: Sie werden merken, dass es mit der absoluten Positionierung schon alles seine Richtigkeit hat!

Weitere Attribute zur Steuerung der Position können Sie der Tabelle im Referenzteil auf der CD entnehmen.

Reihenfolge festlegen mit z-index

Bisher stimmt aber noch etwas mit den Schatten nicht. Die zweite, graue Überschrift liegt über der ersten. Eigentlich sollte sie jedoch darunter liegen.

Sorgen Sie mit dem Attribut *z-index* für die richtige Reihenfolge der positionierten Elemente. Als Element dient hierbei ein Zähler, der bei 1 beginnt. Schreiben Sie:

```
<div style="position: absolute; top: 20px; left: 20px; z-index: 2;"><h1>Happy Office</h1></div>
<div style="position: absolute; top: 24px; left: 24px; z-index: 1; color: silver;"><h1>Happy Office</h1></div>
```

Und endlich sieht's so aus, wie es soll. Sie finden das Ergebnis in der Datei *style8.htm*.

Dynamische Hyperlinks erstellen

Wie wär's mit etwas Dynamik für Ihre Querverweise? Beispielsweise so, dass der Link beim Darüberstreichen in einer anderen Farbe erscheint? Oder mit einer Farbschattierung hinterlegt wird?

Ich zeige Ihnen zuerst ganz allgemein, wie es geht. Am Schluss schlage ich Ihnen eine Lösung für unser „Büro-Beispiel" vor.

Pseudo-Klassen

Zur Gestaltung von Hyperlinks nutzen Sie die vier in CSS eingebauten Pseudo-Klassen.

 „Normale" Klassen sind immer dann wichtig, wenn Sie beispielsweise mehrere Textabsätze unterschiedlich gestalten möchten. Schreiben Sie einfach *<p class="rahmen"></p>* oder *<p class="neu"></p>*. Sprechen Sie diese Klassen im Style Sheet dann so an: *p.rahmen { Stileigenschaften }* bzw. *p.neu { Stileigenschaften }*. Die Klassen-Namen können Sie frei wählen. Das ist sicher klar. Pseudo-Klassen dagegen sind festgelegte Klassen, die Sie nicht verändern können.

Hier die vier Pseudo-Klassen zum Ansprechen der Link-Zustände:

- **A:link**, der normale Hyperlink
- **A:hover**, Hyperlink während des Darüberfahrens mit der Maus
- **A:active**, der aktive Link
- **A:visited**, der besuchte Hyperlink

Achten Sie auf die Syntax, das *A* wird ausnahmsweise groß geschrieben und nicht von einem Punkt, sondern von einem Doppelpunkt gefolgt.

Sie wollen Ihre Hyperlinks interessant gestalten, beispielsweise mit einem „Hover-Effekt" versehen? Dann schreiben Sie beispielsweise:

A:link { font-family: Arial, Helvetica, sans-serif; font-size: 10pt; color: black; }

A:hover { font-family: Arial, Helvetica, sans-serif; font-size: 10pt; color: red; text-decoration: none; }

A:active { font-family: Arial, Helvetica, sans-serif; font-size: 10pt; }

A:visited { font-family: Arial, Helvetica, sans-serif; font-size: 10pt; }

So haben Sie auch auf bequeme Art die Unterstreichung abgeschaltet. Und zwar mit *text-decoration: none*.

Bitte beachten Sie, dass die Pseudo-Klasse *A:hover* zwar schon auf Internet Explorer 4 und 5 und Opera 4 funktioniert, aber bei Netscape erst ab Version 6 interpretiert wird. Im Klartext: Netscape-4.x-Benutzer sehen zwar die umgestalteten Links, aber keinen Hover-Effekt!

ACHTUNG

Sie haben im *<body>* mit *link*, *alink* und *vlink* schon Linkzustände definiert? Dann werden diese überschrieben! Die Style Sheets sind höherwertig!

Tipps zu Hover-Links

Da wir uns gerade über wertig oder höherwertig unterhalten: Beachten Sie bitte, dass die Einstellungen bei *A:visited* alles andere überschreiben. Der Surfer hat Ihre Seiten schon besucht? Dann wird beispielsweise die über *A:hover* festgelegte Farbe (oder abzuschaltende Unterstreichung) dann nicht mehr funktionieren, wenn in *A:visited* eine andere Farbe festgelegt bzw. die Unterstreichung wieder eingeschaltet wurde. Besucht ist besucht!

Der Workaround: Lassen Sie diese Eigenschaften in *A:visited* weg. Sie können für den „besuchten Link" trotzdem zumindest eine andere Farbe definieren. Das gelingt Ihnen im *<body>*-Tag, und zwar über *vlink*.

Wenden wir das Wissen auf unser Beispiel an! Die Hyperlinks sollen schwarz gefärbt werden. Den Hover-Link und den aktiven Link stellen Sie dagegen rot und ohne Unterstreichung dar. Der besuchte Link soll dagegen grau eingefärbt werden. Der „Hover-Effekt" soll auch dann noch funktionieren, wenn der Link besucht wurde!

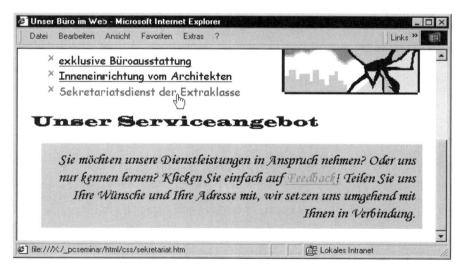

Hier der Quelltext für die Links.

```
A:link { color: black; }
A:hover { text-decoration: none; color: red; }
A:active { text-decoration: none; color: red; }
```

Und damit der besuchte Link nicht alles „überschreibt", greifen wir zum eben erwähnten Trick: Sie lassen diese Angabe im Style Sheet weg. Sie schreiben die Information stattdessen in das *<body>*-Tag:

```
<body bgcolor="white" vlink="gray">
```

Vergleichen Sie auch mit der Datei *style9.htm*!

Style Sheets extern auslagern

Nutzen Sie Ihre Style Sheets nicht nur in einem, sondern in mehreren Dokumenten. Lagern Sie die Style Sheets aus. Bauen Sie daraus eine „externe Textdatei", die Sie in beliebig vielen Dokumenten nutzen können. Gerade diese Eigenschaft macht die „Stil-Bündel" so flexibel.

Wie das geht? Hier sind die Fakten:

1. Erstellen Sie Ihre Style Sheets in einer einfachen Textdatei. Diese speichern Sie mit der Endung *.css*. Hier gehören wirklich nur die Style Sheets selbst hinein, keine Tags!

```
office.css - Editor                                        _ □ ×
Datei  Bearbeiten  Format  ?
body { margin: 0.5cm; }
h1 { font-family: wide Latin, Arial Black, Helvetica, sans-serif; font-size: 30pt; }
h2 { font-family: wide Latin, Arial Black, Helvetica, sans-serif; font-size: 16pt; }
p { font-family: Monotype Corsiva, fantasy; font-size: 16pt; margin-left: 15px; }
p.rahmen { text-align: right; line-height: 1.2; padding: 10px; background: silver; }
b { color: red; }
ul { list-style-image: url(cross.gif); font-family: Comic Sans MS, Arial, Helvetica,
sans-serif; font-size: 12pt; }
A:link { color: black; }
A:hover { text-decoration: none; color: red; }
A:active { text-decoration: none; color: red; }
```

INFO Sie arbeiten mit dem Windows-Editor? Normalerweise vergibt das Programm die Endung *.txt*. Um jedoch die Endung *.css* zu erzwingen, setzen Sie den Dateinamen einfach in Gänsefüßchen! Schreiben Sie beispielsweise *"normal.css"*.

2. Im HTML-Dokument verweisen Sie nun direkt auf dieses Style Sheet. Dazu schreiben Sie in den Kopfbereich beispielsweise:

```
<link rel="stylesheet" type="text/css" href="office.css" />
```

3. Lassen Sie unbedingt die Tags *<style></style>* weg. Der komplette Dokumentkopf sieht jetzt beispielsweise nur noch so aus. (Das Style Sheet-Dokument liegt hier im gleichen Ordner.)

```
<html>
<head>
<title>Unser B&uuml;ro im Web</title>
```

```
<link rel="stylesheet" type="text/css" href="office.css" />
</head>
```

Sie finden das Beispiel mit ausgelagertem Style Sheet in der Datei *style10.htm*.

Kapitel 6

Die Meinungsumfrage per Feedback-Formular

Formulare sind eine wunderbare Sache! Veranstalten Sie Gewinnspiele, stellen Sie elektronische Fragebögen ins Web. Geben Sie dem Surfer eine Möglichkeit für sein Feedback.

Bleiben wir doch gleich beim Stichwort!

Daten abschicken: per E-Mail oder CGI?

Im Beispiel erstellen Sie ein Feedback-Formular. Der Surfer kann die Daten in aller Ruhe eingeben und per Knopfdruck abschicken. Das Formular soll im Browser später so aussehen:

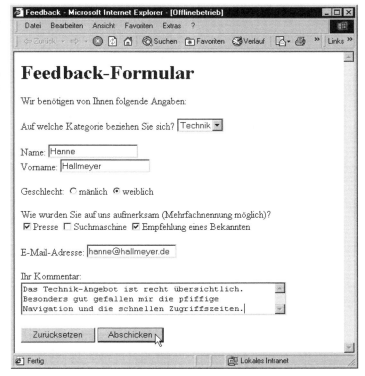

Quelltext für das Formular

Und hier liste ich Ihnen schon einmal den kompletten Quelltext vorab auf. Aber keine Angst, auf den nächsten Seiten gehen wir die formularspezifischen Code-Abschnitte Schritt für Schritt durch.

```
<html>
<head>
<title>Feedback</title>
</head>
<body bgcolor="white">
<h1>Feedback-Formular</h1>
<form action="irgendein.cgi" method="post">
<p>Wir benötigen von Ihnen folgende Angaben:</p>
<p>Auf welche Kategorie beziehen Sie sich?
<select name="Kategorie" size="1">
<option>Sport</option>
<option>Technik</option>
<option>Natur</option>
</select>
</p>
<p>Name: <input type="text" name="Name" />
<br />Vorname  <input type="text" name="Vorname" />
</p>
<p>Geschlecht:
<input type="radio" name="Geschlecht" value="m" />m&auml;nlich
<input type="radio" name="Geschlecht" value="w" />weiblich
</p>
<p>Wie wurden Sie auf uns aufmerksam (Mehrfachnennung m&ouml;glich)?
<br /><input type="checkbox" name="Medium" value="Presse" />Presse
<input type="checkbox" name="Medium" value="Suchmaschine" />Suchmaschine
<input type="checkbox" name="Medium" value="Empfehlung" />Empfehlung eines Bekannten
</p>
<p>E-Mail-Adresse: <input type="text" name="Email" /></p>
<p>Ihr Kommentar:
<br /><textarea name="Kommentar" rows="3" cols="50" wrap="soft"></textarea>
</p>
<p><input type="reset" value="Zur&uuml;cksetzen" /> <input type="submit" value="Abschicken" />
</p>
```

```
</form>
</body>
</html>
```

Sie finden den Quelltext auch im Ordner *forms* in der Datei *form.htm*.

Formularauswertung per CGI

Zuerst gilt: Jedes Formular wird durch *<form>* eingeleitet und mit *</form>* geschlossen. Schauen wir uns nun die Attribute des einleitenden *<form>*-Tags etwas genauer an!

```
<form action="irgendein.cgi" method="post">
```

Hinter das Attribut *action* setzen Sie als Wert beispielsweise den Pfad zu Ihrem CGI-Programm. Richtig gelesen: Bei großen Firmen wird der Inhalt des Formulars an ein so genanntes CGI-Programm auf dem Server weitergegeben.

 Bei CGI handelt es sich um einen sehr allgemeinen Sammelbegriff. CGI ist die Abkürzung für das englische **C**ommon **G**ateway **I**nterface. Das ist nichts weiter als ein „gemeinsames Bindeglied" für Programme, die in der Regel auf dem Webserver installiert sind und interaktiv auf Benutzereingaben reagieren. So könnten Ihre Benutzereingaben an eine Datenbank auf dem Server weitergegeben werden. CGI-Programme sind häufig in der Programmiersprache Perl verfasst. Der Dienstleister muss Ihnen die Möglichkeit gewähren, eigene CGIs auf dem Server abzulegen. Das ist bei vielen Anbietern in der Regel nur gegen einen erheblichen Aufpreis möglich. Wichtiger Tipp: Der HTML-Editor 1st Page 2000 bringt etliche vorgefertigte Perl-Skripts mit! 1st Page bekommen Sie unter www.evrsoft.com.

Die Zeichenfolge *irgendein.cgi* steht natürlich nur als Platzhalter. Das gesamte *action*-Attribut könnte natürlich auch so aussehen:

```
action="http://www.beispielfirma.com/cgibin/feedback.pl"
```

Hierbei ist *feedback.pl* das Perl-Skript, an welches die Webseite die Daten übergibt. Die Nachsilbe *pl* steht für Perl. Und *cgibin* ist der „Eimer für CGIs", die „bin".

Formularauswertung per E-Mail

Sie dürfen keine CGI-Programme installieren? Sie haben keine Programmiererfahrung mit Perl bzw. kein vorgefertigtes Skript? Dann lassen Sie sich den Formularinhalt einfach per E-Mail zuschicken. Dafür gibt es zwei Varianten.

*   Formularinhalt direkt als Text im Körper der E-Mail
*   Formularinhalt als angehängte Datei

In beiden Fällen verwenden Sie das Schlüsselwort *mailto*, gefolgt von Ihrer E-Mail-Adresse. Sie möchten den Inhalt direkt in der E-Mail erhalten? Dann setzen Sie als zusätzliches Attribut einfach *enctype="text/plain"* in das *<form>*-Tag ein.

```
<form action="mailto:IhreAdresse@server.de" method="post" enctype="text/plain">
```

Gern können Sie auch einen Betreff in die E-Mail-Adresse einfügen. Die E-Mail wird dann an die entsprechende Adresse verschickt. Das funktioniert allerdings nur, wenn der Surfer ein korrekt installiertes und funktionierendes E-Mail-Programm besitzt.

Und so erscheint der Text im Beispiel in der E-Mail.

Wenn Sie das Attribut *enctype="text/plain"* weglassen, erhalten Sie den Text in einer angehängten Datei. Allerdings werden dabei Umlaute verstümmelt und merkwürdige Trennzeichen, &, + usw. eingefügt. Davon rate ich ab.

Ihr Name bitte: Texteingabefelder erstellen

Im Formular finden Sie zuerst einige so genannte Texteingabefelder vor. Es gibt einfache und mehrzeilige Felder. Außerdem lassen sich diese praktischen Schablonen durch allerlei Attribute steuern.

Einfache Texteingabefelder

Schauen Sie sich einmal an, was dahinter steckt. Beachten Sie, dass alle *<input />*-Tags intern geschlossen werden müssen.

1. Texteingabefelder dienen zur Eingabe von Text oder Zahlen. Die Syntax lautet im Allgemeinen:

   ```
   <input type="text" name="eigener Wert" />
   ```

2. Bei *name* legen Sie einen eigenen Wert fest, der später zur Wiedererkennung dient. Im Beispiel liegt es nahe, *Name*, *Vorname* usw. als „sprechende Namen" festzulegen.

3. Der vom Surfer eingetragene Wert wird als so genannter *value* zurückgegeben. Das ist das, was das CGI-Programm übermittelt bekommt bzw. was bei Ihnen in der E-Mail erscheint.

Attribute für Texteingabefelder

Sie können das Texteingabefeld nach allen Regeln der Kunst steuern. Im Beispiel habe ich zwar darauf verzichtet. Hier trotzdem eine Übersicht:

- *size* legt die optische Länge fest. Die mögliche Länge ist unbegrenzt.
- *maxlength* legt die maximal erlaubte Länge fest, danach blockiert der Cursor.
- *value* erlaubt eine Vorgabe, schreiben Sie beispielsweise *value="10249"*.

Sie wollen eine Eingabefeld für Postleitzahlen schreiben: Dann ist folgende Zeile ideal:

```
<input type="text" name="PLZ" value="10249" size="7" maxlength="5" />
```

So sieht der Surfer ein Feld von sieben Zeichen Breite. Voreingestellt ist 10249. Er kann diesen Wert mit einem maximal fünfstelligen eigenen Wert überschreiben.

Auch ein Passwortfeld ist möglich. Schreiben Sie

```
<input type="password" name="Passwort" size="25" maxlength="20" />
```

Nun werden Sie vor neugierigen Blicken geschützt, da statt der Werte Sternchen erscheinen. Doch zurück zum Beispiel.

Mehrzeiliges Texteingabefeld

Im Formular gibt es neben den einfachen Texteingabefeldern auch ein mehrzeiliges Feld.

```
<textarea rows="3" cols="50" wrap="soft" name="Kommentar"></textarea>
```

Auch hier sind wieder mehrere Attribute im Spiel.

- *rows* bestimmt die Anzahl der anzuzeigenden Zeilen.
- *cols* bestimmt die Anzahl der anzuzeigenden Zeichen.
- *wrap="soft"* sorgt dafür, dass ein automatischer Zeilenumbruch stattfindet.
- *name="Kommentar"* ist zur späteren Wiedererkennung gedacht.

Solche mehrzeiligen Textfelder sind optimal zur Eingabe von Kommentaren geeignet.

Wählen Sie: Auswahlfelder, Radioknöpfe und Kontrollkästchen

Im Formular gibt es jedoch noch mehr interessante Elemente. Schauen Sie sich die Auswahlfelder, Radioknöpfe und Kontrollkästchen an.

Auswahlfelder

Ein Auswahlfeld wird durch das *<select>*-Tag eingeleitet und mit *</select>* wieder geschlossen.

Die einzelnen „Auswahlposten" stehen zwischen *<option></option>*.

```
<select name='Kategorie" size="1">
<option>Sport</option>
<option>Technik</option>
<option>Natur</option>
</select>
```

Das Attribut *size="1"* sorgt dafür, dass nur ein einziges Feld angezeigt wird. Dadurch entsteht diese Klappliste. Bei *size="2"* würden Sie zwei Felder sehen. Die Voreinstellung bei *size* ist allerdings *1*, sodass Sie diesen Wert auch weglassen könnten.

Radioknöpfe

Radioknöpfe wurden tatsächlich von alten Röhrenradios abgeschaut. Sie „drücken" bzw. klicken einen Knopf „rein", schon „springt" der andere „heraus".

Radioknöpfe werden mit dem Attribut *type="radio"* erzeugt. Damit mehrere Knöpfe zu einer „Gruppe" gehören, müssen Sie diesen Knöpfen den gleichen Namen verpassen:

```
<input type="radio" name="Geschlecht" value="m" />m&auml;nlich
<input type="radio" name="Geschlecht" value="w" />weiblich
```

Außerdem wird der *value* hier direkt im Tag eingetragen.

Kontrollkästchen

Und was verbirgt sich hinter den Kontrollkästchen, den „Check-Boxen"? Hier kann man auch eine Mehrfachauswahl treffen!

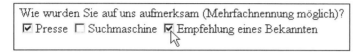

Ansonsten gilt das Gleiche wie bei den Radioknöpfen.

```
<input type="checkbox" name="Medium" value="Suchmaschine" />Suchmaschine
<input type="checkbox" name="Medium" value="Empfehlung" />Empfehlung eines Bekannten
```

Die Gruppierung im Beispiel ist übrigens kein Dogma. Sie können diese Felder, Radioknöpfe oder Kontrollkästchen natürlich auch untereinander setzen. Noch besser wäre natürlich das Ausrichten durch eine Tabelle.

Submit und Reset

Fehlen noch zwei wichtige Schaltflächen, die Sie unbedingt in Ihr Formular einbauen sollten. Es sind die Schaltflächen zum Zurücksetzen (*reset*) bzw. Abschicken der Daten (*sumit*).

Der Code für einen „Reset-Schalter" sieht so aus. Das, was Sie bei *value* eintragen, erscheint als Beschriftung der Schaltfläche.

```
<input type="reset" value="Zur&uuml;cksetzen" />
```

Für den „Submit-Schalter" ersetzen Sie einfach *type="reset"* durch *type="submit"*.

```
<input type="submit" value="Abschicken" />
```

Im Kapitel zu JavaScript zeige ich Ihnen, wie Sie solche Formulare „interaktiver gestalten".

Kapitel 7

Exaktes Layout mit Tabellen

Spaltensatz? Seitenränder? Pixelgenaues Layout? Exaktes Platzieren von Grafiken? Pustekuchen! Bei „gewöhnlichem" HTML ohne Style Sheets galt bisher: Der Browser stellt Ihre Seiten so dar, wie er gerade Lust und Laune hat. Und bei Style Sheets gilt immer noch: Nur allerneuste Browser zeigen auch alle Eigenschaften korrekt an.

Und daher entdeckten findige Webdesigner schon frühzeitig den Tabellen-Trick! Nutzen auch Sie die Vorteile der sichtbaren und vor allem der unsichtbaren Tabellen. Hier schon einmal das Beispiel für dieses Kapitel.

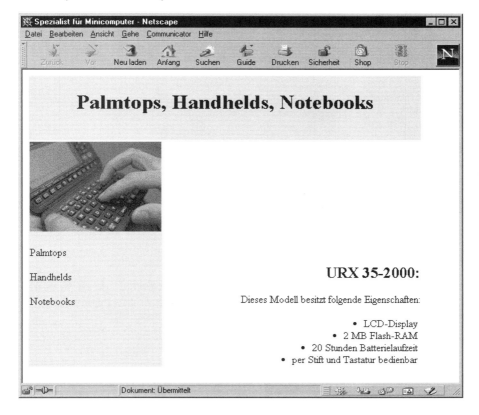

Doch bevor es so weit ist, zeige ich Ihnen die Grundzüge der Tabellengestaltung in HTML. Beginnen wir ganz bescheiden mit ein paar „Basics".

So erstellen Sie einfache Tabellen

Was müssen Sie über Tabellen wissen? Eigentlich nicht viel!

- Tabellen werden von *<table>* eingeleitet und durch *</table>* geschlossen.
- Jede Zeile (*table row*) beginnt mit *<tr>* und endet mit *</tr>*.
- Eine Zelle (*table data*) wird durch *<td></td>* definiert.

Den Rest verrate ich Ihnen „unterwegs". Kommen Sie einfach mit.

Einfache Tabelle

Hier zuerst ein ganz einfaches Beispiel. Ich liefere Ihnen die Tabelle zusammen in einem kompletten HTML-Dokument.

```
<html>
<head>
<title>einfache Tabelle</title>
</head>
<body bgcolor="white">
<h1>Programme</h1>
<table>
<tr><td>Name</td><td>Lizenzen</td></tr>
<tr><td>Word</td><td>10</td></tr>
<tr><td>Excel</td><td> 5</td></tr>
<tr><td>FrontPage</td><td> 5</td></tr>
</table>
</body>
</html>
```

Schauen Sie sich's genau an. Die Tabelle beginnt mit *<table>*. Eine Zeile ist durch *<tr></tr>* erkennbar. Der Zellinhalt wird durch *<td></td>* umschlossen. Es ist wirklich nicht schwer! Und so sieht das Beispiel im Browser aus.

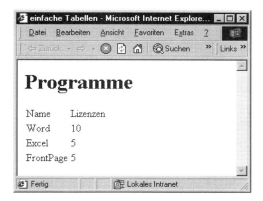

Wenn Sie wollen, können Sie mit der Datei *tafel1.htm* vergleichen. Sie finden sie im Ordner *tabellen*.

Tabellen interessant gestalten

Bisher sieht die Tabelle nicht sehr attraktiv aus. Alles wirkt gequetscht und ungeordnet. Fügen Sie weitere Attribute in das *<table>*-Tag ein! Tauschen Sie *<td>* durch *<th>* aus. Wozu das gut ist? Lesen Sie sich's durch!

1. Normalerweise werden keine Rahmenlinien angezeigt. Wenn Sie Rahmenlinien wünschen, setzen Sie einfach das Attribut *border* in das *<table>*-Tag. Als Wert geben Sie die Größe der Rahmenlinien in Pixeln an. Mit folgender Angabe erhält die Tabelle „gewöhnliche" Rahmenlinien:

```
<table border="1">
```

Hinweis: Falls Sie breitere Rahmenlinien angeben (*border="5"*), entsteht ein 3-D-Effekt.

2. Ohne weitere Attribute findet kein Textfluss um die Tabelle statt. Soll eventuell unter der Tabelle befindlicher Text drum herum fließen? Dann machen Sie's so wie bei den Grafiken: Setzen Sie das Attribut *align* in das *table*-Tag. Die folgende Anweisung lässt den Text rechts um die Tabelle fließen:

```
<table border="1" align="left">
```

3. Per Voreinstellung sind die Tabellenzellen nur so breit wie der breiteste Inhalt. Text wird gnadenlos umbrochen. Sie wollen die Breite der Tabelle individuell steuern? Dann verwenden Sie das Attribut *width*. Geben Sie die gewünschte Breite relativ in Prozent (z. B. 80 %) oder absolut in Pixeln an (z. B. 500). Die folgende Tabelle füllt 50 % der Bildschirmbreite:

```
<table border="1" width="50%">
```

4. Sie können auch die Höhe einer Zelle bestimmen. Verwenden Sie dazu das Attribut *height*, schreiben Sie beispielsweise *height="20"*. Setzen Sie dieses Attribut jedoch in das entsprechende *<td>* bzw. *<th>*-Tag. So bestimmen Sie die Höhe einer einzelnen Zelle und damit auch der gesamten Zeile. Die benachbarte(n) Zelle(n) erben diese Eigenschaft. Im Beispiel verzichten wir darauf.

5. Farbe macht das Leben bunt! Versehen Sie Ihre Tabelle mit einer schicken Hintergrundfarbe. Das gelingt Ihnen mit *bgcolor*. Die folgende Tabelle wird gelb eingefärbt.

    <table border="1" width="50%" bgcolor="yellow">

    Auch einzelne Zellen lassen sich so mit einer Hintergrundfarbe versehen.

6. Sie möchten, dass die Werte der ersten Zeile etwas attraktiver gestaltet werden? Wie wäre es mit fett und zentriert? Können Sie haben! Ersetzen Sie einfach *<td></td>* (*table data*) durch *<th></th>* (*table head*, Tabellenkopf). Dieses Tag hebt die erste Zeile etwas hervor. Schreiben Sie beispielsweise:

    <tr><th>Name</th><th>Lizenzen</th></tr>

Schauen Sie sich die Mustertabelle von oben in einer „umgebauten" Fassung an! Ich zeige Ihnen zuerst wieder den Quelltext für das gesamte Dokument:

```
<html>
<head>
<title>Tabelle mit Rahmen</title>
</head>
<body bgcolor="white">
<h1>Programme</h1>
<table border="5" width="200" align="left" bgcolor="yellow">
<tr><th>Name</th><th>Lizenzen</th></tr>
<tr><td>Word</td><td>10</td></tr>
<tr><td>Excel</td><td> 5</td></tr>
<tr><td>FrontPage</td><td> 5</td></tr>
</table>
<p>So viele Lizenzen besitzen wir in unserer Firma.</p>
</body>
</html>
```

Die Tabelle besitzt einen 5 Pixel breiten Rahmen. Die Breite der Tabelle (*width="200"*) beträgt 200 Pixel, die Hintergrundfarbe (*bgcolor="yellow"*) ist Gelb. Die erste Zeile wurde durch *<th></th>* attraktiver gestaltet. Außerdem fließt der Text *So viele Lizenzen besitzen wir in unserer Firma* rechts an der Tabelle vorbei. Dafür sorgt *align="left"*.

Netterweise wird diese Tabelle im Netscape-Browser bzw. im Internet Explorer fast identisch dargestellt:

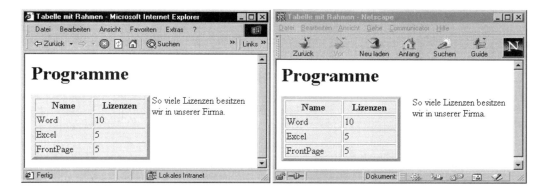

Vergleichen Sie auch mit der Datei *tafel2.htm*.

 Sie möchten die Rahmenlinien um jede Zelle individuell steuern? Dann greifen Sie zu den Style Sheets! Verwenden Sie die im Referenzteil auf der CD angegebenen Rahmenstile. So können Sie die gesamte Tablle bzw. jede einzelne Zelle ganz individuell gestalten. Allerdings lässt die Umsetzung durch den Browser derzeit noch sehr zu wünschen übrig.

Zellen verbinden

Manchmal soll eine Zelle über mehrere Zeilen reichen. Oder über mehrere Spalten? Folgende Attribute benötigen Sie dafür:

- *rowspan*, mit *rowspan="2"* erstreckt sich die Zelle über zwei Zeilen (rows).
- *colspan*, mit *colspan="2"* erstreckt sich die Zelle über zwei Spalten (columns).

Im Beispiel „zaubern" wir aus den oberen beiden Zellen einfach eine einzige Zelle. Diese soll sich über die gesamte Tabellenbreite erstrecken. Die unteren beiden Zellen in der rechten Spalte sollen auch „zusammengelegt" werden. Schließlich handelt es sich um den gleichen Wert. Hier schon einmal das Ergebnis vorab:

Und so sieht der dazugehörige Quelltext aus. Die wichtigen Passagen habe ich der Verdeutlichung halber hervorgehoben:

```
<html>
<head>
<title>Tabelle mit rowspan und colspan</title>
</head>
<body bgcolor="white">
<h1>Programme</h1>
<table border="5" width="200" align="left" bgcolor="yellow">
<tr><th colspan="2">Programmlizenzen</th></tr>
<tr><td>Word</td><td>10</td></tr>
<tr><td>Excel</td><td rowspan="2"> 5</td></tr>
<tr><td>FrontPage</td></tr>
</table>
<p>So viele Lizenzen besitzen wir in unserer Firma.</p>
</body>
</html>
```

Kompliziert? Das ist pure Logik, sonst nichts. Versuchen Sie, sich zu sagen: Die Zelle „spannt sich" über so und so viel Zeilen bzw. Spalten. Und wenn sich schon eine Zelle „spannt": Vergessen Sie nicht, die überschüssigen Zellen zu entfernen.

Sie finden das Beispiel in der Datei *tafel3.htm*.

Richten Sie den Zellinhalt genau aus

Kommen wir endlich zu unserem Hauptbeispiel! Nutzen Sie die unsichtbaren Tabellen für exaktes Layout. Nur so können Sie Grafiken genau an bestimmten Stellen platzieren. Nur so gelingt's mit dem pixelgenauen Layout.

Genaue Maße mit width und height

Mein Tipp: Bevor Sie beginnen, sollten Sie das Layout der Tabelle planen. Zeichnen Sie das Ganze ruhig auf ein Blatt Papier. Bestimmen Sie den entsprechenden Inhalt. Legen Sie fest, wie hoch bzw. breit die einzelnen Zellen werden sollen. Dazu nutzen Sie die schon bekannten Attribute:

- *width*, beispielsweise *width="100%"* bzw. *width="200"*
- *height*, beispielsweise *height="300"*

Während Sie die Angabe der Gesamtbreite stets im *<table>*-Tag notieren sollten, ist dies für *height* nicht nötig. Die Höhe legen Sie am besten in den einzelnen Zellen fest.

 Mein Tipp: Definieren Sie Höhe und Breite jeweils in den entsprechenden *<th>*- bzw. *<td>*-Tags. Zwar wäre es praktisch, diese Attribute gleich ins *<tr>*-Tag zu „verfrachten". Doch der Netscape-Browser hat damit Schwierigkeiten!

Genug der Vorrede, hier schon einmal der Quelltext für das gesamte Dokument vom Anfang des Kapitels. Oder zumindest fast …

```
<html>
<head>
<title>Spezialist f&uuml;r Minicomputer</title>
</head>
<body bgcolor="white">
<table border="0" width="600">
<tr>
<td colspan="2" bgcolor="yellow" width="600" height="100"><h1>Palmtops, Handhelds,
Notebooks</h1></td>
</tr>
<tr>
<td width="200" height="350" bgcolor="yellow">
<img src="palmtop.gif" width="200" height="140" border="0" alt="URX 35-2000" />
<p>Palmtops</p>
<p>Handhelds</p>
<p>Notebooks</p>
</td>
<td width="400" height="350"> <h2>URX 35-2000:</h2><p>Dieses Modell besitzt folgende
Eigenschaften:</p>
<ul>
<li>LCD-Display</li>
<li>2 MB Flash-RAM</li>
<li>20 Stunden Batterielaufzeit</li>
<li>per Stift und Tastatur bedienbar</li>
</ul>
</td>
</tr>
</table>
</body>
</html>
```

Die wichtigen Maßangaben habe ich der Verdeutlichung halber hervorgehoben.

Die Seite wurde für eine Bildschirmauflösung von 640 x 480 optimiert. Die Tabelle ist 600 Pixel breit und insgesamt 450 Pixel hoch. In die linke Zelle der unteren Reihe wurde eine Grafik integriert, die 200 Pixel breit und 140 Pixel hoch ist. Weiterhin gilt:

1. Die *width*-Angabe im *<table>*-Tag (*width="600"*) sorgt für die stabile Breite der gesamten Tabelle.

2. Die erste Zelle erstreckt sich über zwei Spalten. Sie ist ebenfalls 600 Pixel breit (*width="600"*) und außerdem 100 Pixel hoch (*height="100"*). Als Hintergrundfarbe wurde Gelb ausgewählt (*bgcolor="yellow"*).

3. Die nächste Zelle ist 200 Pixel breit und 350 Pixel hoch. Auch hier lautet die Hintergrundfarbe Gelb. Die Zelle daneben ist 400 Pixel breit (200 + 400 ergibt nach Adam Riese wieder 600!) und ebenfalls 350 Pixel hoch. Die Höhe könnten Sie in diesem Fall auch weglassen. Sie wird aus der linken Zelle „vererbt".

Und so sieht das Layout der Tabelle bisher aus. Die Rahmenlinien in der Abbildung dienen nur der Verdeutlichung.

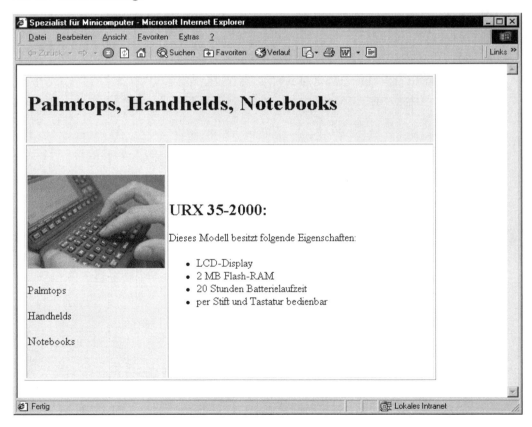

Das bisherige Ergebnis finden Sie auch in der Datei *layout1.htm* im Ordner *tabellen*.

Schauen Sie genau hin: Es gibt einen Schönheitsfehler! Jeglicher Zellinhalt wird linksbündig ausgerichtet. Die Vertikalausrichtung ist außerdem mittig. Und tatsächlich, linksbündig (*align="left"*) und mittig (*valign="middle"*) sind die Voreinstellungen. Dagegen sollten Sie etwas unternehmen!

Zellinhalt ausrichten mit align und valign

Nutzen Sie folgende zwei Attribute:

- *align*, kann die schon bekannten Werte *left* (Voreinstellung) *center* (zentriert) oder *right* (rechtsbündig) annehmen.
- *valign*, (vertical align=Vertikalausrichtung), kann *middle* (Voreinstellung), *top* (oben) oder *bottom* (unten) sein.

Nun denn, richten Sie einfach den Zellinhalt ganz wunschgemäß aus. Hier die komplette Tabelle im Quelltext.

```
<html>
<head>
<title>Spezialist f&uuml;r Minicomputer</title>
</head>
<body bgcolor="white">
<table border="0" width="600">
<tr>
<td colspan="2" bgcolor="yellow" width="600" height="100" align="center">
<h1>Palmtops, Handhelds, Notebooks</h1></td>
</tr>
<tr>
<td width="200" height="350" bgcolor="yellow" valign="top">
<img src="palmtop.gif" width="200" height="140" border="0" alt="URX 35-2000" />
<p>Palmtops</p>
<p>Handhelds</p>
<p>Notebooks</p>
</td>
<td width="400" height="350" align="right" valign="bottom"> <h2>URX 35-2000:</h2><p>Dieses Modell
besitzt folgende Eigenschaften:</p>
<ul
<li>LCD-Display</li>
<li>2 MB Flash-RAM</li>
<li>20 Stunden Batterielaufzeit</li>
```

```
<li>per Stift und Tastatur bedienbar</li>
</ul>
</td>
</tr>
</table>
</body>
</html>
```

Die Überschrift in der ersten Zelle wird zentriert ausgerichtet (*align="center"*). Der Inhalt der linken Zelle der zweiten Reihe „kuschelt sich" an den oberen Rand (*valign="top"*). Der Text in der rechten Zelle wird dagegen rechts (*align="right"*) und am Fuß ausgerichtet (*valign="bottom"*)

Und so präsentiert sich das Endergebnis im Browser, und zwar diesmal ohne Rahmenlinien:

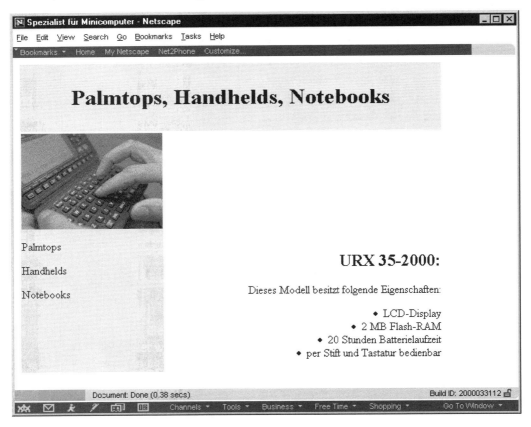

Vergleichen Sie mit der Datei *layout2.htm*.

Tabelle passt sich der Breite des Browserfensters an

Sie wollen noch einen Trick kennen lernen? Dann nehmen Sie die *width*-Angabe im *<table>*-Tag etwas genauer unter die Lupe. Diese Angabe ist deshalb so wichtig, weil sie die Breite der gesamten Tabelle sichert. Sie ist also höherwertig als die Angaben in den einzelnen Tabellenzellen.

```
<table border="0" width="600">
```

Und was ist, wenn Sie diese Angabe aus dem *<table>*-Tag entfernen? Wenn Sie also Folgendes schreiben:

```
<table border="0">
```

Dann kommt ein interessante Phänomen zum Zuge! Die Tabelle bleibt nur so lange „formstabil", wie das Browserfenster breiter als die Tabelle ist.

Sobald Sie das Browserfenster verkleinern, passt sich die Tabellenbreite nun automatisch an! Und zwar ungerührt davon, dass in der ersten Tabellenzelle ein *width="600"* steht!

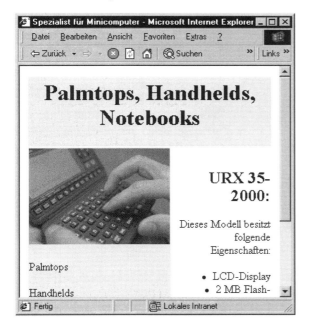

Mit diesem Wissen können Sie interessante Effekte erreichen und auf Nutzer mit geringen Bildschirmauflösungen Rücksicht nehmen! Sie finden das Ergebnis auch in der Datei *layout3.htm*.

Sie wollen die Abstände zwischen den Zellen komplett unterdrücken? Dann notieren Sie im <table>-Tag noch folgende Angaben: *cellspacing="0" cellpadding="0"*. Dadurch rücken die Zellen so dicht aneinander, wie es überhaupt geht. Störende Zwischenlinien verschwinden. Vergleichen Sie mit der Datei *Layout4.htm* auf der CD zum Buch.

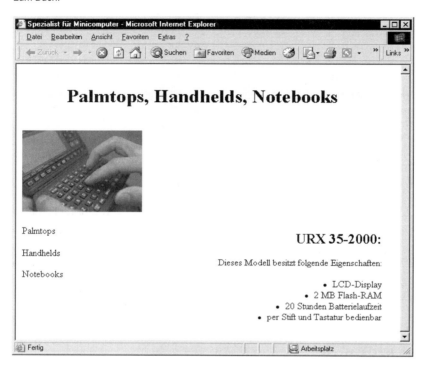

Besser navigieren mit Frames

Kennen Sie Frames, die verschiebbaren Fensterrahmen auf Webseiten? Frames sind ungeheuer praktisch. Erleichtern Sie den Besuchern die Navigation. Erzeugen Sie ein Menü, das nicht wegrollen kann. Setzen Sie Ihr Logo an eine fest definierte Position.

Auch wenn es zu Frames im Web einen regelrechten Glaubenskrieg gibt: Nutzen Sie sie ruhig! Heute beherrschen praktisch alle Anzeigeprogramme diese „verschiebbaren Fensterrahmen". Der Netscape Navigator war der erste Browser, der Frames interpretierte, und zwar schon in der Version 2. Selbst der Internet Explorer kennt sie seit der Version 3. Die ursprünglich von Netscape „erfundenen" Frames gehören seit 1997/1998 auch zum offiziellen HTML-Standard.

Frames sind kompliziert? I wo, nicht die Spur. Auch wenn die Versuchung lockt. Lassen Sie gerade bei diesem Thema Ihre „visuellen Tools" außen vor. Programme wie FrontPage und Konsorten brauchen Sie nicht. Ehe Sie gelernt haben, mit irgendwelchen „Frame-Editoren" zurecht zu kommen, sind Sie im Handbetrieb dreimal fertig. Wetten?

Frames entstehen zuallererst im Kopf. Und damit es Ihnen auch perfekt gelingt, fangen wir ganz einfach an.

Seite in zwei Frames aufteilen

Im ersten Beispiel erstellen Sie eine Seite, die in zwei Bereiche aufgeteilt ist. Links soll das Navigationsmenü stehen. Im rechten Bereich, dem Hauptframe, werden die entsprechenden „Inhalts-Seiten" geladen.

Schauen Sie sich die Abbildung an! Für den linken Bereich sehen wir eine Breite von 100 Pixeln vor. Der rechte Bereich soll sich in der Größe der

Bildschirmbreite des Betrachters anpassen. Hier werden im Beispiel drei unterschiedliche Seiten angezeigt. Das macht zusammen mit der Linkseite vier HTML-Dokumente.

Zu guter Letzt benötigen Sie noch ein Dokument, das die Seiten in Rahmen einteilt. Diese Seite wird als Frameset bezeichnet. So benötigen sie für das erste Beispiel also insgesamt fünf Seiten.

Dokumente vorbereiten

Erstellen Sie zuerst die vier „normalen HTML-Dokumente". Mit dem Frameset beschäftigen wir uns später. Folgen Sie den Schritten. Hinterher verstehen Sie besser, was passiert.

1. Nehmen Sie sich zuerst ein Blatt Papier und etwas Zeit. Zeichnen Sie hier einen Entwurf Ihres „geframten" Fensters auf. Soll das Fenster in Spalten oder Zeilen aufgeteilt werden? Überlegen Sie sich außerdem schon die Breite (und Höhe) Ihrer Rahmen. Vermerken Sie, welches Dokument bzw. welche Dokumente in welchem Fensterteil angezeigt werden soll(en). Wir haben uns für Spalten entschieden. Im linken Bereich handelt es sich im Beispiel um die Seite *navi.htm*. Im Hauptframe soll (zuerst) das Dokument *main1.htm* angezeigt werden. (Später verweisen Sie dann auf *main2.htm* und *main3.htm*.)

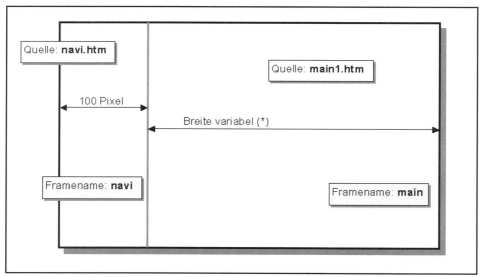

2. Denken Sie sich nun für die Fensterteile Namen aus. Bei „geteilten Fenstern" muss jeder Frame benannt werden. Die Namen lauten im Beispiel für den Navigations-Frame *navi* und für den Hauptframe *main*. Auch wenn es Ihnen bisher kompliziert erscheint: Diese Vorüberlegungen sind schon die halbe Miete und diese Arbeit kann Ihnen auch kein noch so toller Frame-Editor abnehmen.

3. Im nächsten Schritt unseres Beispiels erstellen Sie die Dokumente, die im Hauptframe angezeigt werden sollen. Wir nehmen drei einfach gestrickte HTML-Seiten, die sich lediglich durch die Überschrift und natürlich durch den Dateinamen unterscheiden. Es sind die Seiten *main1.htm*, *main2.htm* und *main3.htm*. Hier als Beispiel der Quelltext von *main1.htm*:

```
<html>
<head>
<title>Seite 1</title>
</head>
<body bgcolor="white">
<h1>Das ist Seite 1</h1>
</body>
</html>
```

4. Stricken Sie die anderen beiden Seiten (*main2.htm* und *main3.htm*) nach dem gleichen Muster.

5. Erstellen Sie jetzt die Seite für die Links. Achten Sie vorher darauf, dass dieses Dokument später nur in einem 100 Pixel breiten Rahmen angezeigt wird. Geben Sie im Link als Ziel außerdem *target="main"* an. Damit verweisen Sie auf den Frame, in dem die „Haupt-Seite" angezeigt werden soll. Hier der Quelltext für dieses Dokument, speichern Sie es unter dem Namen *navi.htm*:

```
<html>
<head>
<title>Links</title>
</head>
<body bgcolor="white">
<p> </p>
<p><a href="main1.htm" target="main">Seite 1</a></p>
<p><a href="main2.htm" target="main">Seite 2</a></p>
<p><a href="main3.htm" target="main">Seite 3</a></p>
</body>
</html>
```

Warum ist die Angaben bei *target* so wichtig? Nun, würden Sie den Zielrahmen weglassen, würde das Dokument später dort geladen, wo sich Ihre Link-Leiste befindet. Die Seite *main1.htm* erschiene also im schmalen Streifen am linken Rand! Und dieser Effekt sieht nun wirklich nicht sehr schön aus.

Deshalb ist es also nötig, die einzelnen Frames zu benennen.

Das Frameset erstellen

Jetzt haben Sie die ersten vier Seiten erstellt. Es sind die Link-Seite und die drei im Hauptframe anzuzeigenden Dokumente:

Doch wie bekommen Sie die Dinger nun in „Rahmen"? Ganz einfach: Definieren Sie ein so genanntes Frameset.

 Ein Frameset ist ein Dokument, das festlegt, wie die Seiten aufgeteilt werden. Das Frameset wird zwar als Erstes geladen, die Seite wird jedoch nicht direkt angezeigt. Ein Frameset ist (normalerweise) ein HTML-Dokument ohne Body. Lassen Sie also auf jeden Fall die Tags <body> und </body> weg.

Hier zuerst das komplette Skript im Überblick. Die Einzelheiten besprechen wir danach, Schritt für Schritt. Das Beispieldokument soll *frameset.htm* heißen.

```
<html>
<head>
<title>Das Frameset</title>
</head>
<frameset cols="100,*" border="0">
    <frame src="navi.htm" name="navi" id="navi" />
    <frame src="main1.htm" name="main" id="main" />
    <noframes>
    Leider verf&uuml;gt Ihr Browser nicht &uml;ber die F&auml;higkeit, Frames anzuzeigen.
```

```
      </noframes>
   </frameset>
</html>
```

Sie sehen, das Frameset an sich ist ein erfreulich kurzes Dokument. Schauen Sie sich einfach an, was sich hinter den einzelnen Optionen verbirgt.

1. Wie schon erwähnt, zuerst folgt ein ganz gewöhnlicher HTML-Kopf. Lassen Sie jedoch unbedingt das *<body>*-Tag weg!

2. Das Frameset selbst wird durch das *<frameset>*-Tag eingeleitet. Interessant sind jedoch seine Attribute! Zuerst müssen Sie sich entscheiden, ob Sie das Dokument in „Zeilen" (*rows*) oder lieber in Spalten (*colums*, kurz *cols*) aufteilen möchten. Da wir uns für Spalten entschieden hatten, schreiben wir *cols=*. Als Angabe legen wir jetzt fest, wie viele Spalten es sein sollen und wie groß Sie sind. Schreiben Sie *cols="100,*"*. Der Wert 100 steht für 100 Pixel. Das Sternchen bedeutet, dass sich die Rahmenbreite der Breite des Browserfensters anpasst, also variabel ist.

3. Schalten Sie außerdem den hässlichen Rahmen ab. Dafür sorgt das Attribut *border*, schreiben Sie *border="0"*. Normalerweise bleiben sonst dünne Rahmenlinien sichtbar! Hier noch einmal die komplette Zeile im Überblick:

```
<frameset cols="100,*" border="0">
```

4. Jetzt, da Sie die Rahmen definiert haben, müssen Sie diese nur noch mit Inhalt füllen. Es beginnt beim ersten Rahmen, beim linken, die Reihenfolge lautet: Von links nach rechts (bzw. von oben nach unten). Schreiben Sie

```
<frame src="navi.htm" name="navi" id="navi" />
```

Damit haben Sie zum einen festgelegt, welches Dokument in diesen Frame geladen wird. Zum anderen erhält der Rahmen seinen Namen. (Denken Sie an die *name-id*-Problematik, siehe auch Seite 72.)

5. Auch dem Hauptrahmen weisen Sie eine Datei zu. Hier ist die Namensgebung besonders wichtig!

```
<frame src="main1.htm" name="main" id="main" />
```

6. Außerdem war es bisher gute Praxis, auch an Besitzer älterer, nicht framefähiger Browser zu denken. Nutzen Sie dafür innerhalb des Framesets die Tags *<noframes></noframes>*. Alles, was zwischen diesen Tags erscheint, sehen nur diejenigen, deren Browser keine Frames anzeigen kann.

```
<noframes>
Leider verf&uuml;gt Ihr Browser nicht &uml;ber die F&auml;higkeit, Frames anzuzeigen.
</noframes>
```

Diese Anweisung ist jedoch nicht zwingend notwendig.

7. Vergessen Sie nicht, das Frameset mit dem Tag *</frameset>* wieder abzuschließen. Damit ist die „Rahmendefinition" fertig.

8. Vergessen Sie nicht, das Frameset abzuspeichern. Im Beispiel besitzt es den Namen *frameset.htm*.

Und, was sagen Sie jetzt? War doch kein bisschen schwer oder kompliziert! Übrigens: Sie finden das komplette Projekt auch im Ordner *frames*, Unterordner *fall1*.

 Bisher war es gängige Praxis, stets die Tags *<noframes></noframes>* zu verwenden. Der XHTML-Standard ermöglicht Ihnen jedoch auch die Verwendung von *<body></body>*. Sie wollen der vom W3C bevorzugten Anweisung folgen? Schreiben Sie im Zweifelsfall den „Doppeldecker" *<noframes><body>Leider verfügt Ihr Browser nicht ¨ber die Fähigkeit, Frames anzuzeigen. </body></noframes>*. In den weiteren Beispielen lasse ich die *<noframes>*-Tags aus Gründen der Übersichtlichkeit weg.

Zeilen statt Spalten

Im nächsten Beispiel teilen Sie das Dokument statt in Spalten in Zeilen (*rows*) auf. Als zweite „Schwierigkeit" bauen wir die Linkleiste in den Fuß des Browserfensters ein. Dieser Navigationsrahmen soll 60 Pixel hoch sein.

Keine Sorge: Was hier möglicherweise kompliziert erscheint, ist ganz einfach: Sie müssen lediglich eine Kleinigkeit im Frameset ändern. Und natürlich im Dokument *navi.htm*.

Hier zuerst der angepasste Quelltext das Dokuments *navi.htm*:

```
<html>
<head>
<title>Links</title>
```

```
</head>
<body bgcolor="white">
<p>
<a href="main1.htm" target="main">Seite 1</a> -
<a href="main2.htm" target="main">Seite 2</a> -
<a href="main3.htm" target="main">Seite 3</a>
</p>
</body>
</html>
```

Die überschüssigen Absatzumbrüche wurden entfernt, sodass die Links nebeneinander stehen.

Schauen Sie sich jetzt einmal das geänderte Frameset an:

```
<html>
<head>
<title>Das Frameset</title>
</head>
<frameset rows="*,60" border="0">
<frame src="main1.htm" name="main" id="main" />
<frame src="navi.htm" name="navi" id="navi" />
</frameset>
</html>
```

Die einzige Änderung: Statt *cols* nehmen Sie das Attribut *rows*. Und da die einzelnen Fenster von links nach rechts bzw. oben nach unten angesprochen werden, schreiben Sie *rows="*,60"*. Lesen Sie mit *<frame src="main1.htm" name="main" id="main" />* zuerst das obere, dann mit *<frame src="navi.htm" name="navi" id="navi" />* das untere Dokument ein. So einfach ist das!

Sie finden alle Dateien im Ordner *frames*, Unterordner *fall2*.

Anzeige der Frames steuern

Das war noch nicht alles! Wenn Sie wollen, können Sie die Anzeige der Frames durch Attribute ganz individuell steuern. Unterdrücken Sie die Rollbalken. Verhindern Sie, dass der Surfer die Größe der Frames verändern kann. Richten Sie den Inhalt exakt am oberen und linken Rahmenrand aus. Hier die wichtigsten Attribute und ihre Werte.

Rahmen unterdrücken

Wie Sie Rahmen unterdrücken, hatte ich Ihnen schon gezeigt. Schreiben Sie das Attribut *border="0"* in das Tag *<frameset>*. Sie setzen kein Attribut in das *<frameset>*-Tag? Dann zeigen alle Browser standardmäßig dünne Rahmenlinien an.

Diese „Border-Methode" funktioniert auch mit neueren Browsern anstandslos, beispielsweise mit dem Internet Explorer 4, 5 oder dem Netscape Browser 4. Der Internet Explorer 3 zeigt trotzdem noch eine dicke „Trennungslinie" zwischen den Rahmen.

Wenn Sie dagegen etwas unternehmen wollen, ergänzen Sie deshalb einfach *frameborder* *="0"* und aus „historischen Gründen" auch das nicht zum offiziellen Standard zählende Attribut *framespacing="0"*. Schreiben Sie beispielsweise:

```
<frameset cols="100,*" border="0" frameborder="0" framespacing="0">
```

Nur nebenbei: Der Netscape Navigator 2 war zwar der erste Browser, der Frames anzeigen konnte. Allerdings lässt sich dieses „Betrachtungsprogramm" generell nicht zum „Abschalten" der Rahmenlinien überreden. Doch wer surft noch mit so einem alten Teil?

ACHTUNG Da wir gerade bei den „Verwirrungen" sind: Die HTML 4-Spezifikation empfiehlt, statt *border="0"* das Attribut *frameborder* (z. B. *frameborder="0"*) zu benutzen. Und dieses soll nicht in das *<frameset>*-Tag gesetzt, sondern direkt im *<frame>*-Tag eingefügt werden. Leider werden diese Anweisungen vom Internet Explorer, Version 4 nicht interpretiert.

Lassen Sie sich nicht verwirren. Bleiben Sie am besten derzeit bei meinem Empfehlungen. Setzen Sie also das Attribut *border="0"* in das *<frameset>*-Tag. Das müsste eigentlich für alle gängigen Browser genügen.

Rollbalken anzeigen und unterdrücken

Vielleicht haben Sie es schon bemerkt? Wenn der Inhalt nicht in den Frame passt, werden automatisch Rollbalken (*scrollbars*) eingeblendet. Das ist auch sinnvoll und gut so, schließlich sollen verdeckte Inhalte vor allem bei geringer Fenstergröße auch „hervorgezaubert" werden.

Sie wollen von vornherein Rollbalken anzeigen? Oder diese eher unterdrücken? Wählen Sie die Attribute *scrolling="no"* bzw. *scrolling="yes"*. Wenn Sie keine Rollbalken wünschen, schreiben Sie also:

```
<frame src="navi.htm" name="navi" id="navi" scrolling="no" />
```

Die Voreinstellung lautet übrigens *scrolling="auto"*, die Rollbalken erscheinen also nur bei Bedarf.

ACHTUNG

Sie entscheiden sich für *scrolling="no"*? Dann achten Sie auf jeden Fall darauf, dass Ihre Seite auch bei der geringsten Bildschirmauflösung von 640 x 480 Pixeln noch funktioniert. Denn was nützt die schönste Link-Leiste, wenn Surfer bestimmte Links oder Informationen nicht mehr sehen können?

Diese Einstellung *scrolling="no"* ist beispielsweise für ein Logo ideal, das unverändert an einer Stelle platziert werden soll. Hier würden Rollbalken den optischen Eindruck nur stören.

Rahmengröße kann nicht verändert werden

Die Kante zwischen zwei Frames ist sichtbar? Dann kann der Surfer die Größe der Frames nach Lust und Laune verändern. Das gelingt, indem er mit der Maus über die Rahmenkante fährt und die Kante bei gedrückter linker Maustaste an die Wunschposition verfrachtet.

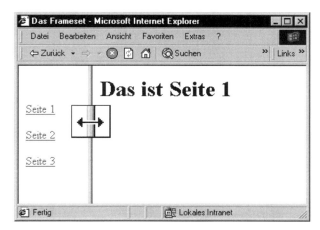

Sie wollen verhindern, dass der Surfer die Größe des Frames mit der Maus verändert? Im Klartext: „Resize" ist nicht erlaubt? Dann schreiben Sie einfach das Attribut *noresize="noresize"* in das entsprechende *<frame>*-Tag. *noresize* kommt von „no resize", keine Größenveränderung. Hier ein Beispiel:

```
<frame src="navi.htm" name="navi" id="navi" scrolling="no" noresize="noresize" />
```

Bei unsichtbaren Fensterkanten ist dieses Attribut jedoch nicht nötig. Hier kann man sowieso die Größe der Rahmen nicht verändern.

Abstand zwischen Rahmenrand und Rahmeninhalt

Normalerweise beginnt der Inhalt eines Rahmens nie exakt an der oberen oder rechten Rahmenkante. Je nach Browsertyp bleibt links, rechts und oben ein mehr oder weniger großer Rand, ein „Luftspalt". Gerade für exaktes Layout ist das jedoch nicht wünschenswert.

 Der Internet Explorer 5 lässt oben 15 Pixel „Luft", links dagegen 9 bis 10 Pixel. Der Netscape-Browser 4.x begnügt sich mit oben und links jeweils 8 Pixeln Abstand.

Sie möchten die Ränder um den Frameinhalt genau definieren? Kein Problem! Setzen Sie einfach die Attribute *marginwidth* und *marginheight* in das jeweilige *<frame>*-Tag. Die Angaben stehen in Pixeln. Die Werte gelten jeweils paarweise:

- *marginwidth* kontrolliert den linken und rechten Rand,
- *marginheight* dagegen den oberen und unteren.

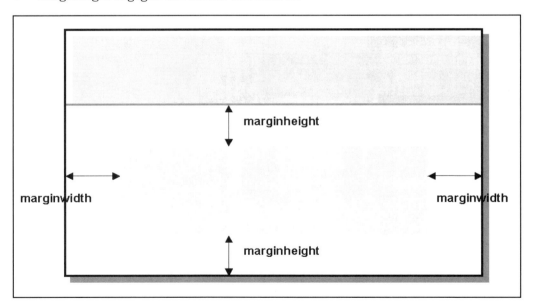

In folgendem Beispiel beginnt der Frameinhalt (beispielsweise eine Grafik) exakt 12 Pixel von der oberen und unteren Rahmenkante.

```
<frame src="bi d.gif" name="navi" id="navi" scrolling="no" noresize="noresize" marginheight="12" />
```

Viel interessanter ist jedoch, wie Sie diesen Rahmen komplett unterdrücken. Schreiben Sie einfach *marginwidth="0"* und *marginheight="0"*. Die Grafik im nächsten Beispiel würde genau am oberen und linken Rahmenrand beginnen.

```
<frame src="logo.gif" name="logo" id="logo" scrolling="no" marginwidth="0" marginheight="0" />
```

Wo Licht ist, ist auch Schatten. Der Netscape-Navigator fügt stets ein „Anstandspixel" ein.

 Sie wünschen eine Gesamtübersicht über alle in Framesets erlaubten Attribute und Werte? Dann schlagen Sie fix im Referenzteil auf der CD zum Buch nach!

Ein Logo einbinden: Dreigeteiltes Fenster

Aller guten Dinge sind drei. Und so zeige ich Ihnen, wie Sie Ihr zweigeteiltes Fenster in einen „Dreiteiler" umwandeln. Binden Sie beispielsweise Ihr Firmenlogo in den oberen Frame ein. Während sich der Inhalt des mittleren Rahmens ändert, bleibt die Grafik stets an der gleichen Stelle.

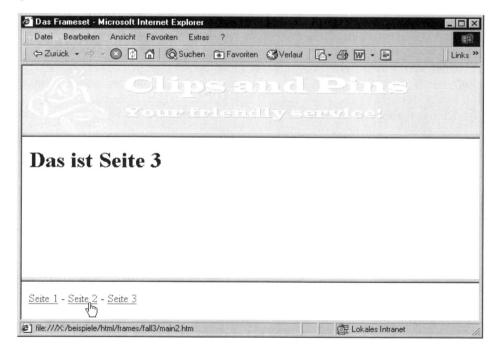

Sie haben richtig gelesen! Auch eine Grafik kann also in einen Frame eingebunden werden!

Übrigens: Die Rahmen in der Abbildung dienen wieder nur der Veranschaulichung.

Die Beispielgrafik heißt *logo.gif*. Die Länge beträgt 1.030 Pixel, die Höhe dagegen 120 Pixel. Denken Sie an Surfer mit kleinen Bildschirmen. Der wichtige Inhalt des Logos soll deshalb die Länge von 600 Pixeln nicht überschreiten. Etliche Surfer besitzen noch diese Bildschirmauflösung. Sie finden die Grafik übrigens auch im Ordner *frames*, Unterordner *fall3*.

Bis auf das Logo können Sie die alten Dokumente des vorigen Beispiels weiterverwerten. Und hier finden Sie das komplette Frameset:

```
<html>
<head>
<title>Das Frameset</title>
</head>
<frameset rows="100,*,50" border="0">
<frame src="logo.gif" name="titel" id="titel" noresize="noresize" scrolling="no" marginwidth="0"
marginheight="0" />
<frame src="main1.htm" name="main" id="main" />
<frame src="navi.htm" name="navi" id="navi" scrolling="no" />
</frameset>
</html>
```

Schauen Sie sich einmal an, was sich hinter den einzelnen Einstellungen verbirgt:

1. Zuerst teilen Sie das Browserfenster in drei Rahmen auf, die untereinander liegen. Dafür benötigen Sie die *rows*. Der obere Rahmen soll 100 Pixel hoch, der untere 50 Pixel hoch sein. Der mittlere Frame kann in der Größe variiert werden. Schalten Sie außerdem gleich mit *border="0"* die Rahmenlinien ab. Schreiben Sie einfach

```
<frameset rows="100,*,50" border="0">
```

2. Jetzt legen Sie von oben nach unten die Dateien fest, die im jeweiligen Rahmen erscheinen sollen. Beginnen Sie ganz oben mit der Grafik. Weil die Grafik größer als der Rahmen ist, sollten Sie zuerst die Rollbalken wegblenden (*scrolling="no"*). Positionieren Sie das Grafikobjekt mit *marginwidth="0"* und *marginheight="0"* exakt an der oberen und linken Bildschirmkante. Vorsichtshalber können Sie noch das „Resize" unterbinden. Schreiben Sie also:

```
<frame src="logo.gif" name="titel" id="titel" noresize="noresize" scrolling="no" marginwidth="0"
marginheight="0" />
```

Hinweis: Der Name (*name="titel"* bzw. *id="titel"*) ist für diesen Frame im Beispiel zwar nicht nötig, wurde jedoch aus Prinzip gesetzt. Es sagt uns, dass es sich um den „Titel-Frame" handelt.

3. Binden Sie jetzt die anderen beiden Dateien ein. Bei der Link-Leiste am Fensterfuß können Sie ebenfalls den Rollbalken unterbinden. Nur im „Hauptframe" in der Mitte sollten Sie dem Surfer das Scrollen ermöglichen.

```
<frame src="main1.htm" name="main" id="main" />
<frame src="navi.htm" name="navi" id="navi" scrolling="no" />
```

Mit wenig Aufwand haben Sie so einen netten Effekt erzielt und sind dem Ziel „exaktes Layout" einen Schritt näher gekommen. Und auch das „Anstandspixel" im Netscape-Browser macht sich im Endeffekt nicht so drastisch bemerkbar:

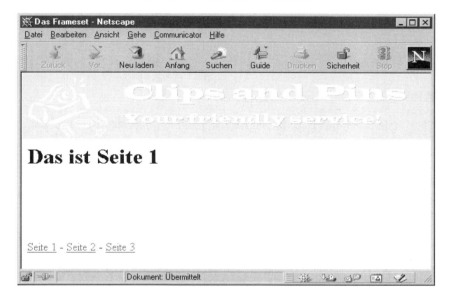

Wenn Sie auf „Nummer Sicher" gehen wollen, können Sie noch im <frameset>-Tag die Attribute frameborder="0" framespacing="0" einfügen. Dann sieht's auch im Internet Explorer 3 perfekt aus.

Sie finden das Projekt im Ordner frames, Unterordner fall3.

Ungleichmäßiges Layout: Framesets schachteln

Jetzt sind Sie ja schon ein ausgefuchster „Frame-Spezialist". Sie wollen weitermachen? Immer zu! Schauen Sie sich ein weiteres Beispiel an, das auf den ersten Blick überhaupt nicht kompliziert erscheint. Es handelt sich um ein dreigeteiltes Fenster.

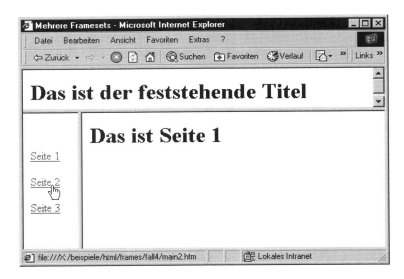

Auf den zweiten Blick ändert sich das Bild. Die Fenstereinteilung erfolgt nicht mehr gleichmäßig.

Aber nun zu den Details. Angezeigt werden sollen fünf HTML-Dateien. Ich liste Sie Ihnen in der Reihenfolge auf, in der Sie erscheinen. Man beginnt dabei oben, geht nach unten und wandert dann von links nach rechts.

- Die Titel-Datei, im Beispiel *titel.htm* (oberer Frame)
- Die Navigations-Datei, im Beispiel *navi.htm* (links unten)
- und die drei „Haupt-Seiten" *main1.htm*, *main2.htm* und *main3.htm*! (rechts unten)

Weiterhin gilt: Der obere Frame soll 60 Pixel hoch, der linke untere dagegen 80 Pixel breit sein. Für den Hauptframe haben wir eine variable Größe (*) vorgesehen.

Für solche unregelmäßigen Rahmenaufteilungen müssen Sie mehrere Framesets ineinander verschachteln. Im Beispiel sind es zwei. Hier zuerst der komplette Quelltext für die Datei *frameset.htm*.

```
<html>
<head>
<title>Mehrere Framesets</title>
</head>
<frameset rows="60,*" border="0">
<frame src="titel.htm" name="titel" id="titel" />
    <frameset cols="80,*">
        <frame src="navi.htm" name="navi" id="navi" />
        <frame src="main1.htm" name="main" id="main" />
```

```
        </frameset>
    </frameset>
    </html>
```

Schauen wir uns nun im Detail an, was sich hinter diesen Anweisungen verbirgt:

1. Am Anfang wird das erste Frameset eingeleitet. Dieses teilt das Browserfenster in zwei Zeilen (*rows*) auf. Die obere Zeile ist 60 Pixel hoch, die untere bleibt variabel:

```
<frameset rows="60,*" border="0">
```

2. Die nächste Anweisung sorgt dafür, dass das Titel-Dokument (*titel.htm*, ich hoffe, Sie haben es für dieses Beispiel erstellt) in den oberen Frame geladen wird:

```
<frame src="titel.htm" name="titel" id="titel" />
```

3. Jetzt folgt die Anweisung für den unteren Frame. Und statt eines einfachen Dokuments (dann hätten Sie ja ein regelmäßiges Layout) laden Sie ein zweites Frameset hier hinein. Dieses teilt den unteren Rahmen zusätzlich in Spalten (*rows*) auf. Die linke Spalte bleibt 80 Pixel breit, die rechte ist variabel.

```
<frameset cols="80,*">
```

4. Nun müssen noch die beiden Dokumente in den linken und rechten Frame geladen werden.

```
<frame src="navi.htm" name="navi" id="navi" />
<frame src="main1.htm" name="main" id="main" />
```

5. Und jetzt kommt das Wichtigste: Sie müssen beide *<frameset>*-Tags wieder ausschalten. Schreiben Sie also:

```
        </frameset>
    </frameset>
```

Sie haben vergessen, das zweite (oder dritte, vierte, fünfte) Frameset abzuschalten? Im Internet Explorer wird die Seite trotzdem noch korrekt dargestellt. Der Netscape-Browser jedoch zeigt überhaupt nichts an.

Schon deshalb sollten Sie Ihre fertige Seite immer unter beiden Browserplattformen testen. Apropos testen, das komplette Projekt finden Sie im Ordner *frames*, Unterordner *fall4*.

 Sie wollen, dass sich beispielsweise bei einem Klick auf einen Link der Inhalt mehrerer Frames gleichzeitig ändert? Direkt ist das mit HTML leider nicht möglich. Die schlechteste Lösung wäre, mehrere Framesets zu erstellen und auf diese Framesets zu verweisen. Die beste Lösung ist jedoch, schnell einmal auf Seite 271 nachzuschlagen. Und damit nicht genug: Im Zusammenhang mit JavaScript verrate ich Ihnen noch weitere Raffinessen zu Frames!

Verweise aus dem Frameset heraus

Da hätten wir ja beinahe eine ganz wichtige Sache vergessen: die Verweise aus dem Frameset heraus. Das Verweisen innerhalb von Framesets beherrschen Sie inzwischen perfekt: Sie benötigen das Attribut *target="Framename"*.

Und die externen Links? Richtig, im Prinzip kennen Sie die Vorgehensweise. Doch in Frames ist mal wieder alles anders: Angenommen, Sie verweisen blauäugig auf eine externe Site. Sie schreiben beispielsweise:

> `<a href="http://www.beispielfirma.com">Beispielfirma</a>`!

Was passiert? Diese Seite erscheint in dem Rahmen, in dem sich der Hyperlink befindet.

Zugegeben, Sie könnten die Anzeige mit dem Attribut *target="Framename"* in den gewünschten Rahmen umleiten. Schreiben Sie beispielsweise

> `<a href="http://www.beispielfirma.com" target="main">Beispielfirma</a>`!

Und schon wird auch diese Seite in Ihr Frameset eingegliedert.

Seien Sie vorsichtig beim „Framen" fremder Seiten. Dadurch, dass Sie fremde Inhalte in Ihrem eigenen Frameset anzeigen, erwecken Sie den Anschein, als handele es sich um Ihre eigenen Seiten. Das ist rechtlich bedenklich und kann – falls es entdeckt wird – zu teuren Abmahnungen führen. Wenn Sie fremde Seiten framen wollen sollten Sie sich stets die Einwilligung der Seitenbetreiber einholen. Tipp: Wie Sie mit JavaScript selbst verhindern können, dass Ihre Seite in fremden Framesets erscheint, verrate ich Ihnen auf Seite 280.

Da muss es doch eine andere Lösung geben. Und die gibt es auch!

1. Verwenden Sie das Attribut *target="_top"*. Schreiben Sie beispielsweise

   `<a href="http://www.beispielfirma.com" target="_top">Beispielfirma</a>`!

   Dieser Verweis führt zuverlässig aus dem Frameset heraus. Allerdings verlässt der Surfer damit auch Ihre Seiten. In seinem Browserfenster wird nun komplett die neue Seite angezeigt.

2. Wie wäre es mit einem Kompromiss? Schreiben Sie *target="_blank"*. Mit

   `<a href="http://www.beispielfirma.com" target="_blank">Beispielfirma</a>`!

   erscheint die Seite komplett in einem eigenen Fenster! Und Ihr Frameset bleibt im Hintergrund geöffnet.

Vielleicht sind Ihnen schon neben den Attribut-Werten _blank und _top die Bezeichnungen _self und _parent begegnet? Mit target="_self" (Voreinstellung) wird eine Seite in den aktuellen Frame geladen. Und target="_parent" gleicht in normalen Frames der Anweisung target="_top". Die Seite wird in den oberen Frame geladen, also in das komplette Browserfenster. Bei geschachtelten Framesets laden Sie die Zielseite mit target="_parent" allerdings nur in den Eltern-Frame, möglicherweise in den Rahmen des untergeordneten Framesets. Aber lassen Sie sich nicht verwirren, in der Praxis benötigen Sie normalerweise weder target="_self" noch target="_parent".

Schauen Sie in den Ordner *frames*, Unterordner *fall5*. Hier finden Sie einige Beispiele für diese Anweisung.

Kapitel **9**

Der schnelle Einstieg: Hallo XML

Sind Sie fit für XML? Dann zeige ich Ihnen in diesem Kapitel, wo der Hase lang läuft! Erfahren Sie, was sich hinter wohlgeformten und gültigen Dokumenten verbirgt. Definieren Sie Ihre eigenen Tags. Basteln Sie sich eine **D**okumenttyp-**D**efinition (DTD).

Lassen Sie sich von XML begeistern!

Wichtiger Hinweis: Der Internet Explorer ab Version 5, der Netscape Navigator ab Version 6 und Opera sind bisher die einzigen mir bekannten Browser, die XML interpretieren können. Älteren Browsern ist XML leider völlig schnurzpiepegal. Da der neue Netscape-Browser zum Zeitpunkt des Schreiben erst in einer Preview-Fassung vorliegt und Opera kostenpflichtig ist, beziehe ich mich auf den Internet Explorer, Version 5.x. Dieser ist am besten geeignet, da er noch ein paar weitere Vorzüge bei der Darstellung aufweist.

Wohlgeformte und gültige Dokumente

Schauen wir uns zuerst den Unterschied zwischen wohlgeformten und gültigen Dokumenten an. Doch vorher verrate ich Ihnen fix noch, inwiefern sich HTML und XML unterscheiden und warum XML die Zukunft gehört. Denn wie bei vielen Dingen gilt: XML passiert zuerst im Kopf!

Und damit das Ganze nicht zu theoretisch bleibt, legen wir danach sofort los. Also – weiterlesen, dranbleiben und durchbeißen!

Unterschiede zwischen HTML und XML

Was unterscheidet XML von HTML bzw. XHTML? Eine ganze Menge!

(X)HTML definiert Struktur und Layout

(X)HTML ist bequem: Sie legen Struktur und Layout in einem Aufwasch fest. Die Tags kennen Sie, ihre (ungefähre) Wirkung auch. Sie wissen, dass mit *<h1></h1>* beispielsweise eine Überschrift oder mit *<b></b>* eine fett formatierte Passage erzeugt werden. Mit *<p></p>* definieren Sie einen Absatz, *<hr />* zaubert eine schicke Linie in Ihr Dokument.

Sie nehmen dieses oder jenes Tag, und zwar genau dann, wenn Sie's gerade brauchen. Der Tag-Vorrat ist zwar begrenzt, doch das hat auch einen gewissen Charme. Hier ein Bild, da eine Liste, dort eine Tabelle. Und wenn Sie nicht erreichen können, was Ihnen vorschwebt: Mit Trick 17 kommen Sie in der Regel trotzdem zum Ziel.

Alles in allem gilt: Ein (X)HTML-Dokument ist erfreulich schnell erstellt – ohne komplizierte Vorüberlegungen. Im Endeffekt entsteht eine Datei mit der netten Nachsilbe *.htm* oder *.html*.

Und wenn's ein wenig fescher aussehen soll, bitte sehr: HTML-Gourmets greifen zu den Style Sheets. Verwenden Sie interne Style Sheets oder packen Sie ein Style Sheet-Dokument mit der Endung *.css* in Ihre „Web-Wunderkiste". Deckel zu und „ab ins Netz".

Und auch wenn mal ein kleines Fehlerchen im Code steckt: Die meisten Browser sehen „wohlwollend" darüber hinweg. Im Endeffekt entsteht eine hoffentlich attraktive und nett gestaltete Seite, die von den derzeit gängigen Browsern anstandslos dargestellt wird.

XML definiert nur die Struktur

Und XML? Hier sieht die Sache ganz anders aus. Zuerst gilt: Es gibt keine fest definierten Tags! Die zu erfinden ist schließlich Ihre Aufgabe.

Setzen Sie sich also eine Weile hin und machen Sie sich über die Struktur des Dokuments Gedanken. Vorher natürlich! Welche Tags werden benötigt? Wie sollen Sie ineinander verschachtelt werden? Wie muss das Dokument aufgebaut werden?

Wenn Sie das geschafft haben, definieren Sie diese Tags. Das tun Sie in der vielzitierten Dokumenttyp-Definition, der DTD. Hierbei helfen Ihnen einige recht kompliziert aussehende SGML-Anweisungen. Legen Sie genau fest, wie die Tags heißen, wie Sie ineinander verschachtelt werden sollen und wie oft sie vorkommen dürfen. Diese mysteriöse DTD packen Sie am besten in eine eigene Datei und verpassen ihr die Nachsilbe *.dtd*. Das ist starker Tobak!

Wenn Sie das hinter sich haben, kommt der leichteste Teil der Übung. Sie schreiben das eigentliche XML-Dokument. Hier können Sie frohgemut Ihre aus (X)HTML vorhandenen Fähigkeiten ausnutzen. Nur eins müssen Sie beachten: XML-Dokumente werden mit der Endung *.xml* abgespeichert.

Der „Struktur-Teil" wäre geschafft, aber damit sieht Ihr Dokument immer noch aus wie eine Kakerlake hinterm Küchenschrank: traurig! Aber darauf kommt es vordergründig auch nicht an. Die Gestaltung ist nicht Aufgabe von XML.

Sie wollen das Dokument layouten? Dann benötigen Sie außerdem eine „Formatbeschreibungssprache". Nutzen Sie CSS (Style Sheets) oder das noch in Entwicklung befindliche XSL. Definieren Sie hier letztendlich, wie die Tags aussehen sollen. Speichern Sie die „Gestaltungs-Datei" dann je nach Sprache mit der Endung *.css* bzw. *.xsl*.

In der Kurzfassung: Sie benötigen folgende Dokumente als Voraussetzung:

- **D**okument**t**yp-**D**efinition (DTD), quasi der Regelsatz, Endung *.dtd*
- Das eigentliche XML-Dokument, Endung *.xml*
- Falls gewünscht: ein Dokument für das Layout, Endung *.css* bzw. *.xsl*.

Die absolute Mindestvoraussetzung ist dabei das eigentliche XML-Dokument, also der mittlere Aufzählungspunkt.

Halten wir als wichtigste Erkenntnis fest: XML ist nur für die Struktur des Dokuments verantwortlich. Viele in HTML völlig selbstverständliche Dinge wie Tabellen, Grafiken, Hyperlinks und Multimedia gehen in XML (noch) nicht oder nur über einen Umweg.

Gültige Dokumente

Sie haben Voraussetzung eins und zwei in schönster „preußischer Beamtenmanier" befolgt? Die Tags in der DTD definiert? Exakt so in XML verwendet? Dann, liebe Leserin, lieber Leser, spricht man von einem gültigen Dokument (*valid*). Ein gültiges XML-Dokument besitzt also stets eine DTD.

Und wehe, Sie verletzen auch nur eine einzige der strengen Regeln. Dann stoppt das Anzeigeprogramm beim Auslesen und erzeugt eine Fehlermeldung.

Übrigens, dieses „Auslesen" wird auch als Parsen bezeichnet. Parsen bedeutet auf Deutsch so viel wie analysieren, zerlegen. Der Browser „parst" also ihr Dokument und zeigt es dann am Bildschirm an. Oder er produziert Fehlermeldungen.

Strenge Regeln in XML

Wie sehen Sie denn aus, diese „strengen Regeln" in XML? Es sind eigentlich die gleichen, die Sie schon von (X)HTML kennen:

- Achten Sie auf die korrekte Verschachtelung *<a><w></w></a>*.
- Jedes Tag benötigt ein End-Tag *<klein></klein>*.
- Leere Tags müssen intern ausgeschaltet werden *<video href="bahn.avi"/>*, allerdings ohne das aus XHTML bekannte „Kompatibilitäts-Leerzeichen".
- Attribute stehen generell in Anführungszeichen.
- Jedes Dokument benötigt mindestens ein „klammerndes Tag-Paar", vergleichbar mit *<body></body>* bei HTML. Man spricht vom so genannten Wurzelelement.
- Beachten Sie Groß- und Kleinschreibung bei den Tags.

Moment mal, ist denn Großschreibung auch erlaubt? Ja! Im Gegensatz zum XHTML (strenge Kleinschreibung) können Sie in XML Ihre Tags sowohl in Groß- als auch in Klein-schreibung definieren.

Wichtig ist jedoch, dass Sie eine einheitliche Linie verfolgen. Sie müssen also entweder groß oder klein geschrieben werden. Eine Schreibweise wie *<NAME></name>* ist nicht statt-haft. Es handelt sich dabei um zwei unterschiedliche Tags.

Wir bleiben bei der Kleinschreibung. Tags dürfen außerdem keine Umlaute, Leerzeichen o-der Sonderzeichen enthalten. Der Bindestrich bzw. der Unterstrich sind jedoch erlaubt.

 Auch in XML können Sie ausgiebig mit Kommentaren arbeiten. Kommentare sehen genau so aus wie in HTML-Dateien. Schreiben Sie den Kommentartext also nach dem Muster *<!-- Kommentartext -->*, jedoch ohne die zwei Slashs //.

Der Nutzen von XML

Wenn alles so kompliziert ist, fragt sich der geneigte Leser vielleicht zwischendurch: Cui bono? Wem nützt es? Warum bleibt man nicht bei HTML? Bleibt man doch! Zumindest in Sachen „Weblayout" wird (X)HTML noch auf Jahre hin der gängige Standard bleiben. Hier ra-te ich Ihnen derzeit noch dringend von XML ab, nicht zuletzt wegen der mangelhaften Un-terstützung durch die Browser.

Trotzdem besitzt XML einige interessante Eigenschaften, die über HTML hinausgehen:

- Sie können Ihre eigenen Tags definieren.
- Sie können zu diesen Tags sogar Attribute festlegen.
- Per Regelsatz (DTD) beschreiben Sie diese Tags und Attribute exakt.
- Struktur und Layout sind streng getrennt.

Gerade wegen dieser Eigenschaften wird sich XML möglicherweise als plattformunabhängi-ges, programmübergreifendes und universelles Dokumentformat durchsetzen.

ℹ INFO XML ist, genau wie HTML, ein lizenzfreies und offenes Dateiformat. Jeder kann es nutzen, jeder kann es verstehen, jeder kann es lesen. Es besteht also keine Notwendigkeit mehr für Programmentwickler, ihre eigenen, zum Konkurrenten unkompatiblen binären Dateiformate „zu züchten".

Erstellen Sie Ihre Texte in XML! Verbinden Sie diese mit einem Layout fürs Web, mit einem anderen für den Druck. Und wenn das nicht genügt: Eine weitere Fassung könnte für die Sprachausgabe oder Multimedia-Präsentation aufbereitet werden. Die von Ihnen einmal festgelegt Struktur bleibt!

Was daran so revolutionär ist? Nun, öffnen Sie doch spaßeshalber einmal ein Word- bzw. Excel-Dokument in einem einfachen Text-Editor! Kein Mensch wird aus diesem Zeichenkauderwelsch schlau. So sieht beispielsweise ein Word 2000-Dokument aus, das den wichtigen Satz *XML ist das Dateiformat der Zukunft* enthält.

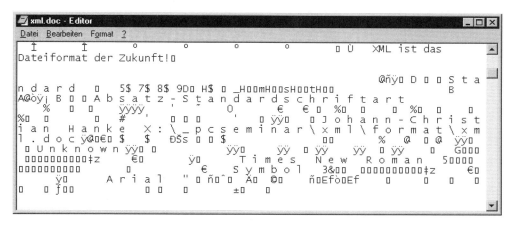

Und auch nur Word bzw. Excel (in der aktuellen Version) verstehen dieses Format. Fremdprogramme müssen die Dokumente erst über aufwendige Filter importieren. In XML definieren Sie Ihre eigenen Tags und legen ihre eigenen Regeln fest und sind nicht von den „Inkompatibilitäten" profitgieriger Softwarehersteller abhängig.

In XML würden Sie mit folgenden Zeilen völlig auskommen, klar strukturiert und für jedermann verständlich:

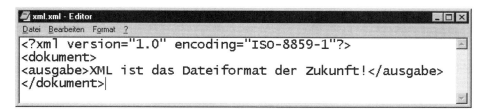

Jedes XML-fähige Programm wird die Regel auslesen und die Tags interpretieren können. Das Layout legen Sie exakt mit CSS oder XSL fest, und auch hier gibt es keine Kompromisse oder Fehldeutungen. Damit gehen die Fähigkeiten von XML weit über das hinaus, was man von einer „bloßen Weblayoutsprache" erwartet.

XML ist vor allem für Daten ideal, die von Hause aus strukturiert werden müssen: Stellen Sie Listen oder ganze Datenbanken in XML auf! Suchen Sie sich aus dieser wohlgeordneten Menge blitzschnell die gewünschten Daten aus. Sie benötigen von Ihren Produkten nur den Preis? Ermitteln Sie die Werte, die Sie beispielsweise zwischen *<preis></preis>* eingetragen haben. Das alles wird in der Zukunft sicher möglich sein!

Und noch ein Vorteil: XML ist erweiterbar, schließlich heißt es e**X**tensible **M**arkup **L**anguage, erweiterbare Auszeichnungssprache. Bauen Sie eigene Sprachen, die auf XML beruhen! Viele davon gibt es schon. MathML (**Math**ematical **M**arkup **L**anguage) ist eine Beschreibungssprache speziell zum Erstellen mathematischer Formeln. Sie wurde gerade erst vom W3C verabschiedet. SMIL (**S**ynchronized **M**ultimedia **I**ntegration **L**anguage) soll für die Einbindung von Multimedia (TV, Video) eingesetzt werden.

Auch bei diesen Sprachen handelt es sich um offene, lizenzfreie Standards, die von jedermann genutzt werden können.

 Übrigens, nur ganz nebenbei: XML ist eine Teilmenge von SGML. Hinter SGML verbirgt sich, ich hatte es am Anfang des Buchs schon erwähnt, eine in den 80er-Jahren geschaffene Dokumentbeschreibungssprache für das plattformunabhängige Sichern von Dokumenten. Für XML wurde nun alles Komplizierte an SGML weggelassen. XML ist praktisch eine „Light-Version" von SGML, optimiert in Bezug auf Verständlichkeit, Webtauglichkeit und Kompatibilität.

Wohlgeformte Dokumente

Zurück zu XML, den Regeln und der DTD. XML selbst ist vielleicht nicht so schlimm. Aber die DTD? Haben Sie darauf schon Lust? Nein? Dann habe ich eine gute Nachricht für Sie!

Sie müssen keine Dokumenttyp-Definition schreiben!

Wenn Sie die Dokumenttyp-Definition weglassen, ist ihr Dokument zwar nicht mehr gültig. Es ist aber immerhin wenigstens wohlgeformt (*well-formed*). Und so fangen wir auch an: bescheiden und wohlgeformt.

Definieren Sie Ihre eigenen Tags

Am Anfang ärgern wir uns nicht mit einer DTD herum, sondern legen sofort los mit XML. Und da Sie im Prinzip lediglich die aus XHTML bekannten Regeln beachten müssen, kann eigentlich überhaupt nichts schief gehen.

Hallo XML!

Der Texteditor ist geöffnet? Dann geht es los! Schreiben Sie einfach folgenden Code ab!

```
<?xml version="1.0" encoding="ISO-8859-1"?>
<dokument>
<frage>Hallo, ist da wer?</frage>
<ausgabe>XML ist das Dateiformat der Zukunft!</ausgabe>
</dokument>
```

Speichern Sie dieses Dokument mit der Nachsilbe *.xml*. Ich habe mich für den Namen *hallo.xml* entschieden.

 Zur Erinnerung: Wenn Sie beim Speichern im Windows-Editor eine andere Dateiendung als *.txt* erzwingen wollen, setzen Sie den gesamten Dateinamen mitsamt Nachsilbe einfach in Anführungszeichen.

Und nun verrate ich Ihnen, was sich hinter den einzelnen Zeilen verbirgt:

1. Die erste Zeile leitet ein XML-Dokument ein, das ist der so genannte Prolog. Der Prolog besteht in unserem Beispiel lediglich aus dem *<xml>*-Tag:

   ```
   <?xml version="1.0" encoding="ISO-8859-1"?>
   ```

   Die Fragezeichen am Anfang und Ende sind typisch für dieses Tag. Mit dem Attribut *version="1.0"* definieren Sie die Version von XML, derzeit 1. Und *encoding="ISO-8859-1"* bedeutet nichts weiter, als dass Sie den *Latin-1-Zeichensatz* verwenden und ohne Reue Umlaute verwenden können. (Sie könnten hier auch einen anderen Zeichensatz eintragen, beispielsweise Unicode oder Kyrillisch. Eine komplette Liste finden Sie auf der CD zum Buch.) Weiterhin gilt: Bei diesem Tag und seinen Attribut-Namen (nicht den Werten) ist Kleinschreibung Pflicht!

2. Jetzt folgt das Wurzelelement. Dafür habe ich mir den Namen *dokument* ausgedacht. Das Wurzelement ist Pflicht und leitet das Dokument ein.

   ```
   <dokument>
   ```

3. Die nächsten beiden Zeilen enthalten den eigentlichen Inhalt. Dafür sorgen im Beispiel die selbst definierten Tags *<frage></frage>* und *<ausgabe></ausgabe>*:

   ```
   <frage>Hallo, ist da wer?</frage>
   <ausgabe>XML ist das Dateiformat der Zukunft!</ausgabe>
   ```

   Bei „großen" Projekten denken Sie sich natürlich wesentlich mehr und möglicherweise auch sinnvollere Tags aus.

4. Zum Schluss wird das Wurzelelement mit *</dokument>* geschlossen.

Das Schöne: Ganz im Gegensatz zu HTML sind keine weiteren Tags nötig. Das *<xml>*-Tag vom Anfang muss nicht abgeschaltet werden! Lediglich das Wurzelelement (hier *<dokument></dokument>*) bildet die „Klammer".

Halten wir fest: Ein XML-Dokument besitzt in der Grundausstattung einen Prolog, ein „Wurzelelement" und etliche selbst definierte Tags.

Struktur im Browser betrachten

Und wie sieht's bisher im Browser aus? Betrüblich! Netscape 6 und Opera stellen das Dokument so dar:

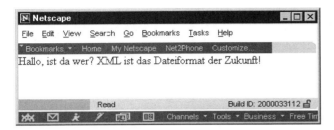

Aber das ist im Prinzip korrekt. Schließlich handelt es nur um die Struktur. Für die „endgültige Darstellung" müssen Sie Ihre XML-Datei mit einem Style Sheet verbinden. Das schauen wir uns in einem extra Kapitel an.

Der Internet Explorer ab Version 5 lässt sich immerhin zu folgender interessanter Darstellung „hinreißen":

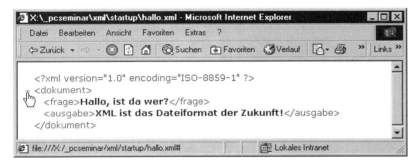

Das reine XML-Dokument wird hier sehr übersichtlich in seiner Struktur dargestellt. Tags und Attribute sind farbig hervorgehoben. Der eigentliche Inhalt ist dagegen schwarz eingefärbt.

Weiterhin lassen sich die einzelnen Äste hoch- und herunterklappen, hier ist es ein einziger Ast. Sie finden die „Klappmechanik" vor dem Wurzelelement.

Wegen dieser sehr nützlichen Eigenschaften ist der Internet Explorer 5 erste Wahl, wenn es um die Darstellung der Struktur von XML-Dokumenten geht.

Sie finden das bisherige Beispiel auch im Ordner *xml*, Unterordner *startup*. Der Name lautet *hallo.xml*.

Die Bücherliste mit Dokumenttyp-Definition

Wagen Sie sich an ein etwas sinnvolleres Beispiel. Wie wäre es mit einer Bücherdatenbank? Zuerst erstellen Sie die Struktur des Dokuments. Danach machen Sie sich Gedanken über eine DTD, also über den Regelsatz zu den Tags.

Das XML-Dokument

Eigentlich erstellt man die Dokumenttyp-Definition zuerst. Denn normalerweise gilt: Erst der Regelsatz, dann die Tags. Aus Gründen der Verständlichkeit gehen wir jedoch den umgedrehten Weg. Außerdem handelt es sich nur um ein kleines Projekt.

Schreiben Sie ruhig den Quelltext ab. Als Dateinamen schlage ich *buchliste.xml* vor.

```
<?xml version="1.0" encoding="ISO-8859-1"?>
<buchliste>
<buch>
        <titel>Das große Buch Office 2000</titel>
        <autor>Helmut Kraus</autor>
        <autor>Helmut Vonhoegen</autor>
        <verlag>DATA BECKER</verlag>
        <preis>79,95</preis>
</buch>
<buch>
        <titel>Die besten Office 2000-Geheimnisse</titel>
        <autor>Johann-Christian Hanke</autor>
        <verlag>DATA BECKER</verlag>
        <beschreibung>Verblüffende Tipps zu allen Office-Programmen</beschreibung>
        <preis>29,95</preis>
</buch>
</buchliste>
```

Die folgende Bücherliste enthält ein Wurzelelement, hier *<buchliste></buchliste>* genannt. Außerdem gibt es einen weiteren „Ast", auch als Knoten bezeichnet. Denn innerhalb der Tags *<buch></buch>* wird jeweils ein Datensatz für ein Buch aufgeführt.

Sie erkennen diesen Knoten übrigens in der Vorschau im Browser: Jede dieser Verzweigungen lässt sich auf- und zuklappen.

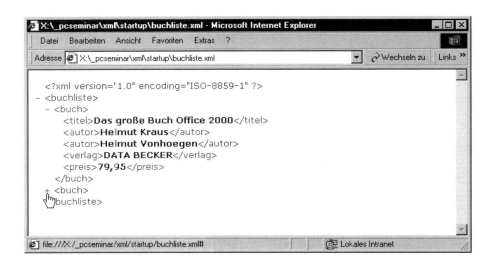

Die Dokumenttyp-Definition

Was müssen wir in der Dokumenttyp-Definition für dieses Beispiel beachten?

- Das Wurzelelement heißt *buchliste*.
- In diesem Wurzelelement stecken n Elemente (also mehrere Elemente) namens *buch*.
- Jedes Buch hat genau einen Titel (Element *titel*).
- Jedes Buch hat einen oder mehrere Autoren (*autor*).
- Jedes Buch hat einen Verlag (*verlag*).
- Die Beschreibung (*beschreibung*) gehört offensichtlich nicht zu jedem Titel, sie ist also optional.

Und aus diesen Festlegungen stricken wir jetzt die DTD! Ich zeige Ihnen zuerst das Dokument im Überblick. Die DTD ist im Beispiel ein extra Dokument mit der Nachsilbe *.dtd*. Die DTD im Beispiel wurde unter dem Namen *buch.dtd* abgespeichert.

```
<!ELEMENT buchliste (buch+)>
<!ELEMENT buch (titel,autor+,verlag,beschreibung?,preis)>
<!ELEMENT titel (#PCDATA)>
<!ELEMENT autor (#PCDATA)>
<!ELEMENT verlag (#PCDATA)>
<!ELEMENT beschreibung (#PCDATA)>
<!ELEMENT preis (#PCDATA)>
```

Und nun schauen wir uns einmal an, was sich hinter den einzelnen Zeilen verbirgt!

1. Die erste Zeile definiert das Tag *buchliste*, unser Wurzelelement. Jede Element-Definition wird durch *<!ELEMENT* ... eingeleitet. Beachten Sie die obligatorische Groß-schreibung. Das Element *buchliste* kommt nur einmal vor, deshalb setzen wir keine besonderen Auszeichnungselemente.

   <!ELEMENT buchliste (buch+)>

   Und was bedeutet die Zeichenfolge *buch+* in runden Klammern? Nun, inmitten von *<buchliste></buchliste>* befinden sich mehrere *<buch></buch>*-Paare. Und das Pluszeichen hinter einem Tag bedeutet lediglich, dass mehrere Elemente vorhanden sein dürfen. Ohne Pluszeichen dürfte *<buch></buch>* nur ein einziges Mal auftreten.

2. Das Element *buch* enthält weitere Elemente. Setzen Sie diese ebenfalls in runde Klammern. Reihen Sie die Elemente getrennt durch Kommas auf. Da das Komma nur als Trenner dient, müssen Sie danach nicht unbedingt ein Leerzeichen setzen.

   <!ELEMENT buch (titel,autor+,verlag,beschreibung?,preis)>

   Mit diesem Komma als Trenner legen Sie gleich eine strikte Reihenfolge fest! Nur in dieser Reihenfolge dürfen die Tags verwendet werden. Wenn Sie dagegen eine beliebige Reihenfolge wünschen, setzen Sie einen |.

3. Die Elemente *titel*, *verlag* und *preis* kommen innerhalb von *<buch></buch>* nur einmal vor. Deshalb erfolgt keine weitere Markierung. Bei *autor+* finden Sie dagegen wieder das Pluszeichen. Dieses besagt schließlich: Das Element muss mindestens einmal vorkommen und kann beliebig oft wiederholt werden.

4. Und wie steht's mit dem Fragezeichen hinter *beschreibung*? Das sorgt dafür, dass dieses Element optional ist. Sie können eine Beschreibung setzen, müssen es aber nicht!

5. In den nächsten Zeilen werden die Elemente der Reihe nach definiert.

   <!ELEMENT titel (#PCDATA)>

   Dazu schreiben Sie hinter *<!ELEMENT* den Namen des Tags, hier *titel*. In runden Klammern folgt danach die merkwürdige Anweisung *(#PCDATA)*. PCDATA besagt nichts weiter, als dass es sich bei diesem Element um character **data** handelt, um aus Zeichen bestehenden Daten und keine Grafiken oder Multimedia-Elemente. Das P steht für parsed, also analysiert. Insgesamt ist PCDATA die Abkürzung für **p**arsed **c**haracter **data**.

Was lernen Sie aus der Geschichte? Die Definition von Elementen (Tags) beginnt also stets mit *<!ELEMENT* und ist gar nicht so einfach.

Schlüsselwörter und Indikatoren

An der Stelle fix noch ein kleiner Überblick über wichtige Schlüsselwörter und Indikatoren für Ihre DTD. Einige davon kennen Sie ja schon.

Symbol	Erklärung	Beispiel
()	Gruppiert Untertags, enthält Attributwerte u. Schlüsselwörter.	<!ELEMENT buchliste (titel,autor+,verlag)>
,	Genaue Anordnung der Elemente in der vorgegebenen Reihenfolge.	(titel,autor,verlag)
|	Anordnung egal.	(titel|autor|verlag)
ohne	Element muss einmal vorhanden sein.	(titel,autor,verlag)
+	Element muss ein oder mehrmals vorhanden sein.	autor+
?	Element kann, muss aber nicht vorhanden sein, es ist optional, darf aber nur einmal verwendet werden.	beschreibung?
*	Element kann, muss aber nicht vorhanden sein, es kann beliebig oft verwendet werden.	stichworte*
#PCDATA	Parsed character data, Element kann beliebige Zeichenfolgen enthalten.	<!ELEMENT autor (#PCDATA)>

Verweis auf die DTD setzen

Die DTD ist fertig, herzlichen Glückwunsch. Doch wie binden Sie diese in Ihr XML-Dokument ein? Mit folgender Zeile gelingt Ihnen das im Beispiel perfekt:

    <!DOCTYPE buchliste SYSTEM "buch.dtd">

Hinter das Schlüsselwort DOCTYPE setzen Sie einen Namen. Verwenden Sie am besten den gleichen Namen wie für das Wurzelelement. Dieser Verweis auf eine Dokumenttyp-Definition wird auch als Dokumenttyp-Deklaration bezeichnet.

Hinter *SYSTEM* geben Sie in Anführungszeichen den Pfad zur DTD an. Da diese im gleichen Ordner liegt und *buch.dtd* heißt, schreiben Sie *"buch.dtd"*.

Und so sieht das komplette Dokument aus:

```
<?xml version="1.0" encoding="ISO-8859-1"?>
<!DOCTYPE buchliste SYSTEM "buch.dtd">
<buchliste>
<buch>
        <titel>Das große Buch Office 2000</titel>
        <autor>Helmut Kraus</autor>
        <autor>Helmut Vonhoegen</autor>
        <verlag>DATA BECKER</verlag>
        <preis>79,95</preis>
</buch>
<buch>
```

```
        <titel>Die besten Office 2000-Geheimnisse</titel>

        <autor>Johann-Christian Hanke</autor>

        <verlag>DATA BECKER</verlag>

        <beschreibung>Verblüffende Tipps zu allen Office-Programmen</beschreibung>

        <preis>29,95</preis>

    </buch>

    </buchliste>
```

Rufen Sie es im Internet Explorer auf!

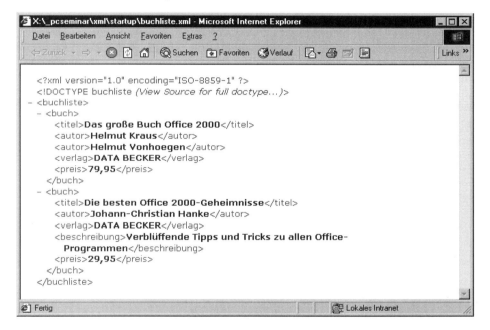

Sie haben sich irgendwo bei den Schlüsselwörtern in der DTD verschrieben? Das wird beim Parsen (analysieren, zerlegen, hier: anzeigen) mit einer Fehlermeldung quittiert. Mehr passiert jedoch nicht.

Non-validierender Parser

Dem Internet Explorer (und allen anderen derzeit XML-fähigen Browsern) ist es völlig gleich, was sie da in der DTD festgelegt haben. Egal ob Schreibung der Tags, Reihenfolge, Vorkommen – es wird schlichtweg ignoriert.

Man spricht davon, dass es sich bei diesen Programmen um non-validierende Parser handelt. Sie prüfen nicht!

Validierenden Parser verwenden

Vielleicht sagen Sie sich jetzt: Da hätte ich mir die ganze Mühe mit der DTD auch sparen können. Und im Prinzip haben Sie recht! Lassen Sie, wenn Sie wollen, die DTD einfach weg und schreiben Sie wohlgeformte Dokumente.

Doch mit XML müssen Sie in die Zukunft denken! Und künftige Programme werden sehr wohl prüfen, ob der Code korrekt ist. Sie müssen es sogar, denn die Dateneingabe (beispielsweise in einer Datenbank) wird nur dann Sinn machen, wenn Sie sich an das (selbst geschriebene) Regelwerk halten.

Programme, die den Code anhand des Regelwerks überprüfen, werden validierende Parser genannt. Doch wie finden Sie heutzutage heraus, ob Ihr Code korrekt ist? Nutzen Sie ein kleines Prüfprogramm. Das ist auch ein validierender Parser, seine einzige Aufgabe besteht jedoch darin, herauszufinden, ob sich Fehler in den Code eingeschlichen haben.

Das Programm heißt *msxml.exe* und liegt in einer einzigen Datei vor. Es wird Ihnen kostenlos von Microsoft zur Verfügung gestellt. Sie finden die *msxml.exe* im Ordner *xml*, Unterordner *parser*.

Der Haken: Es handelt sich um ein Programm, das auf DOS-Kommandozeilenebene arbeitet. Hier eine kurze Schrittfolge, die Ihnen zeigt, wie Sie mit diesem Prüfprogramm umgehen müssen.

1. Kopieren Sie die *msxml.exe* und die zu prüfenden Dateien in den gleichen Ordner. Im Beispiel ist es der Ordner *Xml* direkt unter dem Stammordner *C:*.

2. Öffnen Sie jetzt eine DOS-Box. Wählen Sie *Start/Ausführen*. Unter Windows 95/98 tippen Sie „command". In Windows 2000 dagegen „cmd". Drücken Sie (Enter).

3. Sie landen in der DOS-Box. Gehen Sie jetzt mit den entsprechenden DOS-Befehlen an die gewünschten Stelle. Tippen Sie zuerst „cd \" und (Enter). So gelangen Sie ins Stammverzeichnis. Mit „cd Ordnername" navigieren Sie zum gewünschten Ordner. Tippen Sie hier „cd xml" und (Enter).

4. Tippen Sie jetzt nach dem Muster „msxml Prüfname". Prüfname ist natürlich der Name der zu parsenden XML-Datei. Schreiben Sie im Beispiel „msxml buchliste.xml" und drücken Sie [Enter]. Wenn das Dokument fehlerfrei ist, dürfte nichts weiter passieren.

5. Ihr Dokument ist fehlerhaft, hält sich nicht an das DTD-Regelwerk? Dann wird das mit einer Fehlermeldung quittiert. Im Beispiel habe ich den Fehler provoziert, indem ich einfach das ? hinter *beschreibung* entfernte. So wird *beschreibung* zu einem obligatorischen Tag. Da das erste Buch jedoch keine Beschreibung besitzt, wird natürlich ein Fehler angezeigt!

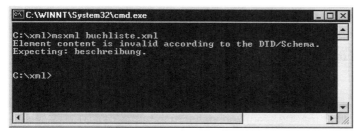

Sie wollen die DOS-Box wieder beenden? Dann tippen Sie einfach „exit" und drücken auf [Enter].

Kapitel 10

XML-Praxis: Datenbank, Hyperlinks und WML

Steigen Sie richtig ein in die XML-Praxis. Erstellen Sie eine komplexe Produktdatenbank. Planen Sie das Projekt, zeichnen Sie eine Skizze und erstellen Sie eine DTD.

Und wenn Sie das geschafft haben, zeige ich Ihnen, was mit XML sonst noch möglich sein wird: Binden Sie HTML-Dokumente in XML und XML-Code in HTML ein! Erzeugen Sie Hyperlinks mit XLink. Schauen Sie sich danach noch kurz die Grundstruktur einer WML-Datei an. Zur Erinnerung: WML ist XML für Ihr WAP-Handy.

DTD und Tags für die Produktdatenbank

Übung macht den Meister! Im folgenden Beispiel erstellen Sie eine komplexere Produktdatenbank. Zuerst planen Sie die DTD, die Regelanweisung für Ihre Tags. Danach tragen Sie einige Produkte ein. Trainieren und erweitern Sie an diesem Beispiel Ihre schon erworbenen XML-Fähigkeiten!

Die DTD planen

Die Erzeugnisse verschiedener Spielzeugfabriken sollen erfasst werden. Sie wollen den Produktnamen, die Nummer, den Hersteller und Preis festhalten. Der Hersteller wird zusätzlich in Firma und Ort zerlegt. Die Felder *name*, *nr*, *firma*, *ort* und *preis* helfen Ihnen dabei.

Weiterhin gilt: Der Preis soll sowohl in DM als auch in Euro angegeben werden. Dafür nutzen wir die Attribute *DM* und *Euro*. Der Ort des Herstellers ist außerdem nicht immer bekannt, muss also nicht zwingend vorgeschrieben sein.

Ich empfehle Ihnen, sich vorher die Hierarchien in einer Skizze zu verdeutlichen. Und so sieht die Grundstruktur der Datei bisher aus:

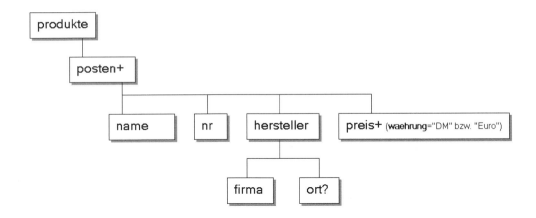

Sie können das Wurzelelement (*produkte*) und die einzelnen „Äste" bei *posten* bzw. *hersteller* in der grafischen Darstellung gut erkennen.

Zur Erinnerung: Das Pluszeichen (+) hinter einem Element besagt, dass das Element wiederholt werden kann, und zwar mindestens einmal. Eine Produktdatenbank mit einem Produkt macht nicht viel Sinn. Und auch der Preis soll ja sowohl in DM als auch in Euro angegeben werden. Das lösen wir mit Hilfe von Attributen.

Das Fragezeichen sorgt dafür, dass das Element optional ist. Der Ort kann, muss aber nicht angegeben werden.

Attribute definieren

Den Grundaufbau einer externen DTD kennen Sie schon. Doch wie binden Sie Attribute ein? Das gelingt mit folgender Syntax:

```
<!ATTLIST Tagname Attributname (Wert1|Wert2) #REQUIRED>
```

ATTLIST ist die Abkürzung für Attributliste. Dann schreiben Sie Tag und Attributnamen, durch Leerzeichen getrennt. In runden Klammern listen Sie die von Ihnen selbst zu bestimmenden Werte auf, die Anzahl ist beliebig. Diesmal verwenden Sie als Trenner nicht das Komma, sondern den senkrechten Strich. Schließlich kommt es nicht auf die Reihenfolge an.

#REQUIRED wiederum bedeutet, dass das Attribut unbedingt erforderlich ist. (Sollte es nicht erforderlich sein, setzen Sie an diese Stelle *#IMPLIED*).

Angenommen, das Tag *preis* soll das Attribut *waehrung* erhalten. Die möglichen Werte sollen *DM* und *Euro* sein. Dann schreiben Sie:

```
<!ATTLIST preis waehrung (DM|Euro) #REQUIRED>
```

Zuerst zeige ich Ihnen die komplette DTD auf einen Blick. Speichern Sie sie im gleichen Ordner wie die noch zu erstellende XML-Datei. Verwenden Sie als Namen beispielsweise *produkt.dtd*. (Die Buchbeispiele finden Sie im Unterordner *produkt*.)

```
<!ELEMENT produkte (posten+)>
<!ELEMENT posten (name,nr,hersteller,preis+)>
<!ELEMENT name (#PCDATA)>
<!ELEMENT nr (#PCDATA)>
<!ELEMENT hersteller (firma,ort?)>
<!ELEMENT firma (#PCDATA)>
<!ELEMENT ort (#PCDATA)>
<!ELEMENT preis (#PCDATA)>
<!ATTLIST preis waehrung (DM|Euro) #REQUIRED>
```

Wollen wir noch einmal schnell die Zeilen durchgehen?

1. In der ersten Zeile definieren Sie das Wurzelelement, hier *produkte* genannt. Untergliedert sind mehrere *posten*.

```
<!ELEMENT produkte (posten+)>
```

2. Die Posten enthalten die Tags *name*, *nr*, *hersteller* und *preis*. Der Preis muss mindestens zweimal vorkommen, alle anderen Tags existieren innerhalb von *posten* nur einmal. Denken Sie daran, dass durch den Komma-Trenner auch exakt die Reihenfolge festgelegt wird.

```
<!ELEMENT posten (name,nr,hersteller,preis+)>
```

3. Die nächsten beiden Tags sichern, dass die Tags beliebige Zeichen enthalten können, dafür sorgt *#PCDATA*.

```
<!ELEMENT name (#PCDATA)>
<!ELEMENT nr (#PCDATA)>
```

4. Eine Zeile tiefer wird die nächste Verschachtelungsebene festgelegt. Das Tag *<element>* wird die Tags *<firma>* und möglicherweise auch *<ort>* umschließen.

```
<!ELEMENT hersteller (firma,ort?)>
```

5. Interessant ist die Definition der Attribute für das Tag *<preis>*. Zuerst wird dem Element *#PCDATA* zugewiesen. In der nächsten Zeile erhält dieses Tag die zwingend erforderlichen Attribute *DM* und *Euro*.

```
<!ELEMENT preis (#PCDATA)>
<!ATTLIST preis waehrung (DM|Euro) #REQUIRED>
```

Das XML-Dokument

Und so sieht das mögliche XML-Dokument im Quelltext aus. Achten Sie wieder auf die zweite Zeile, hierdurch wird die externe DTD eingebunden. Der Preis muss mindestens einmal angegeben werden, vergessen Sie nicht das Attribut. Der Ort des Herstellers wurde im Beispiel einmal weggelassen. Schließlich hatten Sie das in der Regelanweisung auch gestattet.

Die Datei besitzt im Beispiel den Dateinamen *produkte.xml*.

```
<?xml version='1.0" encoding="ISO-8859-1"?>
<!DOCTYPE produkte SYSTEM "produkt.dtd">
<produkte>
<posten>
<name>Sprechpuppe</name>
<nr>32945-39</nr>
<hersteller>
<firma>Spielemüller</firma>
<ort>Lauterbauch</ort>
</hersteller>
<preis waehrung="DM">80</preis>
<preis waehrung="Euro">40</preis>
</posten>
<posten>
<name>Holz-Kasper</name>
<nr>32945-40</nr>
<hersteller>
<firma>Spielemüller</firma>
<ort>Lauterbauch</ort>
</hersteller>
<preis waehrung="DM">30</preis>
<preis waehrung="Euro">15</preis>
</posten>
<posten>
<name>Spielzeugeisenbahn</name>
<nr>32945-41</nr>
<hersteller>
<firma>Kind und Spiel</firma>
</hersteller>
<preis waehrung="DM">160</preis>
<preis waehrung="Euro">80</preis>
</posten>
</produkte>
```

Und so sieht das „ungestaltete" Dokument im Internet Explorer aus:

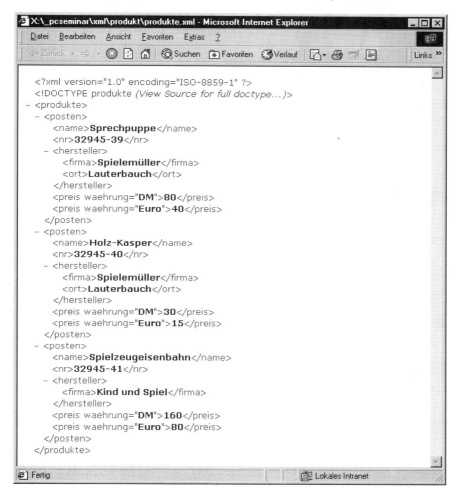

Mein Tipp: Testen Sie Ihr Ergebnis am besten auch mit dem validierenden Parser xmlns (siehe Seite 154). Sonst gehen Ihnen evtuelle Fehler „durch die Lappen". Sie finden das Dokument ebenfalls im Ordner *produkte*.

Im Kapitel zu XSL zeige ich Ihnen, wie Sie diese Produktdatenbank in einer Tabelle darstellen und nach Produktnamen sortieren.

Namensräume und Dateninseln

Sie wollen HTML-Code in XML einbinden? Oder umgedreht? Dann müssen Sie mit so genannten Namensräumen und Dateninseln arbeiten.

HTML-Datei in XML einbinden

Binden Sie eine HTML-Datei in XML ein! Wie das geht? Definieren Sie einfach einen so genannten Namensraum, ein „eigenes Zimmer" für die „artfremden Tags".

Dazu statten Sie das entsprechende Element lediglich mit dem Attribut *xmlns:html* aus. Das Schlüsselwort *xmlns* steht für XML-name space, XML-Namensraum. Hinter dem Doppelpunkt wird mit *html* der Typ des *name space* definiert. Der Wert ist ein Verweis auf die entsprechende Seite des W3C, die jedoch nicht ausgelesen wird.

```
<Tagname xmlns:html="http://www.w3.org/TR/REC-html40">
```

Nun können Sie beliebige HTML-Tags innerhalb von XML verwenden! Im folgenden Beispieldokument wurde der Namensraum gleich in das Wurzelement (*dokument*) eingebaut.

```
<?xml version="1.0" encoding="ISO-8859-1"?>
<dokument xmlns:html="http://www.w3.org/TR/REC-html40">
<html:h1>HTML in XML</html:h1>
<html:p>Das ist eine in XML eingebettete HTML-Seite.</html:p>
</dokument>
```

Das Ergebnis wird korrekt von Opera 4 oder Netscape 6 interpretiert. Hier das Anzeige-Beispiel in Opera:

Der Internet Explorer 5 lässt sich derzeit nur mit einem Trick zur Anzeige des HTML-Dokuments überlisten. Fügen Sie noch den Verweis auf eine Style Sheet-Datei ein, siehe zweite Zeile. Dieses Dokument muss dafür überhaupt nicht vorhanden sein.

```
<?xml version="1.0" encoding="ISO-8859-1"?>
<?xml:stylesheet href="irgendeinstil.css" type="text/css"?>
<dokument xmlns:html="http://www.w3.org/TR/REC-html40">
<html:h1>HTML in XML</html:h1>
<html:p>Das ist eine in XML eingebettete HTML-Seite.</html:p>
</dokument>
```

Vergleichen Sie mit der Datei *namensraum.xml* im *namensraum*-Ordner.

Mehr über die Formatierung von XML mit CSS verrate ich Ihnen einige Seiten weiter hinten.

Geht auch: XML in HTML

Klar, Sie können auch XML in HTML einsetzen. Dafür erzeugen Sie lediglich eine Dateninsel. Diese Insel beginnt mit *<xml>* und endet mit *</xml>*. Vergeben Sie noch eine selbst wählbare Kennung. Nutzen Sie dafür das Attribut *id*.

Hier ein Beispiel:

```
<html>
<head>
<title>Dateninsel in XML</title>
</head>
<h1>Ein XML-Dokument in HTML</h1>
<xml id="xmlinsel">
<posten>
        <name>Puppe</name>
        <preis>20</preis>
</posten>
</xml>
<p>Welcome back to HTML ;-)</p>
</body>
</html>
```

Sie finden das Beispiel im Ordner *dateninsel* in der Datei *insel.htm*.

Beachten Sie, dass ohne Layoutanweisung (Style Sheets) nur Netscape 6 zur Anzeige fähig ist.

Sie können auch eine externe XML-Datei als Dateninsel einbinden. Erweitern Sie das *<xml>*-Tag durch das Attrut *src*. Schreiben Sie beispielsweise *<xml id="xmlinsel" src="insel.xml"></xml>*. Damit verweisen Sie auf eine externe XML-Datei, die im Beispiel im gleichen Ordner liegt.

Hyperlinks mit XLink

Querverweise in XML? Das ist derzeit noch eine verzwickte Kiste! Sie benötigen XLink, die Sprache zum Erstellen von Hyperlinks in XML.

 Beachten Sie, dass XLink bisher kein verabschiedeter Standard ist, sondern lediglich als Entwurf vorliegt. Im Klartext: Das meiste wird nicht funktionieren, vieles kann sich noch ändern. Trotzdem verrate ich Ihnen die Grundlagen im Überblick.

Und so sieht die Syntax für einen einfachen Hyperlink aus:

```
<Tag-Name xml:link="simple" href="Adresse">Beschreibungstext</Tag-Name>
```

Der Tag-Name ist wieder frei wählbar. Als Adresse tragen Sie ein, was Sie wollen. Egal ob eine HTML-Datei, ein XML-File, eine FTP-Datei, die E-Mail-Adresse mit *mailto*: oder eine Newsgruppe. Alles ist möglich! Vergleichen Sie mit dem Kapitel zu Hyperlinks in XHTML ab Seite 61.

Damit Sie sich darunter auch mehr vorstellen können, hier zwei Links, eingekleidet in ein ganz simples, wohlgeformtes XML-Dokument. Wir verweisen auf die Webseite http://www.yahoo.com und auf eine benachbarte XML-Datei namens *hallo.xml*. Vergleichen Sie mit der Datei *hyperlink.xml* im Ordner *hyperlink*.

```
<?xml version="1.0" encoding="ISO-8859-1"?>
<link>
<verweis xml:link="simple" href="http://www.yahoo.com">Yahoo</verweis>
<verweis xml:link="simple" href="hallo.xml">Hallo</verweis>
</link>
```

Die Sache hat allerdings einen Haken: Sie funktioniert bisher in dieser Art nur im Netscape-Browser ab Version 6. Im folgenden Screenshot wird der Link gerade angeklickt, der Browser ist dabei, die Seite aufzurufen. Der Browser stellt den Link ohne Unterstreichung dar.

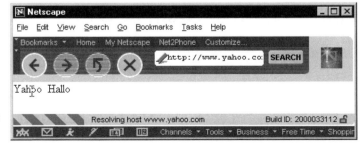

Der Internet Explorer zeigt die Hyperlinks bisher nicht an, auch Opera 4 lässt sich davon nicht beeindrucken.

Sie möchten, dass die Seite in einem neuen Browserfenster aufgerufen wird? Dann ergänzen Sie das Attribut *show* mit dem Wert *new*.

```
<?xml version="1.0" encoding="ISO-8859-1"?>
<link>
<verweis xml:link="simple" show="new" href="http://www.yahoo.com">Yahoo</verweis>
<verweis xml:link="simple" show="new" href="hallo.xml">Hallo</verweis>
</link>
```

Fehlt nur noch der Browser, der dieses Attribut interpretiert. Den gibt es bisher noch nicht!

Grundaufbau einer WML-Datei

Auf den nächsten Seiten verrate ich Ihnen die Grundlagen zu WML. Zur Erinnerung: WML ist das (derzeitige) Format zur Erstellung von Webseiten für Handys.

Diese Tags können Sie verwenden

WML ist nicht schwer. Beim WML-Format handelt es sich um XML, das mit HTML-Tags arbeitet.

Handys sind keine idealen „Surfbretter": Der Anzeigeplatz ist begrenzt, die Darstellungsfähigkeiten sind es auch. Deshalb ist auch der Tag-Vorrat limitiert und die Schriftart spielt generell keine Rolle. Folgende Tags können Sie beispielsweise verwenden:

- *<p></p>* für Absatz und *
* für einen Zeilenumbruch
- *<b></b>* für fett
- *<i></i>* für unterstrichen
- *<big></big>* für größere Schrift
- *<small></small>* für kleinere Schrift
- *<a></a>* zum Einbinden von Hyperlinks
- *<img/>* für Grafiken

Sie möchten eine Grafik einbinden? Diese muss im Format WBMP vorliegen. Binden Sie sie ein wie in eine HTML-Datei. Vergessen Sie nicht den internen Abschluss durch /, diesmal ohne „Kompatibilitäts-Leerzeichen".

```
<img src="logo.wbmp" alt="Unsere Firma"/>
```

Allerdings ist es mit den derzeit erhältlichen Grafikprogrammen noch nicht möglich, WBMP-Dateien zu erzeugen. Die Behelfslösung: Speichern Sie die Grafik im BMP-Format mit 1 Bit Farbtiefe. Nutzen Sie zum Konvertieren ein Umwandlungsprogramm. Auf www.waptiger.de/download.html können Sie Ihre Grafiken beispielsweise online konvertieren.

Beispielseite in WML

Hier zeige ich Ihnen eine Beispielseite. Das Wurzelelement muss *wml* lauten. Außerdem wird die Seite in so genannte *cards* unterteilt. Die *cards* sind Anzeigeeinheiten. Sie werden mit einer frei wählbaren *id* (Kennung) und einem *title* (Titel) versehen.

```
<?xml version='1.0"?>
<!DOCTYPE wml PUBLIC "-//WAPFORUM//DTD WML 1.1//EN" "http://www.wapforum.org/DTD/wml_1.1.xml">
<wml>
<card id="portal" title="Mein Handy-Portal">
<p align="center"><img src="logo.wbmp" alt="Unsere Firma"/></p>
<p><big>WML  st <b>nicht</b> kompliziert.</big></p>
<p align="right">Willkommen zum<br/>Handy-Portal!</p></p>
<p><a href="http://www.Firma.com">Unser Partner</a></p>
</card>
</wml>
```

ACHTUNG

Für die Betrachtung von WML-Seiten benötigen Sie natürlich ein WAP-fähiges Handy. Auf Ihrem eigenen PC gelingt Ihnen die korrekte Anzeige nur mit einem WAP-Browser wie WinWap. Surfen Sie zu www.winwap.org und laden Sie sich die kostenlose Light-Version herunter!

Und so sieht das Dokument in WinWAP aus:

Sie finden die Datei *handy.wml* und die Grafik *logo.wbmp* im Ordner *wml*.

Sie wollen mehr über WAP oder WML erfahren? Surfen Sie beispielsweise zu www.wap-forum.org. Auch die großen Handy-Hersteller liefern Informationen zum neuen Standard. Die Firma Nokia stellt Ihnen beispielsweise auf www.forum.nokia.com kostenlos das Nokia WAP-Toolkit zur Verfügung.

Füttern Sie auch eine gute Suchmaschine mit den Stichwörtern „handy", „wap" und „wml".

Kapitel 11

CSS oder XSL? Layout für XML

Verpassen Sie Ihren XML-Dokumenten den letzten Schliff! Layouten Sie Ihre Daten. Mit XML allein gelingt Ihnen das nicht, denn damit wird nur die Struktur des Dokuments festgelegt. Greifen Sie zu einer „Formatierungs-Sprache"! Zwei Möglichkeiten stehen Ihnen zur Wahl: CSS und XSL.

Die derzeit sicherste Lösung ist CSS. Dabei handelt es sich um einen längst gültigen und erprobten Standard. Wie Sie mit den Cascading Style Sheets ganz fix Ihre Daten formatieren, zeige ich Ihnen im ersten Teil des Kapitels.

Die eigentlich bessere Lösung steckt jedoch in XSL, eXtensible Style Sheet Language. Diese erweiterbare Style Sheet-Sprache ist direkt für XML gedacht. Doch wie immer gibt es auch hier einen Haken: XSL befindet sich derzeit noch im Entwurfsstadium. Es handelt sich (Stand: Sommer 2000) nicht um einen verabschiedeten Standard.

Allerdings hat Microsoft XSL listigerweise schon in einer eigenen Variante in den Internet Explorer eingebunden. Diese Sprache heißt XSLT. Im zweiten Teil des Kapitels erhalten Sie wenigstens einen ersten Einblick in XSLT. Bleibt zu hoffen, dass zwischen XSLT und dem künftigen XSL-Standard möglichst wenig Unterschiede sind.

 Ab Seite 83 finden Sie ein ausführliches Kapitel zum Thema CSS. Eine umfangreiche Übersicht über die wichtigsten Attribute und Werte der Cascading Style Sheets können Sie im im Referenzteil auf der CD zum Buch nachschlagen. Gut zu wissen: Diese Attribute und Werte finden ebenfalls in XSL Verwendung.

XML-Dokumente mit CSS gestalten

Sind Ihre Style Sheet-Kenntnisse noch frisch? Dann zeige ich Ihnen zuerst, wie einfach sich ein XML-Dokument mit CSS gestalten lässt. Auf dem Weg verrate ich Ihnen gleich noch ein paar Neuigkeiten zu CSS.

Verweis auf CSS-Datei setzen

Schnappen Sie sich als Erstes Ihre Buchliste, die Datei *buchliste.xml* aus dem ersten XML-Kapitel. Unten finden Sie zur Erinnerung schnell noch einmal den Quellcode. Wir begnügen uns in diesem Kapitel mit wohlgeformten Dokumenten und verzichten daher auf den Verweis zur DTD.

Wichtig zu wissen: Die CSS-Datei wird extern ausgelagert und mit der Endung *.css* gespeichert. Was müssen Sie in der XML-Datei also tun? Richtig, Sie setzen einen Verweis auf diese Datei. Die Syntax ist erfreulich einfach:

```
<?xml-stylesheet href="Dateiname.css" type="text/css"?>
```

Im Beispiel soll der Dateiname der CSS-Datei *buch.css* lauten. So sieht Ihr XML-Dokument bisher aus. Deutlich zu erkennen: Der Verweis auf das externe Style Sheet.

```
<?xml version="1.0" encoding="ISO-8859-1"?>
<?xml-stylesheet href="buch.css" type="text/css"?>
<buchliste>
<buch>
        <titel>Das große Buch Office 2000</titel>
        <autor>Helmut Kraus</autor>
        <autor>Helmut Vonhoegen</autor>
        <verlag>DATA BECKER</verlag>
        <preis>79,95</preis>
</buch>
<buch>
        <titel>Die besten Office 2000-Geheimnisse</titel>
        <autor>Johann-Christian Hanke</autor>
        <verlag>DATA BECKER</verlag>
        <beschreibung>Verblüffende Tipps zu allen Office-Programmen</beschreibung>
        <preis>29,95</preis>
</buch>
</buchliste>
```

So viel schon vorab: Das fertige Dokument mitsamt Style Sheet finden Sie im Ordner *css*.

Display: inline oder block?

Jetzt fehlt noch die eigentliche Style Sheet-Datei. Dabei müssen Sie nur jedem Tag die gewünschten Eigenschaften zuweisen und alles ist in Butter. Oder etwa nicht?

Fällt Ihnen im Zusammenhang mit XML etwas auf? Richtig, es fehlt die Möglichkeit, Absätze oder Zeilenumbrüche einzufügen, von Linien oder Tabellen wollen wir erst gar nicht reden. Mit CSS direkt gelingt Ihnen das leider nicht.

Aber auch in CSS gibt es einen Trick, mit dem Sie wenigstens den Umbruch steuern können! Nutzen Sie das neue Attribut *display*. Es kann folgende Werte annehmen:

- *display: block;* Passage wird als eigener Block (Absatz) dargestellt, beginnt also auf neuer Zeile.

- *display: inline;* Passage erzeugt keinen neuen Absatz, wird inline „als Zeichen" dargestellt.

Und hier finden Sie meinen Gestaltungsvorschlag für diese Buchliste. Erwartungsgemäß funktioniert es sowohl in Opera 4, in Netscape 6 und im Internet Explorer 5.x!

Diesem Ergebnis liegt folgende CSS-Datei zugrunde:

```
buchliste { font-family: Arial, Helvetica, sans-serif; }
titel { display: block; font-size: 14pt; color: blue; }
autor { display: inline; font-size: 12pt; }
verlag { display: block; font-size: 10pt; }
beschreibung { display: block; font-size: 10pt; font-style: italic; }
preis { display: block; font-size: 8pt; }
```

Speichern Sie das Dokument unter dem Namen *buch.css* im gleichen Ordner wie die XML-Datei. Schauen wir uns ganz kurz noch einmal die Bedeutung der einzelnen Zeilen an!

1. Die erste Zeile bezieht sich auf das Wurzelelement *buchliste*. Da es das übergeordnete Element ist, können Sie hier schon die Schriftart für alle untergeordneten Tags festlegen.

```
buchliste { font-family: Arial, Helvetica, sans-serif; }
```

2. Die zweite Zeile wird als Block dargestellt, Schriftgröße 14 Punkt, Schriftfarbe Blau.

`titel { display: block; font-size: 14pt; color: blue; }`

3. Der Autor oder die Autoren sollen nebeneinander stehen. Dafür schreiben Sie *display: inline* (bzw. lassen diese Angabe weg, da *inline* die Voreinstellung ist).

`autor { display: inline; font-size: 12pt; }`

4. Die übrigen Tags werden wieder als Block dargestellt. Dabei verringern Sie stets die Schriftgröße. Die Beschreibung wird mit *font-style: italic* zusätzlich kursiv angezeigt.

Wie Sie sehen, bietet CSS eine schnelle und flexible Möglichkeit, Ihre Daten zu gestalten. Nutzen Sie ruhig alle bekannten Attribute und Werte aus dem CSS-Vorrat. Schlagen Sie einfach im Referenzteil auf der CD zum Buch nach und probieren Sie!

XSL als XSLT im Internet Explorer

Wagen Sie sich nun an XSL bzw. die Microsoft-Variante XSLT! Diese Sprache greift zwar auf die aus CSS bekannten Attribute und Werte zurück. Sie verwendet jedoch einen anderen Ansatz: Zusätzlich werden die aus HTML bekannten Tags und CSS-Attribute zur Formatierung herangezogen.

 XSLT steht für e**X**tensible **S**tyle **S**heet **L**anguage **T**ransformation. Die XML-Datei wird dabei „transformiert", umgeformt. Microsoft greift dabei auf die bekannten HTML-Tags und auf Sprachelemente von CSS zurück. Das „richtige" XSL wird nicht zwingend mit HTML-Tags arbeiten. XSLT ist eine Art Kompromiss, es ist XSL, das direkt auf den Internet Explorer bzw. auf HTML-fähige Browser zugeschnitten wurde.

So können Sie einfach nur Überschriften zuweisen oder ganze Tabellen erstellen. Auch das Einfügen von Grafiken gelingt Ihnen über XSLT.

Auf den nächsten Seiten meine ich stets XSLT, wenn ich von XSL rede!

Das erste Beispiel: Hallo XSL

Gerade am Anfang ist XSL alles andere als einfach und logisch. Wir beginnen daher mit einem ganz simplen Beispiel. So viel schon vorweg: Auch die XSL-Datei wird extern ausgelagert und per Verweis in XML eingebunden. Die Syntax solch eines Verweises sieht so aus:

`<?xml-stylesheet href="Dateiname.xsl" type="text/xsl"?>`

Nutzen Sie die XML-Datei *hallo.xml*. Hier der Quelltext, der Verweis auf die externe XSL-Datei befindet sich in der zweiten Zeile.

```
<?xml version="1.0" encoding="ISO-8859-1"?>
<?xml-stylesheet href="hallo.xsl" type="text/xsl"?>
<dokument>
<frage>Hallo, ist da wer?</frage>
<ausgabe>XML ist das Dateiformat der Zukunft!</ausgabe>
</dokument>
```

Das Style Sheet sieht im Beispiel folgendermaßen aus. Der Dateiname lautet *hallo.xsl*.

```
<xsl:stylesheet xmlns:xsl="http://www.w3.org/TR/WD-xsl">
<xsl:template>
<h1>
<xsl:value-of select="dokument/frage"/>
</h1>
<h2>
<xsl:value-of select="dokument/ausgabe"/>
</h2>
</xsl:template>
</xsl:stylesheet>
```

Klären wir, was sich hinter den einzelnen Anweisungen verbirgt!

1. Die ersten beiden Zeilen sind bei einer XSL-Datei obligatorisch. Ganz wichtig: Sie müssen am Ende des Dokuments auch wieder abgeschaltet werden! Dabei handelt es sich wieder um einen Namensraum: XSL wird in eine XML-Struktur eingebunden. Das Wurzelelement ist *<xsl:template>*.

```
<xsl:stylesheet xmlns:xsl="http://www.w3.org/TR/WD-xsl">
<xsl:template>
```

2. Besonders interessant sind die nächsten drei Zeilen. Mit *<h1></h1>* legen Sie fest, dass das Tag eine Überschrift erster Ordnung werden soll. Doch welches Tag? Dieses befindet sich genau dazwischen!

```
<h1>
<xsl:value-of select="dokument/frage"/>
</h1>
```

Mit *<xsl:value-of select="dokument/frage"/>* legen Sie den Fokus auf *dokument/frage*. Hier geben Sie also den Pfad zum Element *frage* an. Sie beginnen beim übergeordneten Tag *dokument* und hangeln sich bis zu *frage* durch.

3. Ähnlich gestalten Sie das Element *ausgabe*. Dafür sorgen die Zeilen

```
<h2>
```

```
<xsl:value-of select="dokument/ausgabe"/>
</h2>
```

Auch hier wird mit *dokument/ausgabe* der Fokus auf das zu gestaltende Tag gelegt.

4. Nicht vergessen: Die beiden Tags vom Beginn der Style Sheet-Datei müssen wieder geschlossen werden.

```
</xsl:template>
</xsl:stylesheet>
```

Und so sieht das Beispiel im Browser aus:

Wenn Sie vergleichen möchten: Schauen Sie in den Ordner *xsl*, Unterordner *fall1*.

Grafik und Tabelle mit XSL

Am Anfang hatte ich davon gesprochen, dass XML mit XSL transformiert wird. So ist es praktisch auch möglich, um die XML-Struktur eine Tabelle zu legen. Oder eine Grafik einzufügen.

Ändern Sie die Style Sheet-Datei im Beispiel einfach ab:

```
<xsl:stylesheet xmlns:xsl="http://www.w3.org/TR/WD-xsl">
<xsl:template>
<table border="1">
<tr><th>
<xsl:value-of select="dokument/frage"/>
</th></tr>
<tr><td>
<xsl:value-of select="dokument/ausgabe"/>
</td></tr>
<tr><td>
<img src="klammer.gif"/>
</td></tr>
</table>
</xsl:template>
</xsl:stylesheet>
```

Sie „stricken" einfach einen Tabelle um die Elemente drum herum. In eine Zelle binden Sie die Grafik ein. Beachten Sie unbedingt die abschließenden Schrägstriche bei leeren Tags. Diese sind hier – im Gegensatz zu alten HTML-Versionen – zwingend notwendig.

Das Ergebnis finden Sie im Ordner *xsl*, Unterordner *fall2*.

Mit Inline-Styles arbeiten

Bisher sagen Sie vielleicht: Mit den HTML-Tags zu arbeiten ist keine Kunst. Doch wie gestaltet man Schriftart, -größe, -farbe usw.? Das gelingt Ihnen wieder mit den bekannten CSS-Werten und Attributen! Binden Sie diese einfach als Inline-Style ein!

Dabei können Sie vorhandene Tags „aufbohren" oder mit den „leeren Containern" *<div>* oder *<span>* arbeiten. In der folgenden XSL-Datei finden Sie eine Mischung aus beiden Möglichkeiten.

```
<xsl:stylesheet xmlns:xsl="http://www.w3.org/TR/WD-xsl">
<xsl:template>
<h1 style="font-family: Arial; font-size: 14pt; color: blue;">
<xsl:value-of select="dokument/frage"/>
</h1>
<span style="font-family: Arial; font-size: 12pt;">
<xsl:value-of select="dokument/ausgabe"/>
</span>
```

```
</xsl:template>
</xsl:stylesheet>
```

Und so sieht das Ergebnis im Browser aus.

Vergleichen Sie ruhig mit den Dateien im Ordner *xsl*, Unterordner *fall3*!

XSL professionell: Daten aufbereiten und sortieren

Alle XSL-Beispiele haben bisher einen großen Haken: Sie sind zu einfach gestrickt! Jedes Tag darf nur ein einziges Mal vorkommen. Falls es im XML-Code mehrfach auftaucht, würde es nicht mehr angezeigt.

Unternehmen Sie etwas dagegen mit *for-each*! Und wenn Sie das geschafft haben, zeige ich Ihnen fix noch, wie Sie mit XSLT Ihre Daten sortieren.

Schleife bilden mit for-each

Nehmen wir auf den nächsten Seiten sinnvolle Beispiele aus der Praxis. Schauen Sie sich zuerst wieder die Buchliste an! Hier zur Erinnerung die XML-Datei. Außerdem habe ich gleich den Verweis auf das XSL-Style Sheet eingebunden.

```
<?xml version="1.0" encoding="ISO-8859-1"?>
<?xml-stylesheet href="buch.xsl" type="text/xsl"?>
<buchliste>
<buch>
        <titel>Das große Buch Office 2000</titel>
        <autor>Helmut Kraus</autor>
        <autor>Helmut Vonhoegen</autor>
        <verlag>DATA BECKER</verlag>
```

```
        <preis>79,95</preis>
</buch>
<buch>
        <titel>Die besten Office 2000-Geheimnisse</titel>
        <autor>Johann-Christian Hanke</autor>
        <verlag>DATA BECKER</verlag>
        <beschreibung>Verblüffende Tipps zu allen Office-Programmen</beschreibung>
        <preis>29,95</preis>
</buch>
</buchliste>
```

Nun kommen jedoch die Tag-Paare *<buch></buch>* mehrfach vor. Die dort enthaltenen Elemente *titel*, *verlag*, *beschreibung* und *preis* wiederum kommen einmal oder – zumindest die Beschreibung – auch überhaupt nicht vor. Das Element *autor* kann jedoch mehrmals auftreten.

Schauen Sie sich zuerst die entsprechenden XSL-Style Sheet-Datei an. Danach verrate ich Ihnen im Detail, was hier passiert! Die interessanten Stellen habe ich wieder hervorgehoben.

```
<xsl:stylesheet xmlns:xsl="http://www.w3.org/TR/WD-xsl">
<xsl:template>
<xsl:for-each select="buchliste/buch">
<div style="font-family: Arial; font-size: 14pt;"><xsl:value-of select="titel"/></div>
<xsl:for-each select="autor">
<i><xsl:value-of select="."/></i>
</xsl:for-each>
<div><xsl:value-of select="verlag"/></div>
<i><xsl:value-of select="beschreibung"/></i>
<div><xsl:value-of select="preis"/></div>
</xsl:for-each>
</xsl:template>
</xsl:stylesheet>
```

1. Das Schlüsselwort *for-each* besagt, dass alle Elemente unter dem Pfad *buchliste/buch* betroffen sind.

```
<xsl:for-each select="buchliste/buch">
```

2. In der nächsten Zeile werden dem Element *titel* bestimmte Eigenschaften zugewiesen. Da *titel* innerhalb von *<buch></buch>* nur einmal vorkommt, verwenden Sie hier die schon bekannte Syntax.

```
<div style="font-family: Arial; font-size: 14pt;"><xsl:value-of select="titel"/></div>
```

3. Nun zum Element *autor*, dieses kann auch mehrmals vorkommen. Deshalb verwenden Sie wieder das *for-each*-Schlüsselwort.

```
<xsl:for-each select="autor">
```

4. Nun schreiben Sie *<xsl:value-of select=".."/>*. Der Punkt sorgt dafür, dass alle *autor*-Elemente davon betroffen sind. Die Formatierregel ist einfach, es handelt sich lediglich um die HTML-Anweisung für kursiv (*<i></i>*).

```
<i><xsl:value-of select="."/></i>
```

5. Vergessen Sie nicht, die *for-each*-Anweisung zu schließen.

```
</xsl:for-each>
```

6. Nun werden die letzten drei Tags auf die schon bekannte Weise „formatiert".

```
<div><xsl:value-of select="verlag"/></div>
<i><xsl:value-of select="beschreibung"/></i>
<div><xsl:value-of select="preis"/></div>
```

7. Zum Schluss schließen Sie das erste *for-each* und natürlich die Tags vom Anfang der Style Sheet-Datei.

```
</xsl:for-each>
</xsl:template>
</xsl:stylesheet>
```

Und so präsentiert sich das Ergebnis im Browser.

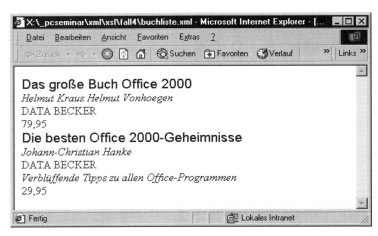

Schauen Sie in den Ordner *xsl*, Unterordner *buchliste*!

Die Produktdatenbank mit XSL gestalten

Erinnern Sie sich noch an die umfangreiche Produktdatenbank, die wir gemeinsam ab Seite 157 entwickelt haben? Layouten Sie diese Datei!

Hier noch einmal der Quelltext im Überblick. Die einzige Änderung: Es wird auf die noch zu erstellende Style Sheet-Datei *produkt.xsl* verwiesen!

```xml
<?xml version="1.0" encoding="ISO-8859-1"?>
<?xml-stylesheet href="produkt.xsl" type="text/xsl"?>
<produkte>
<posten>
        <name>Sprechpuppe</name>
        <nr>32945-39</nr>
        <hersteller>
                <firma>Spielemüller</firma>
                <ort>Lauterbauch</ort>
        </hersteller>
        <preis waehrung="DM">80</preis>
        <preis waehrung="Euro">40</preis>
</posten>
<posten>
        <name>Holz-Kasper</name>
        <nr>32945-40</nr>
        <hersteller>
                <firma>Spielemüller</firma>
                <ort>Lauterbauch</ort>
        </hersteller>
        <preis waehrung="DM">30</preis>
        <preis waehrung="Euro">15</preis>
</posten>
<posten>
        <name>Spielzeugeisenbahn</name>
        <nr>32945-41</nr>
        <hersteller>
                <firma>Kind und Spiel</firma>
        </hersteller>
        <preis waehrung="DM">160</preis>
        <preis waehrung="Euro">80</preis>
</posten>
</produkte>
```

Und so soll die Datei aussehen. Wir zwängen die Tags erstens in eine Tabelle und zweitens werden sie gleich sortiert! Und zwar nach Name des Produkts.

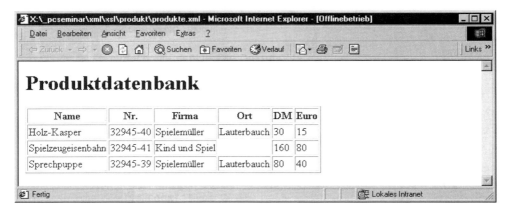

Datenbank als sortierte Liste ausgeben

Schauen Sie sich nun die komplette XSL-Datei an! Die wichtigen Tags habe ich der Verdeutlichung halber schon hervorgehoben:

```
<xsl:styleshee: xmlns:xsl="http://www.w3.org/TR/WD-xsl">
<xsl:template>
<h1>Produktdatenbank</h1>
<table border="1">
<tr><th>Name</th><th>Nr.</th><th>Firma</th><th>Ort</th><th>DM</th><th>Euro</th></tr>
<xsl:for-each select="produkte/posten" order-by="+ name">
<tr>
<td><xsl:value-of select="name"/></td>
<td><xsl:value-of select="nr"/></td>
<xsl:for-each select="hersteller">
<td><xsl:value-of select="firma"/></td>
<td><xsl:value-of select="ort"/></td>
</xsl:for-each>
<xsl:for-each select="preis">
<td><xsl:value-of select="."/></td>
</xsl:for-each>
</tr>
</xsl:for-each>
</table>
</xsl:template>
</xsl:stylesheet>
```

Und hier folgt auch schon die Erklärung:

1. Zuerst haben wir mit *<h1></h1>* eine ganz einfache HTML-Überschrift definiert, diese erscheint einmal im Dokument.

2. Danach beginnt die Tabelle. Ebenfalls schon ausgefüllt wurde die erste Zeile. Das sind praktisch die Spaltenköpfe für unsere Datenbank. Mit *<th></th>* sorgen Sie für die Hervorhebung.

<table border="1">

<tr><th>Name</th><th>Nr.</th><th>Firma</th><th>Ort</th><th>DM</th><th>Euro</th></tr>

3. Jetzt erfolgt die schon bekannte *for-each*-Anweisung. Dieses Tag wurde jedoch um *order-by="+ name"* erweitert. Damit weisen Sie XSL an, die Tags aufsteigend (Pluszeichen) nach dem Element *name* zu sortieren. Beachten Sie das Leerzeichen zwischen + und *name* und die Anführungsstriche!

4. Im weiteren Verlauf „wickeln" Sie dann lediglich Tabellenzellen (*<td></td>*) um die einzelnen Elemente. Vergessen Sie nicht, dass der Preis mehrmals auftritt.

Vergleichen Sie mit dem Ergebnis im Ordner *xsl*, Unterordner *produkt*.

Kapitel 12

Mehr Dynamik durch JavaScript

Statische (X)HTML-Dokumente ohne „Pfeffer"? Wie langweilig! Peppen Sie Ihre Webseiten auf.

Begrüßen Sie den Surfer doch einmal auf die individuelle Art. Leiten Sie Ihre Besucher automatisch auf bestimmte Seiten um. Erstellen Sie einfache Passwortabfragen. Ermitteln Sie Browsertyp und Bildschirmauflösung. Vereinfachen Sie die Navigation durch fetzige Pulldown-Menüs.

Bauen Sie eigene Browserfenster ohne störende Symbolleisten. Programmieren Sie die beliebten „dynamischen Schaltflächen". Erzeugen Sie „intelligente" Formulare, die auf Fehleingaben reagieren. „Krümeln" Sie ein wenig herum mit den so genannten „Cookies". Nutzen Sie Datum und Uhrzeit, vereinfachen Sie die Navigation in Frames. Schauen Sie sich an, welche Möglichkeiten sich hinter „DHTML" verbergen.

Alles, was Sie brauchen, sind ein paar Grundkenntnisse in der Programmiersprache JavaScript. In diesem und in den nächsten beiden Kapiteln verrate ich Ihnen das Wichtigste zu diesem Thema.

 Im Anhang auf der CD zum Buch finden Sie eine kleine JavaScript-Referenz, die Sie zum Nachschlagen nutzen können. Dort verrate ich Ihnen auch, wie Sie Ihren Code am besten auf Fehler durchsehen.

Durchstarten mit JavaScript

Sie haben noch keine Programmiererfahrung? Macht nichts! Gerade JavaScript ist für den Einstieg bestens geeignet. Und damit der Frust nicht schon am Anfang beginnt, verschone ich Sie weitgehend mit abgehobenen Erklärungen. Unser Motto lautet: Vom Beispiel zum Skript.

Und damit Sie trotzdem den Durchblick behalten, habe ich alle Skripts der nächsten 150 Seiten auf bestmögliche Verständlichkeit hin erarbeitet. Meine Meinung: Schreiben Sie lieber eine Code-Zeile mehr, wenn die Wirkungsweise des Programms dadurch klarer wird. (Die Praxis macht es Ihnen schon schwer genug: Erfahrene Programmierer erlauben sich gern die eine oder andere „Schlamperei", um den Schreibaufwand zu verringern. Für Anfänger erscheint der Code dadurch zwar als genial, ist aber schwer zu durchschauen.)

ACHTUNG Sie haben es eilig? Die in diesem und in den nächsten Kapiteln besprochenen Skripts finden Sie natürlich allesamt auf der Service-Seite zum Buch. Surfen Sie zu www.jchanke.de/x.html und laden Sie sich die Beispieldateien herunter! Sie finden die Skripts dann in den jeweiligen, nach Themen benannten Unterordnern.

Zuerst die Grundlagen: Ich verrate Ihnen, wie JavaScript-Programme aussehen, wie Sie Funktionen erstellen und in Ihre Webseiten einbauen. Mit diesem Wissen erobern Sie später auch die anderen Programmiersprachen im Sturm. Beispielsweise Visual Basic? Oder Java?

JavaScript und Java

Da wir uns gerade über Java unterhalten, sollten wir endlich ein weit verbreitetes Missverständnis aus der Welt schaffen: JavaScript ist nicht Java!

Auch wenn beide Begriffe ähnlich klingen, haben beide Programmiersprachen nur eine Gemeinsamkeit: Es sind Programmiersprachen.

JavaScript

JavaScript ist eine kleine, einfach zu erlernende „Skriptsprache". JavaScript wurde speziell für Webdokumente entwickelt, und zwar von der Firma Netscape. Der Netscape Navigator 2.0 war der erste Browser, der mit JavaScript etwas anfangen konnte. JavaScript erfreute sich nicht zuletzt durch die weite Verbreitung des Netscape-Navigators bald wachsender Beliebtheit in der Surfer-Gemeinde.

Inzwischen beherrschen die wichtigen Browser (Internet Explorer, Netscape, Opera) die Sprachelemente von JavaScript.

INFO JavaScript ist eins der vielen Beispiele, bei denen Microsoft ins Hintertreffen geriet und den Trends hinterherlief. Nach dem Erfolg von Netscape musste Microsoft JavaScript auch in den Internet Explorer einbauen, damit dieser von den Surfern akzeptiert wurde. Natürlich probierte man es in Redmond mit einer Gegenantwort namens VBScript. Da diese Skriptsprache jedoch nur vom Internet Explorer bzw. vom Betriebssystem Windows verstanden wird, fand sie zumindest im Web keine weite Verbreitung. Leider greift VBScript tief in das Betriebssystem ein und kann hier im Zweifelsfalle ernsthaften Schaden anrichten. E-Mail-Viren wie Melissa oder ILOVEYOU konnten sich nur deshalb verbreiten, weil es VBScript gibt. Dieses Gefährdungspotential besitzt JavaScript zum Glück nicht.

Wer hätte es von Microsoft anders erwartet: JavaScript wird ab dem Internet Explorer 3 in einer „Microsoft-Variante" unterstützt und als „JScript" bezeichnet. Und wie sollte es anders sein: JScript ist nicht voll kompatibel zu JavaScript.

Das hat aber auf unsere Betrachtungen wenig Einfluss: Ich zeige Ihnen nur die Skripts, die auf beiden Browserplattformen funktionieren bzw. biete Ihnen im Zweifelsfall Alternativlösungen an.

JavaScript besitzt folgende Eigenschaften:

- Das Programm wird im Klartext in das Webdokument geschrieben bzw. als normale Textdatei ausgelagert.
- Der Code ist somit von jedermann einsehbar und kann leicht kopiert werden.
- JavaScript ist nicht an ein bestimmtes Betriebssystem gebunden, ein JavaScript-fähiger Browser genügt.
- JavaScript ist relativ „leistungsschwach", man kann weder Dokumente abspeichern noch tiefergehende Eingriffe in das Betriebssystem vornehmen.
- Das Programm wird „während der Laufzeit" ausgeführt.

Dieses „während der Laufzeit ausgeführt" bedeutet nichts weiter, als dass Ihr Browser das Programm genau dann ausführt, wenn Sie eine Seite betrachten. Falls der Ersteller die Seite schlampig programmiert hat, kommt es bei Ihnen im Browser zu den berüchtigten „Skript-Fehlern". Sicher sind Ihnen die entsprechenden Dialogfenster schon über den Weg gelaufen.

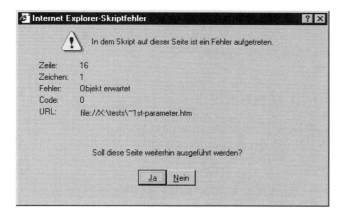

Der Internet Explorer ruft häufig auch einen so genannten „Debugger" auf den Plan, ein Programm zum „Entwanzen" des Quellcodes. Apropos debuggen – wie Sie Ihren Code auf Fehler überprüfen, verrate ich Ihnen im Anhang auf der CD zum Buch.

Java

Und Java? Das ist keine neue Kaffeesorte, sondern eine sehr komplexe Programmiersprache, mit der Sie eigenständige Anwendungen erstellen können. Entwickelt wurde Java von der Firma Sun. Sie betreiben Online-Banking über das Internet? Sie holen sich eine Zugauskunft bei Ihrem Verkehrsbetrieb, bestellen Waren bei Online-Versendern? Sie chatten via Web.de oder nutzen „coole" Online-Spiele?

Häufig wird dafür zuerst ein Java-Programm geladen. Einzige Voraussetzung: Auf Ihrem Rechner ist eine Java-Konsole (Java Virtual Machine) installiert. Aber sowohl der Netscape-Browser als auch der Internet Explorer verfügen über diese Softwarebasis.

 In Webseiten eingebundene Java-Programme werden auch als Applets bezeichnet, als „kleine Applikationen" (kleine Programme). Der Java-Bereich wird durch *<applet>* eingeleitet und durch *</applet>* wieder geschlossen.

Nicht nur im Web ist Java ein Star. Es gibt längst „gewöhnliche" Programme wie Textverarbeitung, Tabellenkalkulation oder Datenbank, die in Java programmiert wurden.

Hier die wichtigsten Eigenschaften von Java:

- Java ist eine ausgewachsene, komplexe Programmiersprache, mit der man eigenständige Anwendungen schreiben kann.
- Der Java-Code muss in einer speziellen Entwicklungsumgebung geschrieben und kompiliert (in Maschinencode übersetzt) werden.
- Java ist plattformunabhängig.
- Der Java-Code ist nicht einsehbar und kann nicht kopiert werden.
- Java-Programme werden vor der Ausführung dekompiliert und laufen dadurch relativ schnell.

Doch zurück zu JavaScript! Haben Sie noch Nerven? Dann erzähle ich Ihnen etwas darüber, was eine objektorientierte Programmiersprache ausmacht.

Objekte, Eigenschaften und Methoden

JavaScript ist (wie übrigens auch Java) eine „objektorientierte" Programmiersprache. Alle modernen Programmiersprachen, die auf grafischen Benutzeroberflächen beruhen, sind objektorientiert.

Was verbirgt sich dahinter? Nun, Sie haben es mit den „berühmt-berüchtigten" Objekten zu tun.

Objekte

Ein Objekt ist ein Ding, eine Sache. Im realen Leben ist ein Hund ein Objekt, das Buch oder eine Straßenbahn.

In JavaScript sind es dagegen die einzelnen Bestandteile des Browserfensters. Das wichtigste Objekt ist das Browserfenster selbst (*window*), das so genannte *window*-Objekt. Formulare wiederum werden über das *form*-Objekt definiert und der Browsertyp wird mit *navigator* angesprochen. Allein in JavaScript gibt es eine Vielzahl von Objekten. Diese stehen in Abhängigkeit zueinander.

Die Übersicht zeigt Ihnen die wichtigsten Objekte in JavaScript und ihre hierarchische Anordnung.

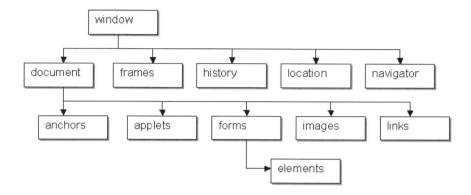

Dabei kann ein Objekt durchaus auch zur Eigenschaft eines übergeordneten Objekts werden. Zur Eigenschaft? Da sind wir schon beim nächsten Thema!

Eigenschaften

Ein Objekt besitzt Eigenschaften. Der Hund hat eine bestimmte Farbe, das Buch einen Umschlag und die Straßenbahn Räder.

Das Browserfenster (*window*) kann verschiedene Dokumente anzeigen. So enthält es beispielsweise das Objekt Dokument (*document*) oder eine bestimmte Adresse (*location*). Möglicherweise ist es auch in Rahmen (*frames*) eingeteilt.

Für diese hierarchische Beziehung hat sich folgende „Punktnotation" eingebürgert:
Hund.Farbe, window.document oder *window.location*.

Sie haben einen braunen Hund und wollen diese Farbe zuweisen? Dann schreiben Sie:
Hund.Farbe="braun". Das im Browserfenster anzuzeigende Dokument ist unter der Adresse
(*location*) *links.htm* zu finden? Die Anweisung: *window.location="links.htm"*. bringt Sie dort
hin. Die Hintergrundfarbe eines Dokuments soll auf Rot gesetzt werden? Voilà, mit *document.bgColor="red"* sind Sie schon am Ziel Ihrer Wünsche angelangt.

Mit der Eigenschaft wird das Objekt näher bestimmt. Ein Objekt kann mehrere Eigenschaften besitzen. Wie schon erwähnt: Untergeordnete Objekte treten häufig als Eigenschaft eines übergeordneten Objekts auf.

Aller guten Dinge sind drei und so gibt es schließlich noch die Methode. (Damit die Verwirrung bei uns vollends zur „Methode" wird.)

Methoden

Methoden sind schließlich die eigentlichen Aktionen. Der Hund bellt, das Buch nervt, die Straßenbahn rollt, das Dokument wird geschrieben (Methode *write*) oder das Fenster geöffnet (Methode *open*). In unserer Punktnotation sind das so aus:

Hund.bellen(), *Buch.nerven()*, *Straßenbahn.rollen()*, *window.alert()*, *window.open()*

Sie erkennen Methoden an den runden Klammern. Sie wollen ein neues Fenster öffnen? Das gelingt Ihnen mit *window.open()*. Mit der *close()*-Methode des *window*-Objekts schließen Sie das Fenster wieder.

In den runden Klammern legen Sie in einigen Fällen fest, was genau geschieht. Tippen Sie beispielsweise *window.document.write("Hallo, das sind Sie ja")* und schon gibt JavaScript diesen Text im Browserfenster aus. Mit *setTimeout("Funktion",4000)* würden Sie eine Funktion erst nach vier Sekunden aufrufen.

 Wichtig ist, dass Sie sich an diese Punktnotation gewöhnen. Diese beginnt stets beim übergeordneten Objekt und führt zu untergeordneten Objekten bzw. Eigenschaften. In vielen Fällen steht am Schluss der Auflistung die entsprechende Methode. Manchmal gibt es auch eine Kurzschreibweise. So kann *window.document.write()* auch als *document.write()* geschrieben werden. Statt *window.alert()* nehmen Sie besser die Kurzform *alert()*.

Hier noch ein Tipp, wie Sie sich den Unterschied zwischen Objekten, Eigenschaften und vor allem Methoden besser merken: Stellen Sie sich Objekte und Eigenschaften einfach als Hauptwörter vor, als Substantive. Die eigentlichen Methoden (die Aktionen) sind dagegen Verben.

Hallo Welt – Das erste Programm

Auf los geht's los. Und zwar mit dem berühmten „Hallo-Welt-Skript". Das ist eine hübsche Tradition unter Programmierern, mit der wir auch an dieser Stelle nicht brechen wollen.

 Sie können zum Einfügen des Skripts jeden beliebigen Text-Editor verwenden. Besonders einfach wird die Arbeit durch einen Quelltext-Editor wie 1st Page oder Homesite. Schon die einfache Freewareedition Homesite 1.2 besitzt im Register *Advanced* eine Schaltfläche namens *Script*. Durch einen Klick hierauf wird das gesamte Grundgerüst für das Skript schon eingefügt. Wählen Sie bei *Language* lediglich *JavaScript* aus und klicken Sie auf *OK*.

Wie auch in XHTML werden die JavaScript-Anweisungen in der Regel durchweg klein geschrieben. Einige Schlüsselwörter machen jedoch eine Ausnahme (*bgColor*, *charAt()* usw.). Sie müssen generell so geschrieben werden wie angegeben.

Und noch ein Hinweis: Zwar wurde JavaScript in Anfängen schon im Netscape Navigator 2 und Internet Explorer 3 eingebunden. Etliche der auf den nächsten 150 Seiten vorgestellten Skripts funktionieren allerdings erst dann korrekt, wenn Sie mindestens einen Browser der Vierer-Generation verwenden. Das gilt vor allem für die „komplexeren Programme". Falls einige der komplexere Programme wider Erwarten in älteren Browsern funktionieren, mache ich Sie gesondert darauf aufmerksam.

Doch jetzt zum Einbinden des Skripts. Ich zeige Ihnen die Vorgehensweise zuerst anhand eines HTML-Dokuments.

1. Tippen Sie das Grundgerüst für Ihr HTML-Dokument. Im Beispiel verwende ich ein einfaches HTML-Dokument. Das Skript wird zweckmäßigerweise in den Kopfbereich gesetzt, und zwar zwischen *</title>* und *</head>*. Zwar kann ein Skript auch an andere Stellen gesetzt werden. Diese Position hat sich jedoch eingebürgert.

```
<html>
   <head>
       <title>Mein erstes Skript</title>
           ◄────── Platz für das Skript
   </head>

   <body bgcolor="white">
      <h1>JavaScript macht Spa&szlig;!</h1>
   </body>
</html>
```

2. Tippen Sie nun die Skript-Tags:

```
<script language="JavaScript" type="text/javascript">
</script>
```

Lassen Sie dazwischen etwas Platz.

3. Damit ältere Browser nicht verwirrt werden, setzt man das Skript außerdem in Kommentarzeichen (*<!-- //-->*). Insgesamt sieht der Code nun so aus:

```
<script language="JavaScript" type="text/javascript">
<!--
//-->
</script>
```

4. Zwischen die Kommentarzeichen tippen Sie die eigentliche Skript-Anweisung. Wir erzeugen eine schicke kleine Dialogbox, die den Text *Hallo Welt* ausgibt. Dazu benötigen Sie lediglich das Schlüsselwort *alert()*. Diese Zeile sieht so aus:

```
alert("Hallo Welt!");
```

Und hier das komplette Dokument in einem Quelltext-Editor. Beachten Sie die automatische Syntax-Hervorhebung.

```
<html>
  <head>
     <title>Mein erstes Skript</title>
<script type="text/javascript" language="JavaScript">
<!--
     alert("Hallo Welt!");
//-->
</script>
  </head>

  <body bgcolor="white">
    <h1>JavaScript macht Spa&szlig;!</h1>
  </body>
</html>
```

5. Und nun? Nun können Sie das Dokument speichern und das Skript gleich einmal ausprobieren. Rufen Sie das Dokument auf: Ihr Skript zaubert eine fesche kleine Dialogbox auf den Schirm, die den Text *Hallo Welt!* ausgibt. Ist das nicht wundervoll?

Schauen wir uns fix noch an, was die einzelnen Elemente unserer Codezeile *alert("Hallo Welt!");* bedeuten!

Bei *alert()* handelt es sich um eine Methode, gut zu erkennen an den runden Klammern. Es ist die Kurzform von *window.alert()*. Diese Methode gibt in unserem Fall einen Textstring aus. Textstring? Klar, Strings (die „Textschnüre") werden grundsätzlich in Gänsefüßchen gesetzt.

Und das Semikolon? Das dient zum Abschließen einer Zeile. In JavaScript werden Codezeilen durch ein Semikolon (;) abgeschlossen.

 Codezeilen werden in der Regel durch ein Semikolon abgeschlossen. Wie bei jeder Regel gibt es Ausnahmen: Wenn durch das Schlüsselwort *function* eine Funktion definiert wird, müssen Sie auf das Semikolon verzichten. Auch beispielsweise nach *if, else, while* usw. ist kein Semikolon zulässig.

Hier noch einmal das komplette Dokument im Überblick:

    <html>

    <head>

    <title>Mein erstes Skript</title>

```
<script language="JavaScript" type="text/javascript">
<!--
alert("Hallo Welt!");
//-->
</script>
</head>
<body bgcolor="white">
<h1>JavaScript macht Spa&szlig;!</h1>
</body>
</html>
```

Das fertige Skript finden Sie auch unter dem Namen *hallowelt.htm* im Ordner *startup*.

ACHTUNG Sie wundern sich, weil Ihr Editor partout das Attribut *type="text/javascript"* weglässt? Auch in anderen JavaScript-Büchern suchen Sie dieses Attribut vergeblich im *<script>*-Tag? Diese Angabe war bisher fakultativ. Sie können Sie gern weglassen, das Skript funktioniert auch ohne! (Es würde sogar funktionieren, wenn Sie *language="JavaScript"* weglassen würden.) Doch wir bemühen uns weitestgehend um korrektes (X)HTML: Der auf Seite 28 vorgestellte HTML-Syntax-Checker von Dave Ragget kreidet Ihnen das als Fehler an und fügt *type="text/javascript"* nachträglich in das *<script>*-Tag ein.

Mit Kommentaren arbeiten

Hier noch ein Tipp: Arbeiten Sie ruhig viel mit Kommentaren! Vergleichen Sie mit Style Sheets. Auch in JavaScript werden Kommentartexte in /* ... */ eingehüllt. Schreiben Sie für sich auf, was eine bestimmte Codezeile macht. Damit Sie sich auch nach Wochen noch in Ihren tollen Programmen zurechtfinden.

```
<script language="JavaScript" type="text/javascript">
<!--
/* Die folgende Zeile definiert eine Dialogbox */
    alert("Hallo Welt!");
//-->
</script>
```

Es gibt noch eine weitere Möglichkeit, in JavaScript Kommentare einzubinden. Beginnen Sie den Kommentar mit einem doppelten Slash (//).

```
// Auch das kann ein Kommentar sein
```

Diese Beispielkommentare befinden sich im Ordner *startup* unter den Namen *kommentar1.htm* bzw. *kommentar2.htm*. Laut W3C soll dieser doppelte Slash demnächst nicht mehr gültig sein.

Empfehlung des W3C

Da wir uns gerade über Empfehlungen unterhalten. Das W3C (World Wide Web Consortium) empfiehlt, Skripts auf folgende Art in XHTML einzubinden.

```
<script>
<![CDATA[
... hier steht das Skript ...
]]>
</script>
```

Für JavaScript müssten Sie das einleitende *<script>*-Tag natürlich so schreiben:

```
<script language="JavaScript" type="text/javascript">
```

Damit soll vermieden werden, dass der Browser von Sonderzeichen wie & oder < verwirrt wird und diese als X(HT)ML-Anweisungen ansieht.

Aber auch hier schließen wir wieder einen Kompromiss. Ich zeige Ihnen die Skripts weiter in der allgemein üblichen „herkömmlichen Schreibweise". Außerdem wird bei der von uns gewählten Variante sowohl auf gängige als auch auf ältere Browser Rücksicht genommen. Den „reinen" XHTML-Browser gibt es noch nicht.

Die bessere Variante wäre, Skripts extern auszulagern. Wie das geht, zeige ich Ihnen ab Seite 207.

JavaScript und XML/XSL

Sie wollen JavaScript in Ihre XML-Dokumente einbauen? Dafür benötigen Sie die Formatiersprache für XML-Dokumente, und zwar XSL. Hier gelingt Ihnen das Ganze über das *<xsl:script>*-Tag.

ACHTUNG

Wie schon erwähnt: Der Internet Explorer ab Version 5 ist bisher der einzige Browser, der XSL unterstützt. Aus diesem Grunde können Ihre Skripts im Netscape-Browser nicht ausgeführt werden. Erst der für Ende 2000 angekündigte neue Netscape-Navigator 6 wird XSL beherrschen.

Und so binden Sie ein-Skript in XSL ein. Ich zeige Ihnen den kompletten Anfang eines XSL-Dokuments.

```
<xsl:stylesheet xmlns:xsl="http://www.w3.org/TR/WD-xsl">
<xsl:template>
<xsl:script language="JavaScript">
    hier steht der Skript-Code
</xsl:script>
```

XSL ist bisher aber nicht mehr als ein Entwurf, der noch nicht offiziell in Kraft getreten ist. In der Praxis wird XSL noch nicht verwendet. Im weiteren Verlauf bleiben wir aus den oben genannten Gründen weiterhin beim guten alten HTML- bzw. XHTML-Code. Denn was nützen die besten Skripts, wenn sie nicht funktionieren?

ACHTUNG

Auch wenn es sich um völlig korrektes JavaScript handelt: In XSL ist es weiterhin nicht möglich, *alert()*-, *confirm()* oder *prompt()*-Boxen auszugeben. Das würde vom Internet Explorer mit einer Fehlermeldung quittiert.

JavaScript in Funktionen einbinden

Unser Beispielskript hat einen entscheidenden Schönheitsfehler. Es wird immer dann aufgerufen, wenn Sie die Seite laden. Es wäre viel praktischer, wenn man dieses Verhalten irgendwie beeinflussen könnte.

Man müsste das Skript erst nach Klick auf einen Schalter aufrufen können! Oder beim Darüberfahren mit der Maus über einen Link. Man müsste? Man kann! Die so genannten Event-Handler helfen Ihnen dabei.

Doch bevor es so weit ist, müssen Sie Ihr Skript in eine Funktion einbauen.

Skript in eine Funktion einbauen

Jetzt zeige ich Ihnen, wie Sie Ihr Hallo-Welt-Skript in eine Funktion einbauen. Die Funktion soll im Beispiel *hallo* genannt werden.

1. Schreiben Sie zuerst das Schlüsselwort *function*. Tippen Sie dahinter ein Leerzeichen. Schreiben Sie nun den Namen, den Sie sich für Ihre Funktion ausgedacht haben, im Beispiel *hallo*. Setzen Sie anschließend – ohne Leerzeichen dazwischen – ein paar runde Klammern ().

   ```
   function hallo()
   ```

2. Tippen Sie jetzt wieder ein Leerzeichen und setzen Sie eine öffnende geschweifte Klammer {. Merken Sie sich bitte: Geschweifte Klammern benötigen Sie immer dann, wenn Sie Ausdrücke zu einem so genannten Block zusammenfassen möchten. Diese Blöcke werden vom Browser „im Block" abgearbeitet.

   ```
   function hallo() {
   ```

3. In die nächste Zeile setzen Sie den eigentlichen Skript-Code. Schließen Sie den Block ab, indem Sie die darunter liegende Zeile mit einer geschweiften Klammer versehen. Der komplette Quelltext sieht jetzt so aus:

```
<script language="JavaScript" type="text/javascript">
<!--
function hallo() {
alert("Hallo Welt!");
}
//-->
</script>
```

Sie finden das Beispielskript auch unter dem Namen *function.htm* im *startup*-Ordner.

 Sie können für Funktionen beliebige Namen vergeben und diese sogar mit Zahlen oder dem Unterstrich (_) kombinieren. So sind auch *hallo_welt* oder *hallowelt* oder selbst *hallo2000* erlaubte Namen. Verzichten Sie aber auf Umlaute und Sonderzeichen wie %, &, ?, @ <, >, usw. Beachten Sie außerdem, dass Groß- und Kleinschreibung unterschieden werden. Bei *Hallo()* und *hallo()* handelt es sich also um unterschiedliche Funktionen. Bestimmte für JavaScript reservierte Schlüsselwörter (*while, if, break, else, function, return, true, this, var, while usw.*) dürfen Sie nicht als Funktionsnamen verwenden.

Und wenn Sie das Dokument jetzt speichern und aufrufen? Dann passiert ... erst einmal überhaupt nichts! Doch dazu gibt es schließlich die Event-Handler.

Funktionen durch Event-Handler aufrufen

Event-Handler? Das ist eine ganz großartige Sache! „Handeln" Sie bestimmte „Events". Reagieren Sie auf Ereignisse. Was ein Ereignis ist? Nein, nicht Onkel Herberts 80. Geburtstag, das ist möglicherweise ein Familiendrama.

Als „Ereignisse" gelten in JavaScript beispielsweise das Anklicken einer Taste (*onClick*), das Führen des Mauszeigers über eine Grafik (*onMouseover*) oder das Laden eines Dokuments (*onLoad*).

Die folgende Tabelle vermittelt Ihnen einen guten Überblick über die wichtigsten Event-Handler in JavaScript.

Event-Handler	Ereignis, auf das reagiert wird
onLoad	Laden eines Objekts (z. B. Grafik, Seite)
onAbort	Abbruch des Ladens einer Seite
onClick	Anklicken eines Objekts (z. B. Schaltfläche)
onDblclick	Doppelklick auf ein Objekt
onMouseover	Cursor bewegt sich über ein Objekt (Grafik)
onMouseout	Cursor bewegt sich vom Objekt weg
onFocus	Objekt wird zum aktiven Objekt

Event-Handler	Ereignis, auf das reagiert wird
onChange	Objekt (Formularinhalt) wird geändert
onSelect	Objekt (Text) wird ausgewählt (markiert)
onBlur	Objekt wird verlassen
onSubmit	Formularinhalt wird abgeschickt
onUnLoad	Anwender verlässt das Fenster
onError	Skriptfehler

Allerdings reagieren die verschiedenen Event-Handler bei den verschiedenen Browsern ganz unterschiedlich.

OnClick – Funktion starten durch einen Klick auf eine Schaltfläche

Sie möchten die Funktion durch einen Klick auf eine Schaltfläche starten? Bitte sehr! Schreiben Sie einfach:

```
<form>
<input type="button" value="Bitte anklicken!" onClick="hallo()" />
</form>
```

Die *<form></form>*-Tags sind deshalb nötig, weil Steuerelemente wie Schaltflächen, Listen-felder usw. in HTML stets als Formular gekennzeichnet werden müssen.

Sie finden den Quelltext dieses und der nächsten Dokumente im Ordner *event*. Das erste Beispiel heißt *onclick.htm*.

OnMouseover – Funktion starten durch Überstreichen

Sie wollen eine Überschrift oder eine Grafik „empfindlich" machen? Im Internet Explorer ab Version 4 ist alles ganz einfach. Sie tippen lediglich *onMouseover="Funktionsname()"* als Attribut in das entsprechende Tag, fertig ist der Siegellack.

Eine Grafik können Sie auf diese Weise „sensibilisieren":

```
<p><img src="einstein.gif" onMouseover="hallo()" /></p>
```

Selbst eine Überschrift lässt sich im Internet Explorer ab Version 4 „scharfmachen":

```
<h1 onMouseover="hallo()">Ich bin empfindlich</h1>
```

In der Datei *onmouseover1.htm* können Sie beides begutachten.

Zurück zur Grafik, hier macht ein *onMouseover*-Effekt am meisten Sinn. Doch wie lösen Sie das Problem im Netscape-Browser? Mit einem Trick! Binden Sie die Grafik in einen Hyper-link ein. Dieser muss nicht unbedingt auf eine bestimmte Seite führen, da zuerst der *on-Mouseover*-Event-Handler „anspringt".

```
<a href="dummy.htm" onMouseover="hallo()"><img src="einstein.gif" border="0" /></a>
```

Und warum *border="0"*? Damit die Grafik keinen blauen „Hyperlink-Rahmen" erhält!

Die „allbrowsertaugliche" Variante (auch für Internet Explorer 3 und Netscape-Navigator 2) finden Sie in der Datei *onmouseover2.htm*.

OnLoad – Funktion starten bei Laden des Dokuments

Natürlich können Sie die Funktion auch wie gewohnt beim Laden des Dokuments starten. Ergänzen Sie das *<body>*-Tag lediglich um *onLoad="hallo()"*.

```
<body onLoad="hallo()">
```

Oder Sie rufen die Funktion bei Verlassen der Seite auf. Dazu verwenden Sie den Event-Handler *onUnLoad*.

```
<body onUnLoad="hallo()">
```

Übrigens: Mit *onUnLoad* ist nicht nur das Verlassen der Seite, sondern natürlich auch das Schließen des Browserfensters gemeint.

Sie finden diese beiden Event-Handler in den Dokumenten *onload.htm* bzw. *onunload.htm*.

Funktions-Hyperlink

Sie können eine Funktion aber auch schlicht und einfach über einen Hyperlink aufrufen. Schreiben Sie beispielsweise:

```
Bitte klicken Sie <a href="javascript:hallo()">hier</a>!
```

Vergleichen Sie ruhig mit der Datei *hyperfunk.htm*.

Farbwechsler: Mehrere Funktionen kombinieren

Natürlich können Sie in JavaScript auch mehrere Funktionen in ein Skript schreiben. Sie wollen dem Surfer überlassen, welche Hintergrundfarbe er wählt? Dann benötigen Sie das *document*-Objekt, hier speziell die Eigenschaft *bgColor* (Hintergrundfarbe). Die Anweisung lautet:

```
document.bgColor="Farbname"
```

Im Beispiel soll der Surfer zwischen Rot (*red*), Gelb (*yellow*), und Grau (*silver*) wählen können. Und so erstellen Sie eine kleine Auswahl:

1. Definieren Sie im Skript zuerst drei Funktionen, die Sie beispielsweise *red*, *yellow* und *silver* nennen:

```
<script language="JavaScript" type="text/javascript">
<!--
function red() {
document.bgColor="red";
}
function yellow() {
document.bgColor="yellow";
}
function silver() {
document.bgColor="silver";
}
//-->
</script>
```

2. Bauen Sie jetzt in den Body drei Schaltflächen ein. Diese sollen die entsprechenden Funktionen aufrufen. Beispielsweise so:

```
<form>
<input type="button" value="rot" onClick="red()" />
<input type="button" value="gelb" onClick="yellow()" />
```

```
<input type="button" value="grau" onClick="silver()" />
</form>
```

3. Speichern Sie Ihr Dokument und probieren Sie es gleich einmal aus!

Bitte beachten Sie, dass Sie die Eigenschaft *bgColor* unbedingt in dieser Schreibweise verwenden müssen. Wenn Sie das C klein schreiben, funktioniert es nicht.

Das Ergebnis finden Sie in der Datei *hintergrund.htm*, dieses Skript gilt ab Netscape 2 und Internet Explorer 3.

Umleitung, Passwort, Browserabfrage

Wie wäre es mit ein paar sinnvollen Beispielen? Dabei verrate ich Ihnen Schritt für Schritt weitere Möglichkeiten einer Programmiersprache. Fangen wir mit einfachen Hyperlinks an. Schauen wir dann auf das *history*-Objekt und wagen wir uns an die Umleitung des Surfers!

Auch Passwortschutz und Browserabfrage werden sicherlich auf Ihr Interesse stoßen. Die Umleitungsskripts funktionieren mit allen JavaScript-fähigen Browsern. Also, los geht's!

Hyperlinks mit JavaScript

Für unsere Zwecke ist wieder das *window*-Objekt interessant, diesmal jedoch die schon erwähnte Eigenschaft *location*. Sie möchten Surfer auf eine bestimmte Seite umleiten? Das gelingt mit *window.location="URL"*.

Wenn es zu DATA BECKER gehen soll, schreiben Sie:

```
window.location="http://www.databecker.de"
```

Hyperlink als Inline-Skript

Und jetzt kommt die erste spannende Sache. Bei kleinen Skripts ist es nicht erforderlich, eine Funktion zu definieren. Auch die *<script></script>*-Tags benötigen Sie nicht. Man redet dabei auch von Inline-Skripts. Aber Sie sollen ja nicht reden, sondern tippen.

Tippen Sie den Code also dort hin, wo er hingehört. Sie möchten einen Button erstellen, der den Surfer zur Homepage von DATA BECKER weiterleitet? Und vielleicht noch einen weiteren Schalter, der auf eine andere Zieladresse verweist? Dann schreiben Sie in den Body Ihres Dokuments beispielsweise:

```
<form>
<input type="button" value="Zum Verlag" onClick="window.location='http://www.databecker.de'" />
<input type="button" value="Zum Buchautor" onClick="window.location='http://www.jchanke.de'" />
</form>
```

Beachten Sie bitte, dass der Code für eine Schaltfläche jeweils eine ganze Zeile ausfüllen muss! Vergessen Sie außerdem nicht die *<form>*-Tags.

 Schauen Sie sich bitte die Notation der Gänsefüßchen hinter dem Event-Handler *onClick* an: Zuerst gilt, dass Sie in JavaScript (im Gegensatz zu HTML 4) keinesfalls auf diese Gänsefüßchen verzichten dürfen. Diese strengen Gesetze kennen Sie ja schon von XHTML. Aber weiterhin gilt die Regel: Werden zwei Anweisungen mit Gänsefüßchen ineinander verschachtelt, muss die innere Anweisung statt der Gänsefüßchen in Apostrophe (') gesetzt werden! Hier ist es die Ziel-Adresse, die URL http://www.databecker.de! Vergessen Sie nicht die äußeren Gänsefüßchen.

Und so sieht das Ergebnis im Browserfenster aus. Schauen Sie in den Ordner *window*. Sie können gern mit der Datei *linkbutton.htm* vergleichen.

Zugegeben, das Beispiel hat mit automatischer Umleitung noch nicht viel zu tun. Aber wir nähern uns langsam dem Ziel!

 In manchen Fällen ist *window.location* nicht flexibel genug. Sie möchten den Link in einem neuen Browserfenster öffnen? Dann entscheiden Sie sich für die *window.open()*-Methode. Tippen Sie beispielsweise *window.open("http://www.jchanke.de")*. Ein komplettes Inline-Skript sieht im Beispiel so aus: *<input type= "button" value="Zu DATA BECKER" onClick="window.open('http://www.databecker.de')">*. Vergleichen Sie ruhig mit der Datei *newbutton.htm*.

Das history-Objekt

Kennen Sie schon das *history*-Objekt? Bieten Sie dem Surfer die Möglichkeit, vor und zurück zu navigieren. Die entsprechenden Methoden heißen *back()* (zurück) und *forward()*

(vorwärts). Außerdem gibt es noch die Eigenschaft *length*, die wir im Beispiel jedoch nicht benötigen.

Verwenden Sie die Angaben beispielsweise wieder als Inline-Skript. Sie wollen jeweils einen Link zurück und vorwärts anbieten? Das sieht so aus:

```
<a href="javascript:history.back()">zur&uuml;ck</a>
<a href="javascript:history.forward()">vorw&auml;rts</a>
```

Im Dokument *history.htm* im *window*-Ordner finden Sie ein Beispiel dafür.

Surfer auf andere Seiten umleiten

Kommen wir nun zur Umleitung. Ich zeige Ihnen die einfache Umleitung, die zeitgesteuerte Umleitung und eine Methode, die ganz und gar auf JavaScript verzichtet.

Die einfache Umleitung

Bei der automatischen Umleitung helfen Ihnen Inline-Skripts nicht weiter. Dafür aber die schon bekannten Funktionen und Event-Handler. Haben Sie eine Idee, wie Sie vorgehen?

1. Richtig, zuerst erstellen Sie eine simple Funktion, die auf die Zieladresse verweist.

```
<script language="JavaScript" type="text/javascript">
<!--
function umleitung() {
window.location="neueseite.htm";
}
//-->
</script>
```

2. Setzen Sie dann den Event-Handler *onLoad* in den Body. Schreiben Sie:

```
<body bgcolor="white" onLoad="umleitung()">
```

Statt *neueseite.htm* können Sie natürlich auch wieder eine externe Webseite angeben, beispielsweise http://www.meineFirma.de.

3. Trotzdem sollten Sie dem Surfer auch in der Seite noch einen Link anbieten. Schreiben Sie beispielsweise in den Body:

```
<p>Wenn Sie nicht automatisch weitergeleitet werden, klicken Sie bitte auf <a href="neueseite.htm">Neue
Seite</a>.</p>
```

Probieren Sie die Seite aus! Sie werden sofort an die neue Stelle weitergeleitet! Hier der komplette Quelltext:

```
<html>
<head>
<title>Eine Umleitung</title>
</head>
<script language="JavaScript" type="text/javascript">
<!--
function umleitung() {
window.location="neueseite.htm";
}
//-->
</script>
<body bgcolor="white" onLoad="umleitung()">
<p>Wenn Sie nicht automatisch weitergeleitet werden, klicken Sie bitte auf <a href="neueseite.htm">Neue
Seite</a>.</p>
</body>
</html>
```

Schauen Sie in den Ordner *umleitung*. Das fertige Beispiel finden Sie in der Datei *umleitung1.htm*.

 Wenn Sie ein boshafter Mensch sind, können Sie natürlich auch nur eine einzige Code-Zeile tippen. Denken Sie an das *history*-Objekt mit der *back()*-Methode. Mit *history.back()* wird der Surfer wieder auf die Ursprungsseite zurückgeschickt.

Die timergesteuerte Umleitung

Diese Umleitungs-Funktion ist wirklich sehr praktisch. Noch praktischer wird das Ganze durch die *setTimeout*-Methode. Die Syntax lautet:

```
setTimeout("Funktionsname",Millisekunden)
```

Die Weiterleitung soll erst nach vier Sekunden geschehen? Dann sieht der Event-Handler im *<body>*-Tag so aus:

```
<body bgcolor='white' onLoad="setTimeout('umleitung()',4000)">
```

Beachten Sie hier unbedingt wieder die Verschachtelung der Gänsefüßchen: Sie müssen also statt der inneren Gänsefüßchen Apostrophe setzen. Das fertige Beispiel finden Sie in der Datei *umleitung2.htm*.

Umleitung per Meta-Tag

Hätten Sie's vermutet? Umleitungen lassen sich auch ganz ohne JavaScript erstellen! Setzen Sie einfach folgendes Meta-Tag in den Head, es gehört, wie für *<meta>*-Tags üblich, zwischen *<head>* und *<title>*:

```
<meta http-equiv="refresh" content="4;URL=neueseite.htm" />
```

Die 4 steht hier für 4 Sekunden. Die Gänsefüßchen müssen so gesetzt werden wie angegeben. Schreiben Sie das Schlüsselwort *URL* ausnahmsweise groß. Zwar unterstützen auch nicht alle Uralt-Browser diese Anweisung. Doch schon der Netscape 2 oder der Internet Explorer 3 können das.

Dieser Umleitungstyp steckt übrigens in der Datei *umleitung3.htm*.

Begrüßung mit Variablen

Kennen Sie Variablen? Variablen sind der Schatz beim Programmieren! Es handelt sich um veränderliche Platzhalter. Sie speichern einen bestimmten Text oder einen Zahlenwert für die Dauer der Programmausführung.

Was bedeutet das konkret? Schauen wir es uns einfach an einem Beispiel an!

Eingabeaufforderung mit der prompt()-Methode

Im ersten Beispiel erscheint nach Aufruf des Dokuments eine Eingabeaufforderung, die *prompt*-Box. Der Surfer tippt seinen Namen ein und klickt erwartungsfroh auf *OK*.

Was passiert? Überraschung! Der hier eingetippte Text wird ausgelesen, in einer Variablen gespeichert und zur persönlichen Begrüßung verwendet!

Die Syntax für die Prompt-Methode lautet:

```
prompt("Botschaft","Standardwiedergabe")
```

Die Botschaft ist das, was der Surfer in der Dialogbox ablesen soll. Die Gänsefüßchen bei Standardwiedergabe lassen Sie einfach frei. So bleibt die Eingabezeile in der Eingabe-Dialogbox leer. (Schließlich wissen Sie ja nicht, wie der Surfer heißt).

Aber nun ran an das Skript! Wir definieren diesmal keine Funktion, da das Skript sofort nach Aufruf das Dokuments „zünden" soll.

```
<script language="JavaScript" type="text/javascript">
<!--
var yourname;
yourname=prompt("Bitte tippen Sie Ihren Namen ein!","");
alert("Prima, " + yourname + ", dass Sie da sind!");
//-->
</script>
```

Und was verbirgt sich hinter den einzelnen Elementen? Schauen wir mal ...

1. In der ersten Skriptzeile wird die Variable definiert. Dazu verwenden Sie das Schlüsselwort *var*. Tippen Sie dahinter ein Leerzeichen, schreiben Sie den frei wählbaren Namen des Platzhalters (hier *yourname*) und beenden Sie die Zeile mit dem Semikolon.

   ```
   var yourname;
   ```

2. Danach weisen Sie der Variablen mit dem Zuweisungsoperator = einen Wert zu. Das gelingt Ihnen durch Aufruf der Eingabebox (*prompt*). Am Schluss der Zeile folgt wieder das Semikolon. Der Wert ist das, was der Surfer in die Eingabebox tippt. Dieser Wert wird gespeichert.

   ```
   yourname=prompt("Bitte tippen Sie Ihren Namen ein!","");
   ```

3. Die letzte Skriptzeile ruft wieder die schon bekannte Ausgabebox (*alert*) auf den Plan. Hier bauen Sie die Variable auf geschickte Weise ein. Zur Verkettung von Textstrings mit der Variablen dient der Verkettungsoperator +. Die Textstrings müssen wieder in Gänsefüßchen gesetzt werden:

   ```
   alert("Prima, " + yourname + ", dass Sie da sind!");
   ```

4. Vervollständigen Sie das Dokument und probieren Sie das Skript aus. Je nach Design Ihres Browsers erscheint jetzt diese oder eine ähnliche Dialogbox.

Der Surfer trägt seinen Namen ein und klickt auf *OK*.

5. Wenn alles geklappt hat, erscheint jetzt das Begrüßungs-Fenster! Ein frecher Klick auf *OK* ruft das eigentliche Dokument auf.

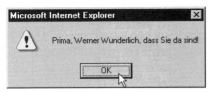

Sie finden das komplette Dokument im *variablen*-Ordner in der Datei *variable1.htm*.

document.write() – Textausgabe im Dokument

Noch schicker wäre es natürlich, wenn der Name direkt im Text der Webseite erscheinen würde. Das vermittelt das Gefühl, als handele es sich um eine ganz private Seite für den Surfer!

Kein Problem. Dabei hilft Ihnen die Methode *document.write()*. Diese müssen Sie allerdings in ein extra Skript direkt ins Dokument setzen.

Hier finden Sie den kompletten Quelltext für das Dokument.

```
<html>
<head>
<title>Hallo Surfer!</title>
<script language="JavaScript" type="text/javascript">
<!--
    var yourname;
    yourname=window.prompt("Bitte tippen Sie Ihren Namen ein","");
//-->
</script>
</head>
<body bgcolor="white">
<script language="JavaScript" type="text/javascript">
<!--
    document.write("<h1>Willkommen, " + yourname + "!</h1>");
//-->
</script>
<p>Sie sind auf der Privatseite nur für Eingeweihte gelandet...</p>
</body>
</html>
```

Sie finden das Beispiel auch in der Datei *variable2.htm*. Und im Netscape-Browser sieht das Ganze dann beispielsweise so aus:

Einfache Passwortabfragen erstellen

Eine sichere Passwortabfrage allein mit JavaScript? Da muss ich Sie sehr enttäuschen. Wer sich etwas besser mit dem Quellcode auskennt, kommt schnell dahinter und knackt das Passwort im Nu.

Trotzdem ist dieses Beispiel für unsere Versuche gut geeignet. Und für eine erste Abschreckung kann man diese Variante durchaus gebrauchen.

 Dieses Beispiel nutze ich auch, um Ihnen einige grundlegende Funktionen von JavaScript zu vermitteln. Dabei variiere ich „ein Thema" jedes Mal ein wenig. Ziel ist, dass Sie die Skripts auf Ihren eigenen Geschmack anpassen und möglichst viel aus den nächsten Seiten lernen.

Passwortabfrage mit if

Zeit, Ihnen mal wieder etwas Neues beizubringen. Kennen Sie schon die Wenn-Abfrage? Wenn die Bedingung wahr ist, tritt Fall A ein. Sonst (Schlüsselwort *else*) Fall B. Die Syntax sieht so aus:

```
if (Bedingung) {
Fall A
}
else {
Fall B
}
```

In unserem Beispiel ist mit „Bedingung wahr" gemeint, dass das eingegebenen Passwort korrekt ist. Dann wird die passwortgeschützte Seite aufgerufen. Und im Fall B soll eine *alert()*-Box mit einem Hinweis auf das falsche Passwort geöffnet werden. Hier schon einmal das komplette Skript im Überblick:

```
<script language="JavaScript" type="text/javascript">
<!--
var passwort;
passwort=prompt("Bitte geben Sie das Passwort ein!","");
if (passwort=="databecker") {
window.location="zielseite.htm";
}
else {
alert("Sorry, leider haben Sie nicht das richtige Passwort eingetippt!");
}
//-->
</script>
```

Erklärung gefällig? Nun denn, es geht los!

1. Die ersten beiden Codezeilen kommen Ihnen sicher vertraut vor. Zuerst definieren Sie eine Variable, hier *passwort* genannt. In der zweiten Zeile lesen Sie das Passwort aus der Eingabe des Benutzers aus.

   ```
   var passwort;
   passwort=prompt("Bitte geben Sie das Passwort ein!","");
   ```

2. Interessant wird es erst in der dritten Zeile. Die *if*-Abfrage vergleicht nun das Passwort aus der Eingabebox mit dem eigentlichen Passwort (hier *databecker*). Dazu dient der Vergleichsoperator ==. (Wundern Sie sich nicht, das doppelte Gleichheitszeichen ist korrekt!) Die öffnende geschweifte Klammer leitet wieder einen Block ein.

   ```
   if (passwort=="databecker") {
   ```

3. Die Bedingung ist wahr, das Passwort ist korrekt? Dann wird der Surfer auf die Seite *zielseite.htm* weitergeleitet. Schließen Sie den Block durch die schließende geschweifte Klammer.

   ```
   window.location="zielseite.htm";
   }
   ```

4. Falls die Bedingung jedoch nicht wahr ist, kommt die *else*-Anweisung zum Zuge. Sie ruft eine Dialogbox (*alert*) auf, die auf den Misserfolg hinweist.

```
else {
alert("Sorry, leider haben Sie nicht das richtige Passwort eingetippt!");
}
```

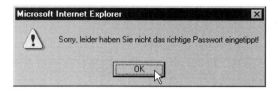

Sie finden den kompletten Quelltext dieses und aller weiteren Dokumente im Ordner *passwort*. Wählen Sie das Dokument *passwort1.htm*.

Vergleichsoperatoren im Überblick

Vergleichsoperatoren kennen Sie sicher noch vom Matheunterricht. Größer, kleiner, gleich oder ungleich? JavaScript brät ein paar Extrawürste. Die Tabelle listet die wichtigsten Vergleichsoperatoren von JavaScript auf:

Operator	Bedeutung
==	gleich
!=	ungleich
>	größer als
<	kleiner als
>=	größer gleich
<=	kleiner gleich
&&	und
||	entweder oder

Passwortabfrage in externe Datei auslagern

Die bisherige Lösung ist wirklich nicht mehr als ein Notbehelf. Sie ist unsicher hoch drei. Ein bisschen mehr „Privatsphäre" erhalten Sie, wenn Sie das Skript nicht direkt im Quelltext speichern. Lagern Sie es einfach in eine externe Datei aus.

Beachten Sie bitte: Viele der in diesem Kapitel vorgestellten Skripts funktionieren auch mit älteren Browsern. Selbst externe Skripts können immerhin schon vom Internet Explorer 4 oder Netscape 3 verstanden werden!

Und wie gehen Sie dabei vor?

1. Lagern Sie das Skript in einer Textdatei aus. Speichern Sie es mit der Endung *.js*. Verzichten Sie dabei auf die *<script></script>*-Tags. Das Beispielskript wird *passwort.js* genannt und liegt im gleichen Ordner.

2. Verweisen Sie nun im HTML-Dokument auf das externe Skript. Schreiben Sie:

```
<script src="passwort.js" language="JavaScript" type="text/javascript"></script>
```

Begutachten Sie die Datei *passwort2.htm* im *passwort*-Ordner. Hier finden Sie exakt das gleiche Skript wie beim ersten Beispiel, jedoch ausgelagert.

Hartnäckige Abfrage mit der while-Schleife

Bei der bisherigen Variante taucht der Dialog zur Passworteingabe nur einmal auf. Sie können dem Surfer dieses Eingabefeld aber auch so lange unter die Nase reiben, bis er das richtige Passwort eingegeben hat.

Die so genannte *while*-Schleife hilft Ihnen dabei. Lassen Sie die Abfrage so lange durchlaufen, bis eine Bedingung falsch ist. Dann wird die Schleife beendet. Solange eine Bedingung jedoch noch wahr ist *(passwort!="databecker")*, wird die Schleife stets wiederholt. (Beachten Sie, dass das *!=* für ungleich steht.)

Die Syntax lautet:

```
while (Bedingung) {
immer wieder auszuführender Code, solange Bedingung wahr ist
}
hier geht's weiter, wenn Bedingung falsch ist.
```

Und hier das komplette Skript:

```
<script language="JavaScript" type="text/javascript">
<!--
var passwort;
while (passwort!="databecker") {
passwort=prompt("Bitte geben Sie das Passwort ein!","");
}
window.location="zielseite.htm";
//-->
</script>
```

Sie finden diese „Endlosschleife" in der Datei *while1.htm*. Der Quelltext wurde aus Gründen der Einfachheit nicht in eine externe Datei ausgelagert.

Das hat aber einen bösartigen Nebeneffekt: Solange das Passwort ungleich *databecker* ist, feiert die Schleife fröhliche Urstände. Im Klartext: Sie ruft immer wieder den Eingabedialog auf den Plan und der Surfer kommt nicht mehr heraus. Probieren Sie's aus!

Zählvariable: Zusätzliche Abbruchbedingung schaffen

Verbessern Sie das Skript! Sorgen Sie dafür, dass der Eingabedialog beispielsweise nach drei Fehlversuchen verschwindet. Dabei hilft Ihnen eine so genannte Zählvariable. Diese zählt automatisch hoch – bei einem bestimmten Wert wird die Schleife abgebrochen.

Hier der komplette Quelltext für das Skript:

```
<script language="JavaScript" type="text/javascript">
<!--
var i, passwort;
i=0;
while (passwort!="databecker" && i<3) {
passwort=prompt("Bitte geben Sie das Passwort ein!","");
i=i+1;
}
if (passwort=="databecker") {
window.location="zielseite.htm";
}
else {
alert("Sorry, leider haben Sie nicht das richtige Passwort eingetippt!");
}
//-->
</script>
```

Für die *Zählvariable* nimmt man gern ein *i*. Wenn Sie mit 0 anfangen wollen, schreiben Sie *i=0*. Interessant ist das Zählmuster: Mit *i++* oder *i=i+1* können Sie in Einerschritten hochzählen, *i--* bzw. *i=i-1* inkrementiert den Wert dagegen abwärts. Mit *i=i+3* würden Sie den Wert dagegen in Dreierschritten erhöhen.

Im Beispiel wird der Wert bei jedem neuen Durchlaufen der Schleife um eins erhöht (*i=i+1*). Und das machen Sie sich zunutze! Sie prüfen zusätzlich im Schleifenkopf, ob der Zähler schon *i* erreicht hat:

```
while (passwort!="databecker" && i<3) {
```

Wundern Sie sich nicht, die Zeichenfolge && steht für ein logisches Und. Es wird also bei beiden Bedingungen geprüft, ob sie wahr sind.

Und warum wurden die unteren Zeilen des Skripts um eine *if*-Abfrage erweitert? Nun, spätestens nach der dritten Fehleingabe wird die Schleife verlassen. Danach muss ausgeschlossen werden, dass der Surfer mit einem falschen Passwort Zugang erhält.

Sie finden diese Passwortabfrage in der Datei *while2.htm*.

Dreimalige Abfrage mit einer Zählschleife

Da wir uns gerade über Schleifen unterhalten. An diesem Beispiel zeige ich Ihnen fix noch eine andere Variante: Die so genannte Zählschleife. Die Syntax solch einer Zählschleife lautet:

```
for (Zählvariable;Bedingung;Zählmuster) {
auszuführende Anweisung, solange Bedingung erfüllt wird
}
```

Auch hier geht es nach dem Motto vor: Dreimal dürfen Sie raten. Auch hier wird wieder die Zählvariable *i* eingesetzt. Diesmal beginnen Sie jedoch mit 1, schreiben also *i=1*. Denn schließlich wollen Sie dem Surfer zusätzlich anzeigen, um den wie vielten Versuch es sich handelt.

Und was verbirgt sich hinter der Bedingung? Nun, mit *i<4* legen Sie fest, dass die Schleife insgesamt dreimal abläuft! Denn beim vierten Male wäre *i=4* und die Bedingung ist nicht mehr erfüllt.

Und hier ist das komplette Beispiel für unsere Abfrage:

```
<script language="JavaScript" type="text/javascript">
<!--
var passwort, i;
for (i=1;i<4;i=i+1) {
passwort=prompt("Bitte geben Sie das Passwort ein!","");
if (passwort=="databecker") {
window.location="zielseite.htm";
i=4;
}
else {
alert("Dreimal dürfen Sie raten, das war Ihr " + i + ". Versuch!");
}
}
//-->
</script>
```

Sie können das Beispiel auch in der Datei *zaehlschleife.htm* überprüfen.

Passwortabfrage mit Fallunterscheidung

Wie wäre es mit einer noch ausgefeilteren Passwortabfrage? Erstens soll das Passwort nicht in eine dröge Dialogbox, sondern in ein Formularfeld eingegeben werden.

Weiterhin sollen drei Passwörter zulässig sein. Sie heißen der Einfachheit halber *a*, *b*, und *c*. Bei Eingabe des Passworts *a* landet der Surfer auf *seitea.htm*, bei Passwort *b* auf *seiteb.htm* usw. Und zur Krönung erscheint bei Eingabe eines falschen Passworts eine Information.

Das eigentliche Skript soll wieder in eine externe Datei ausgelagert werden, wir nennen diese im Beispiel *switch.js*.

Formular zur Passworteingabe erstellen

Zuerst zeige ich Ihnen jedoch den Quelltext des eigentlichen HTML-Dokuments (*case.htm*). Das Skript (*switch.js*) und die dort enthaltene Funktion *pwahl()* besprechen wir danach.

```html
<html>
<head>
<title>Abfrage-Seite</title>
<script src="switch.js" language="JavaScript" type="text/javascript">
</script>
</head>
<body bgcolor="white">
<h1>Na, kennen Sie das Passwort?</h1>
<h3>Bitte tippen Sie das Passwort ein!</h3>
<p>Drei verschiedene Passwörter sind möglich</p>
<form name="formular" id="formular" onSubmit="pwahl()">
<input type="text" name="eingabe" id="eingabe" />
<input type="submit" value="Go!" />
</form>
</body>
</html>
```

Sie können den Code bequem abschreiben. Wichtig ist, dass Sie sowohl das Formular benennen (hier *name="formular"* bzw. *id="formular"*) als auch das Texteingabefeld (hier *name="eingabe"* bzw. *id="eingabe"*). Der *value* (also das, was der Surfer einträgt) soll schließlich ausgelesen und in einer Variablen gespeichert werden.

„Gezündet" wird die Funktion durch den Event-Handler *onSubmit*. Das Schöne daran: Auf diese Weise ist es egal, ob der Surfer auf *Go!* klickt oder (Enter) drückt.

Die Grafik zeigt schon einmal das Ergebnis. Sie müssen allerdings noch den Code für das Skript schreiben. Erstellen Sie die ausgelagerte Datei *switch.js*!

Formular zur Passworteingabe erstellen

Es gibt in unserem Beispiel mehrere Fälle. Und das ist ein Fall für „Detektiv Schalter", oder auch „Mr. Switch" genannt. Die *switch*-Anweisung untersucht eine bestimmte Variable und überprüft, ob diese mit den aufgelisteten Werten übereinstimmt. Wenn ja, wird die betreffende Anweisung ausgeführt und die Programmabarbeitung durch das Schlüsselwort *break* beendet.

Hier die Syntax im Überblick:

```
switch(Variable) {
case Wert1:
Anweisung;
break;
case Wert2:
Anweisung;
break;
case Wert3:
...
}
```

Und hier der komplette Quelltext des Dokuments *switch.js*:

```
function pwahl() {
var passwort;
passwort=document.formular.eingabe.value;
switch(passwort) {
case "a":
window.open("seitea.htm");
break;
case "b":
window.open("seiteb.htm");
break;
case "c":
window.open("seitec.htm");
break;
default:
alert("Leider haben Sie nicht das richtige Passwort eingegeben, bitte versuchen Sie es erneut!");
}
}
```

Gehen wir die einzelnen Elemente Schritt für Schritt durch.

Zuerst wird die Funktion *pwahl()* definiert. Danach richten Sie die Variable *passwort* ein. Nun wird das Passwort ausgelesen, und zwar direkt aus dem Formularfeld. Dafür sorgt *passwort=document.formular.eingabe.value*.

Denken Sie an die Punktnotation, die Sie hier vom Allgemeineren (*document*) über das Konkrete (*formular*) bis direkt hin zum Eingabefeld (*eingabe*) führt. Hier wird schließlich der Wert (*value*) ausgelesen.

Das Passwort landet jetzt in der Variablen *passwort,* diese wird an die *switch*-Anweisung ü-bergeben. Falls das Passwort *a* lautet, tritt der erste Fall ein (*case "a"*). Mit der *window.open()*-Methode öffnet JavaScript nun ein neues Browserfenster, in unserem Beispiel *seitea.htm*.

 Leider können Sie beim Auslesen von Variablen aus einem Formular nicht mit *window.location* arbeiten. Dann würden Sie Skript und Formular das Browserfenster praktisch „unter dem Hintern wegziehen". Sie müssen stattdessen die *window.open()-Methode* verwenden. Diese öffnet ein neues Browserfenster.

Ähnlich ist es bei Fall B (*case "b"*) und C (*case "c"*). Besonders interessant ist das Schlüs-selwort *default* (Vorgabe). Damit kann man auch auf den Fall reagieren, dass der Anwender keines der drei Passwörter korrekt eingegeben hat.

In diesem Fall erscheint eine *alert()*-Box mit einem Hinweis.

Apropos Hinweis: Sie finden diese Passwortabfrage mit Fallunterscheidung in den Dateien *case.htm* und *switch.js*. Auch die Dateien *seitea.htm* bis *seitec.htm* sind natürlich von der Service-Seite zum Buch abrufbar.

Passwortabfrage, die schwerer zu enträtseln ist

Zugegeben, alle bisher aufgelisteten Passwortabfragen besitzen einen entscheidenden Haken. Sie können sowohl das Passwort als auch den Namen der Zielseite im Klartext ablesen. Selbst ungeübte JavaScript-Freunde werden sich bald vergnügt die Hände reiben und zu Ihrer ach so sicheren Seite surfen.

Das nächste Skript räumt mit diesem Missstand auf. Zumindest, wer JavaScript nicht beherrscht, hat mit dem Code seine liebe Mühe. Und damit auch Sie gleich mitreden können, stelle ich Ihnen kurz ein paar neue Methoden vor. Es sind Methoden, die Sie auf Zeichenfolgen (Strings) anwenden können.

Methode	bewirkt	Beispiel	Erklärung für das Beispiel
toUpperCase()	Wandelt eine Zeichenfolge in Großschreibung um.	*e2=e1.toUpperCase()*	Inhalt der Variablen *e1* wird in Großschreibung umgewandelt und in *e2* gespeichert.
toLowerCase()	Wandelt eine Zeichenfolge in Kleinschreibung um.	*t2=t1.toLowerCase()*	Inhalt der Variablen *t1* wird in Kleinschreibung umgewandelt und in *t2* gespeichert.
substring(Index1,Index2)	Gibt die Zeichen zwischen zwei Zeichen einer Zeichenkette aus, der Index beginnt dabei bei Null, der zweite Wert darf nicht erreicht werden..	*test="javascript";* *as=test.substring(0,2);* *alert(as);*	Gibt im Beispiel die Zeichenfolge *ja* aus, es werden also die ersten beiden Zeichen des Strings *javascript* zurückgegeben.

Und hier ist der Quelltext für das komplette Skript. So viel schon vorweg: Das einzugebende Passwort lautet *#FFFFFF* (groß geschrieben).

```
<html>
<head>
<title>HTML-Seite</title>
<script language="JavaScript" type="text/javascript">
```

```
<!--
function pw() {
var e1, e2, t1, t2, t3, t4, z;
e1=window.document.bgColor;
e2=e1.toUpperCase();
t1=window.document.title;
t2=t1.toLowerCase();
t3=t2.substring(0,3);
t4=t2.substring(5,10);
z=t4 + "." + t3;
p=prompt("Bitte geben Sie das Passwort ein!","");
if (p==e2) {
alert("Das Passwort ist korrekt.");
window.location=z;
}
else {
alert("Das Passwort ist nicht korrekt.");
}
}
//-->
</script>
</head>
<body bgcolor="white" onLoad="pw()">
<h1>Na, kennen Sie das Passwort?</h1>
</body>
</html>
```

Die erste Voraussetzung: Das Skript wird durch eine Funktion eingeleitet, hier *pw()* genannt. Im Body sorgt der Event-Handler *onLoad* für den Aufruf dieser Funktion. Denn nur dadurch wird erreicht, dass der Browser die Hintergrundfarbe (*bgcolor*) zuerst ausliest, und die benötigen wir.

Doch nun zum Code selbst: Hier werden einige Variablen definiert, die sich im Verlauf des Skripts munter die Werte zuspielen. Das Passwort entspricht dem Wert der Hintergrundfarbe (*bgcolor="white"*). Es wird in der Variablen *e1* abgelegt und in Großschreibung umgewandelt. Kleine Gemeinheit am Rande: Warum gibt sich das Skript im Endeffekt als Passwort nicht mit *WHITE* zufrieden, sondern verlangt *#FFFFFF*?

Nun, weil JavaScript intern mit dem hexadezimalen Farbcode arbeitet und sich diesen in Kleinschreibung (#ffffff) herauszieht! (Nehmen Sie einen anderen erlaubten Farbnamen, dann werden Sie es merken.)

Auch die Zielseite (Variable *z*) setzt sich aus mehreren Bausteinen zusammen. Zuerst wird der *TITLE* des Dokuments in der Variablen *t1* gespeichert (*t1=window.document.title*) und als Kleinschreibung an *t2* weitergegeben (*t2=t1.toLowerCase()*). Mit der *substring()*-Methode werden bestimmte Teile extrahiert, die später zur Variablen *z* zusammengesetzt werden.

Die Adresse der Zielseite lautet *seite.htm*. Das komplette Skript finden Sie unter dem Namen *secretpw.htm*. Sie können das Skript gern auf eine externe Seite auslagern und somit für noch mehr Sicherheit sorgen.

Sie wollen wirklich sichere Passwörter verwenden? Dann benötigen Sie einen Dienstleister, der Ihnen CGI-Unterstützung bietet. Bei vielen Service-Providern wird ein sicherer Passwortschutz schon als so genanntes Basis-CGI angeboten. Erkundigen Sie sich einfach bei Ihrem Dienstleister.

Browserabfrage und Infos zum Surfer

Sie wissen längst: Auf nichts kann man sich verlassen. Jeder Browser zeigt die Seiten etwas anders an. Sie wünschen exaktes Layout? Dann erstellen Sie einfach zwei Versionen Ihrer Seite. Die eine für den Internet Explorer, die andere wird dagegen für Netscape optimiert.

Und wenn das nicht reicht – selbst Bildschirmauflösung, Farbtiefe und Betriebssystem des Betrachters können Sie auslesen.

Browser ermitteln und Besucher umleiten

Im nächsten Beispiel geht es um eine Browserabfrage. Es soll darauf reagiert werden, ob der Surfer mit dem Microsoft Internet Explorer oder mit Netscape „angesurft" kommt.

Wichtig zu wissen: Der Internet Explorer meldet sich intern mit *Microsoft Internet Explorer*, der Netscape-Browser dagegen mit *Netscape*! Diesen Namen kann man mit der Eigenschaft *appName* des *navigator*-Objekts ermitteln, und zwar mit *navigator.appName*.

Nur nebenbei: Dieses und die folgenden Dokumente finden Sie im Ordner *info*. Und hier die Schrittfolge!

1. Erstellen Sie zuerst die entsprechenden Seiten. Im Beispiel heißen Sie *ie_page.htm* und *net_page.htm*.

2. Erstellen Sie nun die Seite, von der aus umgeleitet werden soll. Sie heißt hier *browserfrage1.htm*. Benutzen Sie für Ihre Skripts wieder die bewährte *switch*-Anweisung.

```
<script language="JavaScript" type="text/javascript">
<!--
var browser;
browser=navigator.appName
```

```
switch(browser) {
case "Microsoft Internet Explorer":
window.location="ie_page.htm";
break;
case "Netscape":
window.location="net_page.htm";
break;
default:
alert("Leider haben Sie keinen passenden Browser für unsere Seiten!");
}
//-->
</script>
```

3. Probieren Sie das Skript am besten unter verschiedenen Browsern aus.

Natürlich hätten Sie den Browsertyp auch mit einer *if*-Abfrage ermitteln können. Sie haben Seiten erstellt, die nur im Internet Explorer funktionieren? Alle anderen Surfer sollen ausgesperrt werden? Dann schreiben Sie:

```
if (navigator.appName=="Microsoft Internet Explorer") {
window.location="ie_page.htm"
}
else {
alert("Leider haben Sie keinen passenden Browser für unsere Seiten!");
}
```

Vergleichen Sie ruhig mit der Datei *browserfrage2.htm*.

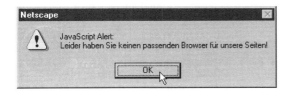

Die *if*-Anweisung hat den Vorteil, dass Sie auch mit älteren JavaScript-fähigen Browsern funktioniert. Die Abbildung stammt aus Netscape 2. Und der Nachteil? Sie schließen glatt 1/3 aller Surfer vom Betrachten Ihrer Seiten aus!

Einfach und genial: Kann der Browser JavaScript?

Mal etwas anderes ganz am Rande. Sie wollen alle Besitzer mit einem JavaScript-fähigen Browser auf Ihre spezielle Seite locken? Surfer mit Browsern, die keine Skripts beherrschen, sollen dagegen auf die normale Seite umgeleitet werden?

Das ist genial einfach! Das gelingt Ihnen mit einem winzigen Inline-Skript, das Sie in einen Link verfrachten. Schreiben Sie einfach in Ihr Dokument:

```
<a href="neinscript.htm" onClick="window.location='jascript.htm'; return false">Bitte klicken</a>
```

Besitzer skriptfähiger Browser landen auf der Seite *jascript.htm*, wer kein JavaScript beherrscht, folgt dem *<a href>*-Tag zur Seite *neinscript.htm*. Übrigens, das Beispielskript finden Sie in der Datei *scriptfrage.htm*. Um den Link zu testen, schalten Sie doch einfach mal JavaScript in Ihrem Browser ab!

Weitere Informationen zum Surfer

Sie können u. a. ermitteln, welche Bildschirmauflösung, welche Farbtiefe und welches Betriebssystem der Betrachter verwendet. Dabei helfen Ihnen das *screen-* und das *navigator*-Objekt. Entnehmen Sie die entsprechenden Objekteigenschaften einfach der Tabelle.

Objekteigenschaft	ermittelt	gibt beispielsweise aus
screen.height	Bildschirmhöhe in Pixeln	*600* oder *768* usw.
screen.width	Bildschirmbreite in Pixeln	*800* oder *1024*
screen.availHeight	sichtbare Bildschirmhöhe in Pixeln	*572* oder *740*
screen.availWidth	sichtbare Bildschirmbreite in Pixeln	*780* oder *1010*
screen.colorDepth	Farbtiefe	*8, 16* oder *32*
navigator.platform	Betriebssystem	*Win32* oder *MacPPC*
navigator.appName	Browsername	*Microsoft Internet Explorer* oder *Netscape*
navigator.userAgent	genaue Browserbezeichnung	*Mozilla/4.0 (compatible; MSIE 5.01; Windows NT 5.0)*
navigator.language	Sprache	*de*, *en*, *es* (Spanisch), *fr* (Französisch), *da* (Dänisch) usw, funktioniert nur ab Netscape 4, nicht mit MIE!

Experimentieren Sie mit diesen Eigenschaften einfach ein wenig herum! Erstellen Sie ein Skript, das nacheinander die verschiedenen Eigenschaften ausliest (siehe *infos.htm*). Reagieren Sie auf eine bestimmte Bildschirmauflösung usw.

Hier der Quelltext für das gesamte Dokument. Interessant ist dabei, dass Sie auch mehrere Variablen verwenden können. Diese werden in der *var*-Zeile initialisiert und einfach aufgereiht, nur durch Kommas getrennt. In den übrigen Zeilen weisen Sie den Variablen jeweils einen Zahlenwert zu. Dieser wird dann in einer *Alert*-Box ausgegeben.

ACHTUNG

Sie arbeiten mit dem Internet Explorer? Dann funktioniert zumidest das Auslesen der Sprache (*navigator.language*) nicht korrekt.

Beachten Sie außerdem, dass Umlaute in *alert()*-Boxen nicht maskiert werden dürfen. Was für (X)HTML empfohlen wird, führt in JavaScript zu Fehldarstellungen. Schreiben Sie also *Bildschirmhöhe beträgt*, und nicht *Bildschirmhöhe beträgt*.

```
<html>
<head>
<title>Infos abfragen</title>
<script language="JavaScript" type="text/javascript">
<!--
function info() {
var hoehe, breite, farbe, os, name, browser, sprache;
hoehe = screen.height;
breite = screen.width;
farbe = screen.colorDepth;
os = navigator.platform;
name = navigator.appName;
browser = navigator.userAgent;
sprache = navigator.language;
alert("Die Bildschirmhöhe beträgt " + hoehe + " Pixel!");
alert("Die Breite des Screens beträgt " + breite + " Pixel!");
alert("Die Farbtiefe beträgt " + farbe + " Bit!");
alert("Ihr Betriebssystem ist " + os + "!");
alert("Sie haben den Browser " + name +"!");
alert("Die genaue Bezeichnung lautet " + browser +"!");
alert("Die Sprache ist " + sprache +"!");
}
//-->
</script>
</head>
<body bgcolor="white">
<h1>Abfrage von Informationen</h1>
```

```
<form>
<input type="button" value="Informationen &uuml;ber Ihr System" onClick="info()" />
</form>
</body>
</html>
```

Die verschiedenen Auswerte-Möglichkeiten (*if*-Abfrage, *switch*-Fallunterscheidung) schaffen Sie jetzt alleine.

Bequemer navigieren per Menü

Die Hyperlinks gefallen Ihnen nicht? Auch die „Link-Buttons" rufen bei Ihnen wenig Begeisterung hervor? Dann zeige ich Ihnen eine ganz andere Navigationsart: Nutzen Sie das Klapplistenfeld, auch als Pulldown-Menü bezeichnet.

Und wenn ich Ihnen nebenbei noch verrate, dass selbst der Internet Explorer 3 und Netscape 2 mit diesen Menüs zurechtkommen, sollte nichts Ihren Tatendrang hemmen!

Pulldown-Menü mit Schaltfläche

Bei der ersten Möglichkeit wählt der Besucher zuerst die entsprechende Seite aus. Nach Klick auf eine Schaltfläche wird die gewünschte Seite ins Browserfenster geladen.

Hier zuerst der komplette Quelltext für das fertige Beispiel:

```
<html>
<head>
```

```
<title>Go!</title>
<script language="JavaScript" type="text/javascript">
<!--
function wechsel() {
var auswahl;
auswahl=document.form1.wahl;
window.location=auswahl.options[auswahl.selectedIndex].value;
}
//-->
</script>
</head>
<body bgcolor="white">
<h1>Pull-Down-Menü mit Go-Button</h1>
<form name="form1" id="form1">
<select size="1" name="wahl" id="wahl">
<option value="dummy.htm" selected="selected">Bitte w&auml;hlen!</option>
<option value="seite1.htm">Seite 1</option>
<option value="seite2.htm">Seite 2</option >
<option value="seite3.htm">Seite 3</option >
</select>
<input type="button" value="Go!" onClick="wechsel()" />
</form>
</body>
</html>
```

Das Dokument heißt im Beispiel übrigens *wechsel1.htm*. Dieses und die Dokumente, auf die verwiesen wird (*seite1.htm*, *seite2.htm*, *seite3.htm*) können Sie wieder über die Service-Seite abrufen. Die Dokumente stecken diesmal im Ordner *menu*.

So funktioniert der Code

Damit Sie auch verstehen, was passiert, schauen wir uns die einzelnen Elemente etwas genauer an:

1. Im Body des Dokuments erstellen Sie das Formular. Vergessen Sie nicht den Namen, im Beispiel heißt es *form1* (*name="form1"* bzw. *id="form1"*). Benennen Sie auch das *select*-Feld, damit Sie im Script darauf verweisen können. Hier heißt es *wahl* (*name="wahl"* bzw. *id="wahl"*).

2. Die einzige Besonderheit ist *<option value="dummy.htm" selected="selected">Bitte wählen!</option>*. Das ist ein Dummy-Feld, das lediglich den Text *Bitte wählen* anzeigen soll. Durch das Attribut *selected="selected"* erreichen Sie, dass dieser Text bei

Aufruf der Seite als ausgewählt erscheint. Und wenn doch jemand aus Versehen diese Auswahl einstellt und auf *Go!* klickt, dient eine extra Seite zum Abfangen des Fehlers. Die Angabe hinter *value* verweist auf eine Dummy-Seite namens *dummy.htm*. Auf dieser sorgt allerdings eine simple Skript-Zeile dafür, dass sofort wieder die eigentliche Auswahlseite aufgerufen wird. Dieses Skript sieht so aus:

```
<script language="JavaScript" type="text/javascript">
<!--
history.back();
//-->
</script>
```

3. Nun zum eigentlichen Skript: Zuerst wird die Funktion *wechsel()* eingeleitet. Danach legen Sie eine Variable fest (hier *auswahl*). Es handelt sich um eine so genannte Objektvariable, ein Objekt wird angesprochen. Der Zugriff auf das Formular (*form1*) und das Auswahlfeld (*wahl*) gelingt mit der Punkt-Notation (document.form1.wahl). Deshalb war also die Namensgebung im Formular wichtig!

4. Die darauffolgende Zeile beginnt mit *window.location=*. Hier wird also eine Adresse zugewiesen. Durch *auswahl.options().value* wird der gewählte Wert (*value*) aus dem Formular ermittelt: Die „Werte" sind im Beispiel also *seite1.htm*, *seite2.htm* oder *seite3.htm* und – falls sich der Surfer verklickt hat – *dummy.htm*.

5. Und was bedeutet der Eintrag in eckigen Klammern? Bei *<option>*-Feldern gibt es generell mehrere Auswahlmöglichkeiten. JavaScript spricht diese über ihren Index an. Das erste Feld erhält dabei den Index 0, das zweite 1, das dritte 2 usw. Dieser Index wird durch die Eigenschaft *selectedIndex* ermittelt. Mit *auswahl.selectedIndex* finden Sie den Indexwert der Variablen *auswahl* heraus. Und dieser Wert steht nun in eckigen Klammern. (Intern „denkt" JavaScript beispielsweise 1 und schließt dadurch auf *seite1.htm*.)

Was können Sie aus diesem Skript lernen? Erstens: JavaScript ist ganz schön kompliziert.

Zweitens: Sie haben es hier mit einem so genannten Array zu tun. Bei einem Array wird eine Zeichenfolge in Teile zerlegt. Die einzelnen Elemente können dabei stets über ihren Index angesprochen werden.

Drittens: Dieser Index fängt bei 0 an zu zählen und steht in eckigen Klammern.

Viertens: Im Moment nichts. Mehr zu Arrays verrate ich Ihnen im Kapitel zu Datum und Uhrzeit ab Seite 246.

Noch bequemer navigieren mit OnChange

Natürlich gibt es auch eine zweite Variante mit der Sie noch bequemer navigieren können. Weg mit dem *Go!*-Button! Entfernen Sie einfach die Code-Zeile für diese Schaltfläche.

Erweitern Sie das *<select>*-Tag lediglich um den *onChange*-Event-Handler. Der Code für das Formular sieht jetzt so aus:

```
<form name="form1" id="form1">
<select size="1" name="wahl" onChange="wechsel()">
<option value="dummy.htm" selected="selected">Bitte w&auml;hlen!</option>
<option value="seite1.htm">Seite 1</option>
<option value="seite2.htm">Seite 2</option>
<option value="seite3.htm">Seite 3</option>
</select>
</form>
```

Und so präsentiert sich Ihr fabelhaftes Menü im Browser:

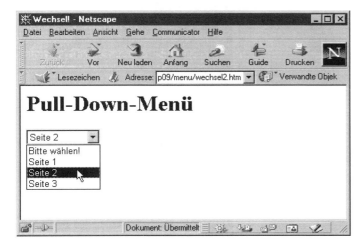

Sie möchten mehrere Pulldown-Menüs in Ihr Dokument einbauen? Vergeben Sie unterschiedliche Namen für die Formulare. Erstellen Sie mehrere Funktionen, in denen Sie auf die jeweiligen Formulare und Auswahlfelder verweisen.

ACHTUNG

Am Schluss gieße ich trotzdem noch etwas Wasser in den Wein: Die im Beispiel erstellten Pulldown-Menüs eignen sich leider nicht für geframte Dokumente. Aber auch dafür gibt es in diesem Buch eine Lösung: Blättern Sie einfach zur Seite 278.

Eigene JavaScript-Fenster programmieren

Haben Sie sich auch schon gefragt, wie das kommt? Auf manchen Seiten tauchen solche netten „Popup-Fenster" auf. Mal kleiner, mal größer: Manchmal handelt es sich dabei um eine richtiggehende „Fernbedienung". Wie das geht? Kommen Sie mit, ich zeige es Ihnen!

Einfache Fenster erzeugen

In JavaScript-Fenstern können Sie sowohl Grafiken als auch Text anzeigen. Wenn Sie Text darstellen wollen, bereiten Sie vorher das komplette HTML-Dokument schon vor. Bei Grafiken sollten Sie die Maßangaben (Höhe und Breite) kennen.

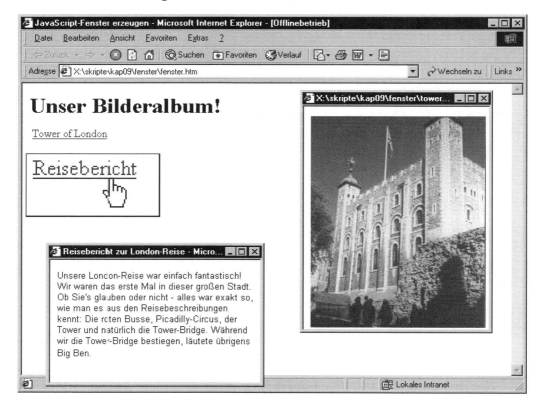

Sie benötigen für das Fenster lediglich eine Objektvariable und eine selbstgebaute Funktion. Letzter weisen Sie das *window*-Objekt mit der schon erwähnten *open()*-Methode zu.

Die Syntax für solch ein Fenster lautet:

```
window.open("Inhalt","Name","height=Pixel,width=Pixel")
```

Bei *Inhalt* tragen Sie den Speicherort der anzuzeigenden Datei ein. Der *Name* ist frei wähl-bar. Höhe (*height*) und Breite (*width*) geben Sie in Pixeln an. Achten Sie vor allem bei Grafi-ken darauf, die Maße etwas größer zu wählen als die eigentlichen Abmessungen des Bildes.

ACHTUNG

Setzen Sie die Anführungszeichen exakt so wie angegeben. In der Code-Zeile dürfen keine Leerzeichen vor-kommen!

Nun zum Beispiel. Hier sollen zwei Fenster erzeugt werden, eins für die Grafik (*tower.jpg*) und eins für den Text (*reise.htm*). Die Beispielgrafik *tower.jpg* besitzt eine Höhe von 312 und eine Breite von 250. Sie finden sie und alle Beispiele dieses Abschnitts im Ordner *fenster*.

Hinweis: Das Erzeugen einfacher Fenster gelingt Ihnen schon mit Netscape 2 und Internet Explorer 3!

1. Erzeugen Sie zuerst das Skript. Hier werden zwei Funktionen definiert, im Beispiel *fenster1()* und *fenster2()* genannt. Auch die Definition der Objektvariablen (hier *win*) ist sicher kein größeres Problem.

```
<script language="JavaScript" type="text/javascript">
<!--
function fenster1() {
var win;
win=window.open("tower.jpg","tower","height=330,width=265");
}
function fenster2() {
var win;
win=window.open("reise.htm","text","width=300,height=180,resizable=yes");
}
//-->
</script>
```

2. Die Syntax der ersten „Fenster-Zeile" ist sicher klar:

```
win=window.open("tower.jpg","tower","height=330,width=265");
```

Diese Anweisung öffnet ein neues Fenster mit 330 Pixeln Höhe und 265 Pixeln Breite. Hier wurde bewusst etwas Spielraum gelassen, da die Grafik einen „unsichtbaren Rahmen" benötigt. Das Fenster kann in der Größe nicht verändert werden.

3. Die zweite „Fenster-Zeile" ist noch ausgefeilter. Hier wird zuerst ein HTML-Dokument geladen. Dieses enthält nur so wenig Inhalt, dass es perfekt ins Fenster passt. Doch wenn es nicht passt? Keine Bange, dann hilft die letzte Anweisung:

```
win=window.open("reise.htm","text","width=300,height=180,resizable=yes");
```

Durch *resizable=yes* legen Sie fest, dass die Fenstergröße verändert werden kann.

4. Und wie öffnen Sie diese Fenster nun im Dokument? Ganz einfach! Diese Aufgabe übernehmen die schon bekannten Funktions-Hyperlinks:

```
<h1>Unser Bilderalbum!</h1>
<p><a href="javascript:fenster1()">Tower of London</a></p>
<p><a href="javascript:fenster2()">Reisebericht</a></p>
```

Das fertige Ergebnis finden Sie im Ordner *fenster* im Dokument *fenster1.htm*.

Fensterinhalt rollen und exakt positionieren

Sie wollen, dass sich der Fensterinhalt rollen lässt? Dann ergänzen Sie die „Fenster-Zeile" durch *scrollbars=yes*. Schreiben Sie beispielsweise

```
win=window.open("reise.htm","text","width=300,height=180,resizable=yes,scrollbars=yes")
```

Übrigens: Mit *location=yes* blenden Sie die Adress-Leiste ein und mit *toolbar=yes* machen Sie die Schaltflächen sichtbar. Aber dann haben Sie ja fast wieder ein gewöhnliches Fenster. Und da hätten wir uns die Mühe auch sparen können.

Trotzdem können Sie sich das Ergebnis am Beispiel des Reisebericht-Fensters in der Datei *fenster2.htm* anschauen.

Und wie schaffen Sie es, das Fenster exakt an eine Position zu bringen? Das gelingt Ihnen mit *left=Pixel* und *top=Pixel*. Mit *left* (links) legen Sie den Abstand vom linken Bildschirmrand, mit *top* (oben) dagegen die Entfernung von der oberen Schirmkante fest. Beispielsweise so, das Skript entspricht der nächsten Abbildung:

```
<script language="JavaScript" type="text/javascript">
<!--
function fenster1() {
var win;
win=window.open("tower.jpg","tower","height=330,width=265,left=350,top=20");
}
function fenster2() {
var win;
win=window.open("reise.htm","text","width=300,height=180,left=15,top=300,resizable=yes");
}
//-->
</script>
```

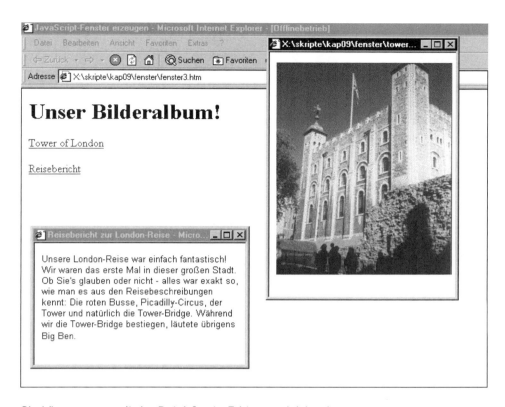

Sie können gern mit der Datei *fenster3.htm* vergleichen!

Fenster schließen

Da haben Sie sich nur lauter nette Fenster eingebaut. Der Ärger: Je mehr Fenster man aufruft, desto unübersichtlicher wird es auf dem Bildschirm. Zu allem Überdruss müssen die Fenster einzeln wieder geschlossen werden.

Und erst der schreckliche Durchzug beim vielen Lüften ... Aber auch hier habe ich ein paar Lösungen für Sie.

Fenster automatisch schließen

Der Surfer ist sicher sowieso längst vorbeigesurft. Alle Fenster bleiben offen, obwohl er überhaupt kein Interesse mehr am Inhalt hat. Schluss damit! Schließen Sie das Fenster nach einer gewissen Zeit einfach automatisch.

1. Erstellen Sie wie gewohnt Ihre normale Fensterfunktion. Für das „Tower-Fenster" schreiben Sie einfach:

```
win=window.open("tower.jpg","tower","height=330,width=265,left=350,top=20");
```

2. Ergänzen Sie jetzt lediglich eine weitere Zeile. Greifen Sie auf die schon bekannte *setTimeout()*-Methode zurück. Kombinieren Sie diese mit *window.close()*. Die *15000* zählt in Millisekunden, schließt Ihr Fenster also nach 15 Sekunden.

```
win.setTimeout("window.close()",15000);
```

3. Probieren Sie es einfach aus: Ganz automatisch wird das Fenster nach 15 Sekunden wieder geschlossen.

In der Datei *fenster4.htm* finden Sie das fertige Skript.

Fenster manuell schließen

Sie schwören auf Handarbeit? Das gelingt Ihnen zumindest bei HTML-Dokumenten, die in JavaScript-Fenstern angezeigt werden. Nutzen Sie die *close()*-Methode. Schreiben Sie beispielsweise in den Quellcode:

```
<a href="javascript:self.close()">Fenster schließen</a>
```

Vergleichen Sie mit der Datei *fenster5.htm*. Das „Reise-Dokument" heißt im Beispiel *reisezu1.htm*.

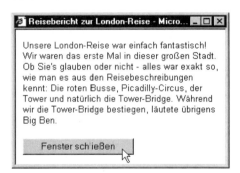

Auch eine schicke Schaltfläche ist natürlich möglich. Erinnern Sie sich an den *onClick*-Event-Handler? Schreiben Sie beispielsweise:

```
<form><input type="button" value="Fenster schließen" onClick="window.close()" /></form>
```

Das Ergebnis können Sie auch in der Datei *fenster6.htm* begutachten. Das zu schließende Dokument heißt *reisezu2.htm*.

Stopp – bevor Sie jetzt alle Fenster komplett schließen, zeige ich Ihnen zum krönenden Abschluss noch, wie man einen schicke „Fernbedienung" bastelt.

Fenster als Fernbedienung

Bauen Sie Ihr kleines JavaScript-Fenster zur praktischen Fernbedienung um. Das funktioniert schon ab Internet Explorer 3, allerdings erst ab Netscape 4.

 Hierbei hilft Ihnen die so genannte *opener*-Eigenschaft des *window*-Objekts. Diese verweist auf das Fenster, das das aktuelle Fenster geöffnet hat, sozusagen auf den Öffner. Falls das Fenster vom Benutzer geöffnet wurde, entspricht der Rückgabewert jedoch Null.

Im Beispiel soll die Auswahl zwischen den drei Seiten *seite1.htm*, *seite2.htm* und *seite3.htm* erfolgen. Die Datei *seite1.htm* wird zuerst aufgerufen. Bauen Sie hier deshalb zuerst das Fenster ein.

Das JavaScript-Fenster soll automatisch mit Öffnen des HTML-Dokuments starten. Außerdem wird nur ein Fenster benötigt. Deshalb verzichten wir im Beispiel auf eine Funktion:

```
<script language="JavaScript" type="text/javascript">
<!--
var win;
win=window.open("remote.htm","remote","height=160,width=220,left=200,top=50");
//-->
</script>
```

Am interessantesten ist jedoch der Quelltext der „Fernbedienung". Im Beispiel handelt es sich um das Dokument *remote.htm*.

Im nächsten Beispiel haben Sie es mit einer Funktion mit Parameterübergabe zu tun. Setzen Sie den entsprechenden Parameter (eine Variable) in die runden Klammern. Sie wollen eine Funktion definieren, die die Varialbe *url* übermittelt bekommt? Dann schreiben Sie *function verweis(url)*. Funktionen mit Parameterübergabe machen das Arbeiten mit JavaScript noch flexibler. Ein weiteres Beispiel für eine Funktion mit Parameterübergabe finden Sie im Referenzteil auf der CD zum Buch.

Hier die Schritte:

1. Zuerst zeige ich Ihnen den kompletten Quelltext des Dokuments:

```
<html>
<head>
<title>Remote Control</title>
<script language="JavaScript" type="text/javascript">
<!--
var url;
function verweis(url) {
window.opener.window.location=url;
}
//-->
</script>
</head>
<body bgcolor="white">
<h2>Fernbedienung</h2>
<a href="javascript:verweis('seite1.htm')">Seite 1</a><br />
<a href="javascript:verweis('seite2.htm')">Seite 2</a><br />
<a href="javascript:verweis('seite3.htm')">Seite 3</a><br />
</body>
</html>
```

2. Zuerst wird wieder eine Objektvariable definiert. Diese heißt im Beispiel *url*. In der nächsten Zeile erstellen Sie eine Funktion. Diese wird *verweis* genannt. Als Parameter wird der Funktion in runden Klammern der Wert der Variablen *url* übergeben *verweis(url)*.

3. Besonders interessant ist jedoch die Zeile:

```
window.opener.window.location=url;
```

Sie haben es mit der schon erwähnten *opener*-Eigenschaft des *window*-Objekts zu tun. Die Eigenschaft *opener* verweist auf der vorherige Fenster, und zwar auf den Öffner (eben den *opener*). Und in diesem Öffner wird das Dokument angezeigt. Welches? Nun das, was von der Variablen *url* zurückgegeben wird.

4. Im eigentlichen Dokument wird die Funktion jetzt per JavaScript-Hyperlink aufgerufen. Die Zeile

```
<a href="javascript:verweis('seite1.htm')">Seite 1</a>
```

gibt beispielsweise *seite1.htm* an die Variable *url* ab. Die Funktion wird tätig und öffnet die Datei *seite1.htm* im ursprünglichen Fenster.

Alle Beispieldokumente finden Sie in einem separaten Unterordner namens *remote*.

Besser reagieren: Cookies, Datum, Frames und Forms

Führen wir unseren kleinen JavaScript-Reigen einfach weiter. Beginnen wir mit den praktischen Formularen. Experimentieren wir mit Datum und Uhrzeit. Schauen wir uns danach die Cookies an. Zuletzt zeige ich Ihnen noch, wie Sie die Navigation in Frames verbessern können.

Dabei setze ich voraus, dass Sie – zumindest bei Frames und Formularen – schon über das entsprechende Vorwissen zum Thema verfügen. Schlagen Sie einfach in den jeweiligen Buch-Kapiteln nach!

Fehlerbehandlung in Formularen

Formulare sind eine ganz großartige Sache, gewiss. Doch nicht immer ist das Design wirklich anwenderfreundlich. Reagieren Sie auf Fehleingaben. Machen Sie den Surfer auf unausgefüllte Formularfelder aufmerksam. Blenden Sie vor dem Absenden ein Dialogfenster ein.

Erst mit JavaScript laufen Ihre Formulare wirklich zu großer Form auf.

 JavaScript eignet sich hervorragend zur Fehlerbehandlung in Formularen. Das war übrigens einer der wichtigsten Gründe für die Entstehung von JavaScript. Und so wundert es kaum, dass auch ältere Browser gut mit den folgenden Funktionen zurechtkommen.

Ich zeige Ihnen einige der Möglichkeiten am Beispiel der Text-Formularfelder.

Versehentliches Reset verhindern

Haben Sie sich auch schon einmal darüber geärgert? Sie füllen mühselig ein langes Bestellformular aus. Doch ganz aus Versehen klicken Sie statt auf *Abschicken* auf die *Zurückset-*

---

zen-Schaltfläche. Was passiert? Ihre kompletten Eingaben werden gelöscht! Und Sie müssen Ihre Daten von vorn eintippen.

Damit es dem Surfer zumindest auf Ihrer Webseite nicht mehr so geht, empfehle ich ein Skript. Nach dem Klick auf *Reset* erscheint eine Sicherheitsabfrage. Durch einen Klick auf *Abbrechen* kann die Entscheidung wieder zurückgenommen werden.

Ich zeige Ihnen zuerst den kompletten Quelltext für unser „Musterformular".

```html
<html>
<head>
<title>Formula</title>
<script language="JavaScript" type="text/javascript">
<!--
function sicher() {
var antwort;
antwort=confirm("Sind Sie sicher, dass Sie das Formular leeren wollen?");
if (antwort==true) {
alert("Das Formular wird gelöscht!");
}
else {
return antwort;
}
}
//-->
</script>
</head>
<body bgcolor="white">
<h1>Newsletter bestellen!</h1>
<form action="irgendein.cgi" method="post" name="abfrage" id="abfrage" onReset="return sicher()">
<br />Vorname: <input type="text" name="vorname" id="vorname" />
<br />Nachname: <input type="text" name="name" id="name" />
<br />E-Mail-Adresse: <input type="text" name="email" id="email" />
<p><input type="reset" value="Formular leeren" />
<input type="submit" value="Daten abschicken" /></p>
</form>
</body>
</html>
```

So sieht das Formular im Browser aus. Im Beispiel wird gerade die Schaltfläche *Formular leeren* (*reset*) angeklickt.

Was verbirgt sich dahinter? Der Quelltext für das Formular ist sicher klar. Dabei handelt es sich im Prinzip um ein ganz gewöhnliches HTML-Formular. Lediglich der Event-Handler *on-Reset* sorgt dafür, dass eine Funktion aufgerufen wird. Sie schreiben also im *<form>*-Tag *onReset="return sicher()"*.

 Sie schreiben *onReset* oder *onSumit* in das *<form>*-Tag? Sie wollen eine Funktion zuweisen? Dann müssen Sie vor dem Funktionsnamen stets das Schlüsselwort *return* tippen, gefolgt von einem Leerzeichen. Falls die Funktion *false* zurückgibt, wird das Formular nicht zurückgesetzt (resetted).

Und was tippen Sie bei *action*? Falls Sie keine CGI-Anbindung besitzen, können Sie hier gern Ihre eigene E-Mail-Adresse eintragen. Schreiben Sie beispielsweise *action="mailto:adresse@server.com"*.

Doch nun zu unserer Funktion im Skript selbst.

Die confirm()-Methode

Wir machen uns in diesem Fall die so genannte *confirm()*-Methode des *window*-Objekts zunutze. Durch *window.confirm()* bzw. kurz *confirm()* rufen Sie wieder ein Dialogfenster auf den Plan. Dieses wird zusätzlich durch die Schaltflächen *OK* und *Abbrechen* geschmückt. Die Syntax lautet:

```
confirm("Ausgabetext")
```

Doch damit nicht genug: Klickt der Surfer auf *OK*, wird der boolesche Wert *true* (für wahr bzw. ja) zurückgegeben. Bei Klick auf *Abbrechen* dagegen lautet das Ergebnis *false* (für unwahr bzw. nein).

Dieses Ergebnis wird im Beispiel in einer Variablen (hier *antwort*) aufgefangen:

```
antwort=confirm("Sind Sie sicher, dass Sie das Formular leeren wollen?");
```

Durch eine *if*-Abfrage können Sie nun gezielt auf die Wahl des Surfers reagieren:

```
if (antwort==true) {
alert("Das Formular wird gelöscht!");
```

Wählt der Surfer *OK*, nimmt das Schicksal seinen Lauf. Ein Dialogfenster (*alert()*-Box) macht ihn auf das Unvermeidliche aufmerksam – das Formular wird gelöscht. Falls der Rückgabewert jedoch *false* lautet (Klick auf *Abbrechen*), bleibt der Formularinhalt unangetastet. Dafür sorgt im Beispiel *return antwort*, also nichts weiter als *return false*. Und dieses Nein (*false*) heißt auch für unser *reset* nein!

Die komplette Datei finden Sie übrigens im Ordner *Formular* unter dem Namen *noreset.htm*.

Formularfeld auf Eingabe kontrollieren

Ein weiteres Problem sind Formularfelder, die bei der Eingabe vergessen wurden. Im Beispiel ist soll die E-Mail-Adresse unbedingt eingegeben wurde. Das Feld bleibt leer? Dann weisen Sie den Surfer beim Verlassen auf sein Versäumnis hin.

So viel schon vorweg: Der Event-Handler *onBlur* ist hervorragend für unsere Zwecke geeignet. Schauen Sie sich das Beispiel von der Vorseite an. Ergänzen Sie im JavaScript-Quelltext einfach folgende Funktion:

```
function mailcheck() {
if(document.abfrage.email.value=="") {
alert("Geben Sie bitte Ihre E-Mail-Adresse ein!");
document.abfrage.email.focus();
}
}
```

Und hier, was Sie beachten müssen:

1. Das Formularfeld für E-Mail wurde im Beispiel benannt, der Name lautet *email*. Außerdem wurde hier der Event-Handler *onBlur* eingefügt. Dieser ruft bei Verlassen des Formularfelds die Funktion *mailcheck* auf.

```
<br />E-Mail-Adresse: <input type="text" name="email" id="email" onBlur="mailcheck()" />
```

2. Doch nun zur Funktion *mailcheck*. Diese prüft zuerst, ob das E-Mail-Feld Daten enthält.

```
if(document.abfrage.email.value=="") {
```

3. Falls das nicht der Fall ist (*value*==" "), wird eine Dialogbox aufgerufen, die höflich auf das Versäumnis hinweist.

alert("Geben Sie bitte Ihre E-Mail-Adresse ein!");

4. Besonders interessant ist die *focus()*-Methode. Diese setzt den Cursor zurück in das Formularfeld.

document.abfrage.email.focus();

Und wo bleibt *else*? Das ist in diesem Fall nicht nötig!

Die *else*-Anweisung kann in *if*-Entscheidungsstrukturen auch weggelassen werden. Es ist also nicht zwingend nötig, dass auf *if* auch ein *else* folgt.

Probieren Sie das Skript aus! Sobald der Surfer versucht, das Feld ohne Eingabe zu verlassen, wird er durch die *alert()*-Box ermahnt.

Sie finden das auf diese Weise erweiterte Formular in der Datei *mailcheck.htm*.

Was sagen Sie – die Funktion *mailcheck()* springt nur dann an, wenn der Surfer auch tatsächlich dieses Feld betreten hat? Und wenn er es von vornherein auslässt, erscheint keine Dialogbox? Kein Problem, wozu gibt es die *focus()*-Methode! Bauen Sie einfach in das vorige Formularfeld eine Zwangsweiterleitung ein, per Event-Handler *onBlur*. Dieser setzt den Fokus per Inline-Skript auf das nächste Feld. Schreiben Sie *onBlur="document.abfrage.email.focus();"*. Das auf diese Art „verfeinerte" Formular finden Sie in der Datei *mailfocus.htm*.

Zu viele „Zwangsweiterleitungen" sind jedoch nicht empfehlenswert. Verzichten Sie im *Vorname*-Feld am besten auf diesen Effekt. Möglicherweise hat der Surfer nur aus Versehen geklickt.

Passwortüberprüfung

Sie haben in Ihr Formular zusätzlich Felder zur Abfrage eines Passworts eingefügt? Eines zum Eintippen und ein zweites zum Überprüfen? Dann testen Sie einfach, ob die in beiden Feldern gemachten Angaben übereinstimmen.

Fügen Sie beispielsweise folgende Passwortfelder in Ihr Formular ein:

```
<br />Ihr Passwort: <input type="password" name="pw1" id="pw1" />
<br />Eingabe wiederholen: <input type="password" name="pw2" id="pw2" onBlur="pw()" />
```

Und mit dieser Funktion überprüfen Sie die Passwörter.

```
function pw() {
if(document.abfrage.pw1.value!=document.abfrage.pw2.value) {
alert("Bitte überprüfen Sie das Passwort!");
document.abfrage.pw1.focus();
}
}
```

Allerdings ist diese Funktion nicht in der Lage zu überprüfen, ob das Passwort insgesamt korrekt ist. Das wird sich erst nach Abschicken des Formularinhalts an den Server herausstellen.

Das Passwort-Beispiel finden Sie in der Datei *passwort.htm*.

Kontrolle vor dem Abschicken

Leider – man erlebt es immer wieder: Nach einem Klick auf *Absenden* sind die Daten weg. Doch gerade bei Formularen wäre es schön, wenn man den Inhalt vor dem Versenden noch einmal überprüfen könnte. So wird auch das versehentliche Verschicken halb ausgefüllter Formulare vermieden.

Die folgende Lösung gibt die eingetragenen Daten vor dem Versenden in einer *alert()*-Box aus. Erst nach einem Klick auf *OK* wird der Formularinhalt übermittelt. Der Übersichtlichkeit halber verzichten wir in diesem Formular (und im nächsten Beispiel) auf das Passwort-Feld.

Neu hinzugekommen ist die Funktion *formcheck()*. Hier zuerst der komplette Quelltext für das gesamte Dokument. Diesmal soll der Formularinhalt per E-Mail versandt werden!

```
<html>
<head>
<title>Formular</title>
<script language="JavaScript" type="text/javascript">
<!--
function sicher() {
var antwort;
antwort=confirm("Sind Sie sicher, dass Sie das Formular leeren wollen?");
if (antwort==true) {
alert("Das Formular wird gelöscht!")
}
else {
return antwort;
}
}
function mailcheck() {
if(document.abfrage.email.value=="") {
alert("Geben Sie bitte Ihre E-Mail-Adresse ein!");
document.abfrage.email.focus();
}
}
function formcheck() {
var vorname, name, email, frage;
vorname=document.abfrage.vorname.value;
name=document.abfrage.name.value;
email=document.abfrage.email.value;
frage=confirm("Vorname: " + vorname + ", Name: " + name + " und E-Mail-Adresse: " + email + ". Ist das
korrekt?")
if (frage==true) {
alert("Die Daten werden jetzt abgeschickt!");
}
else {
return frage;
}
```

```
}
//-->
</script>
</head>
<body bgcolor="white">
<h1>Newsletter bestellen!</h1>
<form action="mailto:jch@lexi.de" method="post" name="abfrage" id="abfrage" onReset="return sicher()"
onSubmit="return formcheck()">
<br />Vorname: <input type="text" name="vorname" id="vorname" />
<br />Nachname: <input type="text" name="name" id="name" onBlur="document.abfrage.email.focus();" />
<br />E-Mail-Adresse: <input type="text" name="email" id="email" onBlur="mailcheck()" />
<p><input type="reset" value="Formular leeren" />
<input type="submit" value="Daten abschicken" /></p>
</form>
</body>
</html>
```

Die Eingaben aus den entsprechenden Formularfeldern werden in Variablen abgespeichert. Der Rest des Skripts ist ähnlich aufgebaut wie im ersten Beispiel. Beim Abschicken sorgt der Event-Handler *OnSubmit* (*onSubmit="return formcheck()"*) für die Überprüfung der Daten.

Das fertige Beispiel finden Sie unter dem Namen *lastcheck.htm*.

E-Mail-Adresse auf Gültigkeit prüfen

Kein Skript ist so gut, dass es nicht noch verbessert werden kann.

Zurück zu unserem Formular. Schauen Sie sich einmal das E-Mail-Feld an, hier die Funktion *mailcheck()*. Bisher haben Sie geprüft, ob der Anwender etwas eingetragen hat, nicht jedoch, was. Und wenn er nur wirres Zeug tippt? Oder lediglich ein Zeichen? Dann wird auch das als E-Mail-Adresse akzeptiert!

Verfeinern Sie die Prüfung! Finden Sie heraus, ob es sich um eine gültige E-Mail-Adresse handelt. Kontrollieren Sie zumindest, ob das Zeichen @ vorhanden ist. Testen Sie weiterhin, ob der Anwender auch einen Punkt gesetzt hat. Denn jede E-Mail-Adresse benötigt ein @-Zeichen und den Punkt!

 Sie wollen eine Zeichenkette auf das Vorhandensein bestimmter Zeichen prüfen? Dabei hilft Ihnen die *charAt()*-Methode! Speichern Sie eine Zeichenfolge in einer Variablen, beispielsweise *eingabe*. Sie wollen nun herausfinden, ob die dritte Stelle dieses Strings ein @ ist? Dann schreiben Sie beispielsweise *if (eingabe.charAt(2) =="@")*. Vergessen Sie nicht, dass JavaScript bei 0 mit dem Zählen beginnt, die 2 entspricht also der dritten Stelle!

So weit die Vorrede. Hier nun die verbessert Funktion *mailcheck()* speziell für den Formular-Gourmet. Zuerst zeige ich Ihnen wieder den kompletten Quelltext des Skripts! Dann machen wir uns über die Raffinessen her.

```
function mailcheck() {
var eingabe, laenge, i, atcheck, dotcheck;
eingabe=document.abfrage.email.value;
laenge=document.abfrage.email.value.length;
if(eingabe=="") {
alert("Geben Sie bitte Ihre E-Mail-Adresse ein!");
document.abfrage.email.focus();
return false;
}
atcheck=0;
dotcheck=0;
for (i=0; i< laenge; i=i+1) {
if (eingabe.charAt(i)=="@") {
atcheck=1;
}
if (eingabe.charAt(i)==".") {
dotcheck=1;
}
}
if (atcheck!=1 || dotcheck!=1) {
alert("Das ist keine gültige E-Mail-Adresse!");
document.abfrage.email.focus();
```

```
document.abfrage.email.select();
}
}
```

Hier nun die Einzelheiten:

1. Zuerst legen Sie etliche Variablen fest. Die Variable *eingabe* speichert beispielsweise den im E-Mail-Feld eingetragenen Wert (*value*). Die Variable *laenge* ermittelt die Länge des Eintrags.

2. Die erste Prüfung testet, ob überhaupt etwas in das Feld eingegeben wurde. Das gleicht der vorigen Version dieses Skripts. Neu hinzugekommen ist jedoch die Zeile *return false;* Diese sorgt dafür, dass das Skript an dieser Stelle abgebrochen wird, falls das Feld leer blieb. (Ohne *return false;* würde das Programm gleich weiterlaufen. Aber es macht schließlich wenig Sinn, leere Zeichenfolgen auf das Vorhandensein bestimmter Zeichen zu überprüfen.)

3. Nun wird's interessant. Weisen Sie den beiden Variablen *atcheck* und *dotcheck* den Wert 0 zu. Schreiben Sie

   ```
   atcheck=0;
   dotcheck=0;
   ```

   Damit testen Sie gleich, ob das Zeichen @ (Variable *atcheck*) oder der Punkt (Variable *dotcheck*) vorhanden sind.

4. Die schon bekannte Zählschleife startet durch und prüft mit einer *if*-Abfrage, ob irgendwo in der Zeichenfolge ein @ auftaucht. Falls das so ist, wird der Variablen *atcheck* der Wert 1 zugewiesen.

   ```
   for (i=0; i< laenge; i=i+1) {
   if (eingabe.charAt(i)=="@") {
   atcheck=1;
   }
   ```

5. Eine weitere Zählschleife testet das Gleiche für das Punkt-Zeichen. Im Erfolgsfall schaltet auch die *dotcheck*-Variable von 0 auf 1 um. Beachten Sie, dass Sie zum Abschluss zwei geschweifte Klammern setzen müssen. Einmal zum Beenden der zweiten *if*-Abfrage, dann zum Abschließen der Zählschleife.

   ```
   if (eingabe.charAt(i)==".") {
   dotcheck=1;
   }
   }
   ```

6. Eine weitere *if*-Abfrage prüft nun die Variablen *atcheck* und *dotcheck*. Dabei können Sie gleich zwei Fliegen mit einer Klappe schlagen. Nutzen Sie den Oder-Operator ||.

```
if (atcheck!=1 || dotcheck!=1) {
```

Die Abfrage liest sich folgendermaßen: Wenn *atcheck* oder *dotcheck* ungleich 1 sind, dann:

```
alert("Das ist keine gültige E-Mail-Adresse!");
```

7. Als kleine Raffinesse wird zum Schluss der Focus nicht nur zurück auf das E-Mail-Feld gesetzt. Nein, die zweite Zeile markiert dieses auch!

```
document.abfrage.email.focus();
document.abfrage.email.select();
```

Sie finden die Funktion zusammen mit dem kompletten Formular in der Datei *mailgourmet.htm*.

Datum und Uhrzeit anzeigen

Besonders viel Spaß macht der Umgang mit Datum und Uhrzeit. Wie wäre es mit einer Datumsanzeige auf Ihrer Homepage? Der aktuellen Uhrzeit? Oder sogar einem Countdown bzw. „Countup"?

Auf den nächsten Seiten verrate ich Ihnen das Wichtigste zum Thema. Dabei mache ich Sie gleich mit weiteren Programmier-Raffinessen vertraut, den Arrays. Doch zuerst zum *Date*-Objekt.

Alle Beispiele dieses Kapitels finden Sie im Ordner *date-objekt*. Einige Skripts arbeiten zwar schon mit älteren Browsern, das korrekte Ergebnis erhalten Sie jedoch – wie meist bei komplexeren Skripts – ab Internet Explorer 4 und Netscape Navigator 4.

Das Datum ausgeben

Sie wollen Datum und Uhrzeit ermitteln und in Ihrer Webseite anzeigen? Dabei hilft Ihnen in JavaScript das Objekt *Date*. Hier schon einmal das fertige Beispiel für dieses Kapitel.

Doch bevor es so weit ist, haben Sie noch einen langen Weg vor sich. Wir fangen „bescheiden" an.

Das Objekt *Date* brät eine Extrawurst. Bevor Sie mit dem Datumsobjekt arbeiten können, müssen Sie eine so genannte Objektinstanz erzeugen.

 Zum Erzeugen einer neuen Objektinstantz dient das Schlüsselwort *new*. Schreiben Sie also *new Date()*. Fangen Sie diesen Wert in einer Variablen auf. Schreiben Sie beispielsweise *datum=new Date()*. Jetzt können Sie aus dieser Variablen die gewünschten Informationen „herauspressen". Dazu benötigen Sie lediglich die entsprechende Methode, beispielsweise *getDate()* für den Monatsnamen.

Und welche Informationen gibt das *Date*-Objekt preis? Schauen wir mal! Hier eine Übersicht über die entsprechenden Methoden.

Methode	Beispiel	Erklärung
getDate()	datum.getDate()	Liefert den Monatstag als Zahl von 1 bis 31.
getDay()	datum.getDay()	Liefert den Wochentag als Zahl zwischen 0 und 6, wobei die Zählung bei 0=Sonntag beginnt. Donnerstag wäre so eine 4.
getMonth()	datum.getMonth()	Liefert den Monat als Zahl zwischen 0 und 11, wobei die Zählung wieder bei 0=Januar beginnt. Der April ist demnach eine 3.
getYear()	datum.getYear()	Liefert die Jahreszahl.
toGMTString()	datum.toGMTString()	Datum wird in eine Zeichenkette umgewandelt, die dem so genannten IETF-Standard entspricht. Der *21. November 2000* würde zu *Tue, 21 Nov 2000 12:24:23 UTC*.

Mit diesen Werten können Sie durchaus schon etwas anfangen. Beschränken wir und auf die ersten vier. Ermitteln Sie das Datum inklusive Wochentag und Monat. Beispielsweise so:

```
<html>
<head>
<title>Datum anzeigen</title>
<script language="JavaScript" type="text/javascript">
<!--
var datum, date, tag, monat, jahr;
datum=new Date;
date=datum.getDate();
tag=datum.getDay();
monat=datum.getMonth();
jahr=datum.getYear();
//-->
</script>
</head>
<body bgcolor='white'>
<h1>Datumsausgabe</h1>
<script language="JavaScript" type="text/javascript">
```

```
<!--
document.write("Datum: " + date + "<br />Tag: " + tag + "<br />Monat: " +  monat + "<br />Jahr: " + jahr);
//-->
</script>
</body>
</html>
```

Gehen wir ganz kurz einmal den Quellcode durch:

1. Zuerst initialisieren Sie wieder die benötigten Variablen. Für unser Beispiel habe ich mir die Namen *datum, date, tag, monat, jahr* ausgedacht:

   ```
   var datum, date, tag, monat, jahr;
   ```

2. In der nächsten Zeile erzeugen Sie eine neue Objektinstanz des Objekts *Date*. Außerdem weisen Sie der Variablen *datum* diese Instanz zu.

   ```
   datum=new Date;
   ```

3. Wenn Sie das geschafft haben, lesen Sie die gewünschten Werte mit den entsprechenden Methoden aus. Diese Angaben fangen Sie wieder in Variablen auf. Das aktuelle „date" (also der Monatstag zwischen 1 und 31) wird durch *datum.getDate()* ermittelt und in der Variablen *date* gespeichert usw.

   ```
   date=datum.getDate();
   tag=datum.getDay();
   monat=datum.getMonth();
   jahr=datum.getYear();
   ```

4. Zur Ausgabe der Daten verwenden Sie ein zweites Skript. Diese fügt die einzelnen Werte in den Body ein. Dazu dient diese eine Zeile.

   ```
   document.write("Datum: " + date + "<br />Tag: " + tag + "<br />Monat: " +  monat + "<br />Jahr: " + jahr);
   ```

Natürlich hätten Sie die Werte auch in einer *alert()*-Box ausgeben können.

Besonderheiten der Datums-Ausgabe

Und hier sehen Sie das Ergebnis für den 21. 11. 2000. Schauen Sie sich die Abbildungen (Internet Explorer und Netscape Navigator) genau an! Und was sehen Ihre vom Bildschirmflimmern überanstrengten Äuglein? Da stimmt doch etwas nicht?!

Doch, es ist alles korrekt. Das Datum selbst stimmt unbesehen, es ist der 21. Und der Tag? Nun, der 21. November 2000 ist ein Dienstag (0 = Sonntag). Auch das Problem mit dem angeblich falschen Monat ist schnell geklärt. Schließlich beginnt die interne Zählung bei Index 0. Der Monat 10 ist also der November.

Und wie sieht es mit dem Jahr aus?

Leider behandeln der Internet Explorer und der derzeit aktuelle Netscape-Browser die Jahreszahl auf unterschiedliche Weise. Bis zum Jahr 1999 haben beide Browser einen zweistelligen Wert von 70 (Jahr 1970) bis 99 (Jahr 1999) zurückgegeben. Ab dem Jahr 2000 nutzt der Internet Explorer die vierstellige Jahresanzeige (2000, 2001, 2002 usw.), Netscape setzt die Reihe jedoch fort mit (100 = 2000, 101 = 2001, 102 = 2002 usw.).

Verbessern Sie die Datumsanzeige einfach! Erzeugen Sie eine Datumsausgabe nach dem Muster: *Heute ist Dienstag, der 21. November 2000.*

Wie? Lösen wir das Problem gemeinsam Schritt für Schritt. Und falls Sie keine Lust zum Abschreiben hatten: Sie finden den bisherigen Stand immerhin schon in der Datei *datum1. htm*.

Arrays helfen: Wochentag und Monatsnamen

Machen wir uns zuerst über den Wochentag und den Monatsnamen her. Wenn die *getDay()*-Methode eine 2 ausspuckt, soll automatisch der Dienstag eingesetzt werden. Die 10 möchte bitteschön als November erscheinen.

Mit Ihrem bisherigen Wissen finden Sie möglicherweise schon eine Lösung: *if*-Anweisung? Fallunterscheidung mit *switch*? So würde es gehen! Aber es gibt etwas viel Besseres: Nutzen Sie die praktischen Arrays!

Arrays (Vektoren) helfen Ihnen, mehrere Werte in einer einzigen Variablen zu speichern. Die einzelnen Werte werden über ihren jeweiligen Index angesprochen. Der Index beginnt stets bei 0.

Ich zeige Ihnen zwei Möglichkeiten, Arrays zu definieren. So viel schon vorweg: Wenn Sie aus einer Variablen ein Array machen wollen, benötigen Sie das Schlüsselwort *new Array*. Angenommen, die Variable soll *wochentag* heißen. Dann schreiben Sie *wochentag=new Array()*.

Doch jetzt zu den zwei Möglichkeiten. Beide Arrays leisten im Endeffekt das Gleiche.

Array in tabellarischer Schreibweise

Zuerst zeige ich Ihnen die althergebrachte „tabellarische Schreibweise". Hier werden die einzelnen Inhalte untereinander aufgelistet. Sie legen von vornherein fest, wie viele Elemente im Array gespeichert werden. Danach listen Sie die einzelnen Werte mit der jeweiligen Indexnummer auf. Die Indexnummer wird stets in eckige Klammern gesetzt. Die Werte selbst sind im Beispiel Zeichenfolgen (Strings), müssen deshalb in Gänsefüßchen stehen.

```
var wochentag;
wochentag=new Array(7);
wochentag[0]="Sonntag";
wochentag[1]="Montag";
wochentag[2]="Dienstag";
wochentag[3]="Mittwoch";
wochentag[4]="Donnerstag";
wochentag[5]="Freitag";
wochentag[6]="Samstag";
```

Sie wollen jetzt auf einen ganz bestimmten Wert zugreifen? Das gelingt über die Indexnummer. Probieren Sie's aus! Schreiben Sie beispielsweise:

```
alert(wochentag[2]);
```

Vergleichen Sie mit dem Dokument *array1.htm*: Beim Laden des Dokuments gibt Ihnen JavaScript den entsprechen Wochentag in einer *alert()*-Box aus!

Array in Kompaktschreibweise

Noch komfortabler ist jedoch die folgende „Kompaktschreibweise". Hier setzen Sie alle Werte des Arrays hintereinander. Es entsteht im Prinzip eine lange Zeile. Dabei brauchen Sie nicht anzugeben, wie viele Werte im Array gespeichert sind.

Denken Sie an die Gänsefüßchen. Außerdem wichtig: Setzen Sie nach den Kommas keine Leerzeichen!

```
var wochentag;
wochentag=new Array("Sonntag","Montag","Dienstag","Mittwoch","Donnerstag","Freitag","Samstag",
"Sonntag,");
```

Und auch hier entspricht der erste Wert wieder dem Index 0. Vergleichen Sie ruhig mit dem Dokument *array2.htm*.

Komfortable Ausgabe des Datums

Mit diesem Wissen gelingt Ihnen nun die komfortable Ausgabe des Datums. Sie benötigen lediglich zwei zusätzliche Variablen. Es handelt sich um die eben besprochenen Arrays. Die Variable *wochentag* beherbergt alle Tage von Sonntag bis Samstag. In der *monatsname*-Variablen sind dagegen die zwölf Monate gespeichert.

Hier das komplette Skript:

```
<html>
<head>
<title>Datum anzeigen</title>
<script language="JavaScript" type="text/javascript">
<!--
var datum, date, tag, monat, jahr, wochentag, monatsname;
datum=new Date;
date=datum.getDate();
tag=datum.getDay();
monat=datum.getMonth();
jahr=datum.getYear();
wochentag=new Array("Sonntag","Montag","Dienstag","Mittwoch","Donnerstag","Freitag","Samstag")
monatsname=new Array("Januar","Februar","März","April","Mai","Juni","Juli","August","September",
"Oktober","November","Dezember");
//-->
</script>
</head>
<body bgcolor='white'>
<h1>Diese Seite zeigt das akuelle Datum</h1>
```

```
<script language="JavaScript" type="text/javascript">
<!--
document.write("Heute ist " + wochentag[tag] + ", der " + date + ". " +  monatsname[monat] + " " + jahr);
//-->
</script>
</body>
</html>
```

Der Trick ist nun folgender: Die in den Variablen *tag* bzw. *monat* gespeicherten Indexnummern werden von unseren Array-Variablen ausgelesen. Schauen Sie sich die *document.write()*-Methode an: So steht hier beispielsweise *wochentag(tag)*. Und wenn *tag* einer 2 entspricht, gibt das pfiffige Skript den Dienstag aus dem Array *wochentag* frei.

Denken Sie auch an die eventuellen Leerzeichen, Punkte oder Kommas, damit das Ergebnis ordentlich ausgerichtet wird. So tippen Sie *"Heute ist "* beispielsweise mit Leerzeichen innerhalb der Gänsefüßchen.

Sie finden das komplette Dokument auch unter dem Namen *datum2.htm*.

Mit Variablen rechnen

Und was machen wir mit dem Netscape-Browser? Schließlich würde uns dieser am 21. November 2000 präsentieren: *Heute ist Dienstag, der 21. November 100.*

Manipulieren Sie die Variable *jahr* einfach. Prüfen Sie zuerst, ob der Browser ein Netscape ist, über *if (navigator.appName=="Netscape")*. Falls das zutrifft, addieren Sie zur Variablen den Wert 1900! Schreiben Sie *jahr=jahr+1900*. Und so sieht die komplette Ergänzung aus.

```
if (navigator.appName=="Netscape") {
jahr=jahr+1900;
}
```

Setzen Sie diese Ergänzung im Beispiel einfach unter die Zeile *jahr=datum.getYear();*. Vergleichen Sie ruhig mit dem Dokument *datum3.htm*. Der Trick funktioniert auch mit Netscape 6 (Preview-Fassung).

 Mit diesem tollen *Date*-Objekt sind Sie ungeheuer flexibel. Begrüßen Sie den Surfer am Wochenende (Tag 6 und Tag 0) mit einem freundlichen Wochenendgruß. Reagieren Sie auf eine bestimmte Uhrzeit. Weisen Sie darauf hin, dass Ihr Ladengeschäft erst in soundsovielen Stunden wieder öffnet usw.

Uhrzeitanzeige im Formularfeld

Wie wäre es mit der Anzeige Ihrer Uhrzeit? Geben Sie diese in einem Formularfeld aus.

ACHTUNG

Leider ist es auf direktem Weg schwer möglich, sich stetig ändernde Werte in ein Textdokument zu schreiben. Das geht nur bei neueren Browsern mit DHTML, aber auch hier reagiert jeder Browser anders. Die *document.write()*-Methode scheidet für unsere Zwecke vorerst aus. Auch eine *alert()*-Box ist leider ungeeignet. Weichen Sie in solchen Fällen stets auf ein Formularfeld *<input type="text" />* auf einen Schalter *<input type="button" />* oder auf die Statuszeile (*window.status=*) aus.

Und so sieht es aus, wenn die Uhrzeit in einem Textfeld „vor sich hin tickert".

Vorher müssen Sie lediglich einige weitere Methoden des *Date*-Objekts kennen lernen.

Methode	Beispiel	Erklärung
getHours()	datum.getHours()	Liefert die Stunden.
getMinutes()	datum.getMinutes()	Liefert die Minuten.
getSeconds()	datum.getSeconds()	Liefert die Sekunden.

Hier vorab schon einmal das komplette Skript:

```
<html>
<head>
<title>Uhrzeit</title>
<script language="JavaScript" type="text/javascript">
<!--
function uhrzeit() {
var datum, hh, mm, ss, clock;
datum=new Date();
hh=datum.getHours();
mm=datum.getMinutes();
ss=datum.getSeconds();
clock=hh + ":" + mm + ":" + ss;
document.uhr.anzeige.value=clock;
setTimeout("uhrzeit()",1000);
}
```

```
//-->
</script>
</head>
<body bgcolor="white" onLoad="uhrzeit()">
<h1>Anzeige der Uhrzeit</h1>
<form name="uhr" id="uhr">
<input type="text" size="8" name="anzeige" id="anzeige" />
</form>
</body>
</html>
```

Schauen wir uns einige ausgewählte Passagen des Skripts an:

1. Das Festlegen der Variablen ist Ihnen längst geläufig. Auch, dass Sie zuerst wieder eine neue Instanz des Objekts *Date* anlegen müssen, wissen Sie. Ebenfalls nicht schwer: Das Auslesen von Stunde, Minute und Sekunde. Übrigens: Die Variablennamen *hh*, *mm* und *ss* wurden wieder frei gewählt. Sie könnten auch *stunde*, *minute* oder *sekunde* schreiben!

2. Und was macht diese Zeile?

```
clock=hh + ":" + mm + ":" + ss;
```

Hier setzen Sie praktisch die Uhrzeit zusammen. Und zwar so, dass sie später im Format *hh:mm:ss* erscheint.

3. Besonders interessant wird es in dieser Zeile:

```
document.uhr.anzeige.value=clock;
```

Damit weisen Sie den Browser an, die in der Variablen *clock* gespeicherten Werte im Formular anzuzeigen.

4. Im Formular? Natürlich! Wohlweislich hatten Sie im Body des HTML-Dokuments schon ein Formular angelegt. Wichtig: Dieses müssen Sie mit den entsprechenden Namen versehen:

```
<form name="uhr" id="uhr">
<input type="text" size="8" name="anzeige" id="anzeige" />
</form>
```

5. Bis jetzt hat das Skript noch einen Schönheitsfehler. Die Uhrzeit wird einmal eingeblendet und nicht wieder aktualisiert. Doch wozu gib es die *setTimeout()*-Methode?

```
setTimeout("uhrzeit()",1000);
```

Diese Zeile sorgt dafür, dass die Funktion alle 1.000 Millisekunden (also jede Sekunde) erneuert wird.)

6. Natürlich dürfen Sie nicht vergessen, die Funktion auch zu aktivieren. Benutzen Sie den Event-Handler *onLoad* im *<body>*-Tag.

```
<body bgcolor="white" onLoad="uhrzeit()">
```

Sie finden das Beispiel auch im Dokument *uhrzeit1.htm*.

Uhrzeit als Schaltfläche

Damit sind Ihre Möglichkeiten noch nicht erschöpft! Sie können die Uhrzeit gern auch auf einer Schaltfläche ausgeben. Eigentlich müssten Sie lediglich *<input type="text" size="8" name="anzeige" id="anzeige">* ändern. Entfernen Sie das *size*-Attribut und schreiben Sie *<input type="button" name="anzeige" id="anzeige">*. Der Internet Explorer zeigt nun stets gehorsam die aktuelle Uhrzeit.

Leider genügt das für den Netscape-Browser noch nicht. Die Schaltfläche wird zu klein dargestellt. Geben Sie deshalb einen *value* vor. Dieser wird zwar von der Zeitangabe überschrieben (so soll es auch sein!), dient aber als Platzhalter für die Breite.

```
<form name="uhr" id="uhr">
<input type="button" name="anzeige" id="anzeige" value="Platzhalter" />
</form>
```

Vergleichen Sie mit der Datei *uhrzeit2.htm*.

Uhrzeit in der Statuszeile

Selbst die Ausgabe in der Statuszeile ist möglich.

Sie wollen statische oder dynamische Werte in die Statuszeile schreiben? Verwenden Sie die *status*-Eigenschaft des *window*-Objekts. Schreiben Sie *window.status="Textstring"* oder *window.status=Variable*.

Löschen Sie einfach das Formularfeld. Ersetzen Sie im JavaScript-Code lediglich die Zeile, die auf das Formular verweist (*document.uhr.anzeige.value=clock;*). Schreiben Sie stattdessen

```
window.status=clock;
```

Und schon tickert die Uhrzeit in der Statuszeile vor sich hin.

Vergleichen Sie mit dem Dokument *uhrzeit3.htm*.

Besuchszeit ermitteln

Wie wäre es, wenn Sie dem Surfer einen „Countdown" anbieten? Oder ihr bzw. ihm komfortabel die Besuchszeit anzeigen? Bleiben wir einfach bei letztem Beispiel! Lernen Sie auf dem Weg noch ein paar weitere interessante JavaScript-Raffinessen kennen!

Zeit in Sekunden messen

Richtig, im Web zählt jede Sekunde! Und hier greift auch unser erstes Beispiel. Ermitteln Sie, wie viele Sekunden sich der Besucher auf Ihrer Seite gerade aufhält.

Wie misst man die Zeit am besten? Ganz einfach! Sie ermitteln Start- und Endzeit und ziehen von der Endzeit die Startzeit ab. Wenn Sie aktuelle Zeit „erforschen" möchten, nutzen Sie einfach die *getTime()*-Methode.

 Die *getTime()*-Methode ermittelt die Zeit, die seit dem 01.01.1970, 00:00:00 Uhr Greenwich Mean Time bis zum heutigen Tag vergangen ist. Warum gerade der 01.01.1970? Nun, das ist in JavaScript der Nullpunkt bei der Zeitrechnung. Sie wollen die aktuelle Zeit in Sekunden herausfinden? Schreiben Sie beispielsweise *datumfix= new Date(); start=datumfix.getTime()*. Beachten Sie: Die Zeit wird bei dieser Methode boshafterweise in Millisekunden gemessen!

Hier schon einmal das komplette Skript für das Beispiel. Sie finden das Dokument auch unter der Bezeichnung *verweil1.htm* im Ordner *date-objekt*.

```
<html>
<head>
<title>Verweildauer</title>
<script language="JavaScript" type="text/javascript">
<!--
var datumfix, start;
datumfix=new Date();
start=datumfix.getTime();
function verweil() {
var datumcount, end, sekunden;
datumcount=new Date();
end=datumcount.getTime();
sekunden=(enc-start)/1000
sekunden=Math.round(sekunden);
document.uhr.sekunden.value=sekunden;
setTimeout("verweil()",1000)
}
//-->
</script>
</head>
<body bgcolor="white" onLoad="verweil()">
<h1>Verweildauer in Sekunden</h1>
<p>So lange sind Sie schon auf dieser Seite:</p>
<form name="uhr" id="uhr">
<input type="text" name="sekunden" id="sekunden" size="3" />
</form>
</body>
</html>
```

Das meiste können Sie sich sicher inzwischen selbst erschließen. Trotzdem gibt es einige interessante Neuerungen in unserem Skript. Beispielsweise die Division. Und die Rundung mit der *Math.round()*-Methode.

 Nur zur Information: Wenn Sie in JavaScript rechnen wollen, nutzen Sie die aus Excel oder anderen Tabellenkalkulationen bekannten Rechenoperatoren. Für die Addition verwenden Sie +, die Subtraktion wird mit – durchgeführt. Die Division (geteilt durch) symbolisieren Sie mit /. Das Multiplikationszeichen ist ein Sternchen (*). Weiterhin wichtig zu wissen: Als Trennzeichen für Dezimalbrüche dient in JavaScript der Punkt (.), nicht das Komma. So wird 0,5 in JavaScript als 0.5 geschrieben. Die *Math.round()*-Methode dient wiederum zum Runden „krummer" Werte.

Und hier das Wichtigste im Überblick:

1. Zuerst ermitteln Sie die Startzeit. Diese bleibt konstant, es ist ein „Fixwert". Deshalb binden Sie diese Zeilen nicht in Ihre Funktion ein.

   ```
   var datumfix, start;
   datumfix=new Date();
   start=datumfix.getTime();
   ```

   Die Funktion selbst wird ja jede Sekunde von neuem aufgerufen.

2. In der Funktion selbst lesen Sie die jeweils aktuelle Zeit aus. Und jetzt finden Sie ganz leicht heraus, wie lange der Surfer auf Ihrer Webseite weilt. Dazu dient eine einfache Subtraktion.

   ```
   sekunden=(end-start)/1000
   ```

   Und warum müssen Sie das Ergebnis durch 1.000 dividieren? Ich sage nur: Millisekunden! Schließlich wollen Sie dem Surfer nicht zeigen, wie viele Millisekunden er schon auf Ihrer Seite verweilt. Rechnen Sie das Ergebnis einfach in Sekunden um.

3. Trotzdem lauert bei diesen Millisekunden wieder ein Pferdefuß! Die Teilerei ist zwar ganz schön und gut. Doch nun wird beispielsweise 15.035 als Zeit ausgegeben. Wollen Sie wirklich so genau wissen, dass Sie schon 15.035 Sekunden auf der Seite herumwuseln? Runden Sie den Wert lieber. Dazu dient die *Math.round()*-Methode.

   ```
   sekunden=Math.round(sekunden);
   ```

   Im Beispiel übergeben Sie *Math.round()* in Klammern einfach die Variable (hier *sekunden*). Die komische krumme Zahl (beispielsweise 15.035) wird auf 15 gerundet. Und die Variable *sekunden* „zieht" mit dem neuen gerundeten Wert „von dannen".

4. Fehlen nur noch die Ausgabe in das Formular und die *setTimeout()*-Methode. Letztere dient bekanntermaßen dazu, den Inhalt immer wieder zu erneuern, und das im Sekundentakt.

Schon mit diesem Skript können Sie eine Menge anfangen. Lesen Sie die Besuchszeit einfach intern aus. Wer besonders lange auf der Seite verweilt, könnte mit einem „Cookie" belohnt werden. Oder Sie präsentieren ein Dialogfenster. Mehr zu Cookies erfahren Sie einige Seiten weiter hinten.

Jetzt verrate ich Ihnen jedoch, wie Sie dem Surfer eine „freundlichere" Zeit anbieten. Denn wer will schon wissen, dass er sich seit 683 Sekunden auf dieser Page befindet?

Zeit in Minuten und Sekunden messen

Das nächste Problem stellt uns vor zusätzliche Schwierigkeiten. Wir wollen die Minuten aus den Sekunden ermitteln. Eigentlich müssen wir dazu lediglich die Sekunden durch 60 dividieren und diese Ziffer runden.

Die *math.Round()*-Methode nutzt die so genannte kaufmännische Rundung. Werte unter 0.5 (bitte den Punkt-Dezimaltrenner beachten!) werden zu 0. Werte über 0.5 jedoch zu 1.

Außerdem soll die Sekunden-Zählung nach jeder abgeschlossenen Minute wieder auf 0 zurückspringen. Nur die Minuten zählen fortlaufend.

Hier schon einmal das Beispiel vorab im Bild. Da hat es doch tatsächlich ein Surfer über zehn Minuten auf dieser dümmlichen Seite ausgehalten!

Das folgende Skript löst alle unsere Probleme. Sie finden es auch in der Datei *verweil2.htm* im Ordner *date-objekt*.

```
<html>
<head>
<title>Verweildauer</title>
<script language="JavaScript" type="text/javascript">
<!--
var datumfix, start;
datumfix=new Date();
start=datumfix.getTime();
```

```
function verweil() {
var datumcount, end, sekunden, mm, ss, count;
datumcount=new Date();
end=datumcount.getTime();
sekunden=(end-start)/1000;
sekunden=Math.round(sekunden);
mm=Math.round((sekunden/60)-0.5);
if (sekunden>59) {
ss=sekunden-(mm*60);
}
else {
ss=sekunden;
}
count=mm + ":" + ss;
document.uhr.counter.value=count;
setTimeout("verweil()",1000);
}
//-->
</script>
</head>
<body bgcolor="white" onLoad="verweil()">
<h1>Verweildauer in Min./Sek.</h1>
<p>So lange sind Sie schon auf dieser Seite:</p>
<form name="uhr" id="uhr">
<input type="text" name="counter" id="counter" size="5" />
</form>
</body>
</html>
```

Zuerst legen Sie weitere Variablen fest. Besonders wichtig sind *mm* (für die anzuzeigende Minuten) und *ss* (für die anzuzeigende Sekunden). Besonders bemerkenswert ist die Zeile *mm=Math.round((sekunden/60)-0.5);*. Hier dividieren Sie die fortlaufende Sekunden-Zählung nun durch 60. So ermitteln Sie die Minuten. Mit der *Math.round()*-Methode wird der ganze Spaß gleich gerundet, denn 0,52 Minuten sind nicht sonderlich attraktiv.

Doch jetzt kommt's: Damit die Minuten-Anzeige (*mm*) nicht schon bei der 31. Sekunde umspringt (0.5nochwas), ziehen Sie einfach 0.5 ab. Dann klappt's auch mit der kaufmännischen Runden. Erst bei Sekunde 60 erscheint eine 1 in der Anzeige.

Jetzt zur nächsten Raffinesse. Eine *if*-Abfrage ermittelt, ob die Sekunden-Zählung größer als 59 ist. Wenn ja, wird der in *mm* ermittelte Minutenwert mit 60 multipliziert. Das wird von der Sekundenzahl abgezogen. 60 - 60 ist 0 und die Zählung (zumindest für die anzuzeigenden Sekunden in *ss*) beginnt von vorn.

Mit JavaScript Cookies definieren

Im Web geschehen an vielen Stellen noch Zeichen und Wunder: Da werden Sie begrüßt mit *Schön, dass Sie uns wieder besuchen*. Und tatsächlich – es ist nicht Ihr erster Besuch. In anderen Fällen kennt man Sie anscheinend sogar beim Namen. Big Brother ist watching you? Keinesfalls!

Dahinter verbergen sich die so genannten Cookies, Datenschnipsel, mit denen eine Webseite Informationen auf dem Rechner des Surfers speichern kann.

 Mit Keksen im eigentlichen Sinn (cookies heißt im Deutschen Kekse) haben Cookies nicht viel zu tun. Schon in den frühen Jahren der Computerei bezeichnete man bestimmte „Datenschnipsel" in Softwareprogrammen als Cookie. Diese „Codeschnipsel" wurden von den Programmierern in das System eingebaut, um beispielsweise die Identität feststellen zu können bzw. Zugriff zu erhalten.

Alle folgenden Skripts zu Cookies arbeiten ab Browsern der „Vierer-Generation" korrekt, also ab Internet Explorer 4 und Netscape Navigator 4.

Cookies schnell im Griff

So viel schon vorweg: Cookies sind harmlos. Damit können Sie als Besitzer einer Homepage weder die Besucher Ihrer Seiten ausspionieren noch auf deren Festplatte zugreifen. Auch die Übertragung von Viren ist praktisch ausgeschlossen. Umgekehrt gilt diese Entwarnung natürlich ebenfalls: Auch Sie als Surfer gehen kaum ein Risiko ein.

Cookies sind nichts weiter als „einfache Textschnipsel". Diese legt der Browser auf der Festplatte des Surfers ab, um bestimmte Informationen zu speichern. Sie haben Ihren Namen bzw. die E-Mail-Adresse in ein Formular eingegeben? Sie mussten ein Passwort eintragen? Sie interessierten sich für ganz bestimmte Seiten bzw. haben bestimmte Produkte ausgewählt?

Das sind exakt die Informationen, die gern in Cookies abgelegt werden. Die betreffende Webseite liest diese Informationen bei Ihrem nächsten Besuch aus und „weiß" auf diese Art, welches Passwort Sie eingegeben hatten bzw. welche Produkte immer noch im Warenkorb auf Ihre Bestellung warten.

Der Besitzer der Webseite erfährt von alledem jedoch nichts.

Surfer wiedererkennen mit Cookies

Genug der Vorrede. Backen Sie Ihren „ersten Keks". Der Surfer besucht Ihre Seite? Dann soll dieses „Ereignis" auf dem Rechner des Surfers mit einem Cookie „gefeiert werden". Falls der Besucher jemals wiederkehrt, können Sie ihn gleich individuell begrüßen. Schreiben Sie in diesem Fall *Schön, dass Sie uns wieder besuchen*! Alle Erstbesucher werden dagegen mit dem Text *Schön, dass Sie uns besuchen* abgespeist.

Hier finden Sie schon einmal den kompletten Quellcode als Beispiel. Schauen Sie in den Ordner *cookies*. Sie finden die Datei unter dem Namen *cookie1.htm*.

```
<html>
<head>
<title>Kekse backen</title>
<script language="JavaScript" type="text/javascript">
<!--
var datum;
datum=new Date;
datum.setMonth(datum.getMonth()+3);
document.cookie="besuch=ja; expires=" + datum.toGMTString();
//-->
</script>
</head>
<body bgcolor="white">
<h1>Die Seite mit Ged&auml;chtnis</h1>
</body>
</html>
```

Und jetzt werfen wir einen näheren Blick auf den Quellcode.

1. Zuerst legen Sie eine Objektvariable an (*var datum; datum=new Date;*). Diese soll zum aktuellen Datum drei Monate hinzurechnen. Schreiben Sie:

```
datum.setMonth(datum.getMonth()+3);
```

Neu ist hier die *setMonth()*-Methode. Diese legt einen bestimmten Monat fest. *datum.setMonth(5)* würde den April festlegen. Hier addieren Sie jedoch zum mit der *getMonth()*-Methode ermittelten aktuellen Monat drei Monate dazu.

2. Den eigentlichen Cookie legen Sie mit der *cookie*-Eigenschaft des *document*-Objekts fest. Vergeben Sie dann einen Namen für das Cookie. Die allgemeine Syntax sieht so aus:

```
document.cookie="cookiename=cookiewert"
```

Der „Beispielkeks" heißt im Beispiel *besuch* und besitzt den Wert *ja*.

3. Normalerweise wird ein Cookie wieder gelöscht, sobald der Surfer Ihre Seite verlässt. Geben Sie dem „Textschnipsel" deshalb noch das Enddatum mit auf den Weg. Die Eigenschaft *expires* ist dafür bestens geeignet. Allerdings muss das Datum noch im so genannten Greenwich Mean Time-Format (GMT) vorliegen. Mit der Methode *Datumsobjekt.toGMTString()* können Sie das schon definierte „gewöhnliche Datum" in ein Datum nach dem GMT-Format umwandeln. Hier die komplette Zeile „mit Lebensdauergarantie".

    document.cookie="besuch=ja; expires=" + datum.toGMTString();

ACHTUNG

Beachten Sie, dass die Cookie-Eigenschaften (Cookie-Name, der entsprechende Wert usw.) Text-Strings sind. Schließlich werden Cookies auch in Textdateien gespeichert. Die einzelnen Attribute müssen deshalb in Gänsefüßchen gesetzt werden. Leider können Cookies nicht als Objekte angesprochen werden.

Speicherort der Cookies

Nach diesem Experiment sind Sie sicher neugierig: Wo zum Kuckuck legt Ihr System diese Cookies ab? Schauen Sie einfach nach! Unter Windows 95/98, NT oder 2000 geht das so:

1. Rufen Sie die Suchfunktion auf. Wählen Sie *Start/Suchen*, entscheiden Sie sich für die Auswahl *Dateien und Ordner*.

2. Tragen Sie die Zeichenfolge „cookies" in das Name-Feld ein. Stellen Sie bei *Suchen in* Ihre Festplatte ein. Klicken Sie jetzt auf *Starten*.

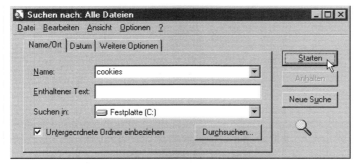

3. Nach einer Weile findet Windows den oder die Order bzw. die Stelle, wo Ihre Cookies abgelegt sind. Der Internet Explorer wählt in der Regel *C:\Windows\Cookies* als Standardordner. Cookies sind einfache Textdateien. Sie können diese durch Doppelklick öffnen.

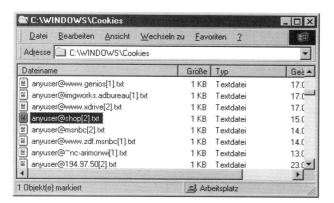

4. Der Netscape-Browser legt die Cookies jedoch in der Regel unter dem Pfad *C:\Programme\Netscape\Users\Benutzername* ab. Schauen Sie hier einfach nach, ob Sie eine Datei namens *cookies.txt* finden.

5. Übrigens können Sie Cookies auch ganz problemlos löschen.

Wie gesagt: Die Daten lagern auf dem Rechner des Surfers. Sie können auch nur von der entsprechenden Seite wieder ausgelesen werden. Und das nur dann, wenn der Surfer die Seite mit dem gleichen Browser in der gleichen Version wieder besucht.

Sie als „Erbauer" der Webseite bekommen den Inhalt der Cookies nicht zu Gesicht!

Cookies erst nach Eingabeaufforderung annehmen

In der Regel werden Cookies vom Browser „ungefragt" akzeptiert. Sie merken nicht, ob und welche Cookies auf Ihrer Seite landen.

Sie können Ihren Browser jedoch so einrichten, dass vor dem Speichern eines Cookies um Bestätigung gefragt wird.

Beim Internet Explorer 5 gehen Sie so vor:

1. Wählen Sie *Extras/Internetoptionen*. Gehen Sie ins Register *Sicherheit*. Sie wollen Cookies auf Ihrem lokalen Rechner oder im Intranet ausprobieren? Dann klicken Sie auf *Lokales Intranet*. Ansonsten entscheiden Sie sich für den Eintrag *Internet*. (Sie können auch beides nacheinander anpassen.)

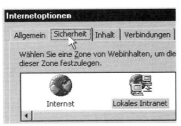

2. Wählen Sie nun die Schaltfläche *Stufe anpassen*. Ein weiteres Auswahlfenster öffnet sich. Rollen Sie hier ein Stück tiefer, bis zur Option *Cookies annehmen, die gespeichert sind*. Entscheiden Sie sich hier für Eingabeaufforderung. Wählen Sie auch bei der zweiten Einstellung *Eingabeaufforderung*.

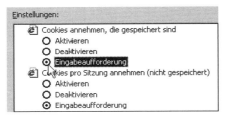

3. Übernehmen Sie Ihre Einstellungen durch einen Klick auf *OK*. Bestätigen Sie auch den nächsten Dialog mit *OK*.

Beim Netscape-Browser wählen Sie dagegen *Extras/Einstellungen*. Sie klicken im linken Bereich auf den Eintrag *Erweitert*.

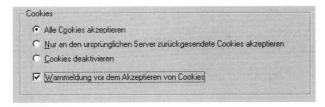

Im rechten Bereich ist in der Regel die Option *Alle Cookies akzeptieren ausgewählt*. Das ist im Prinzip empfehlenswert. Haken Sie jedoch zusätzlich die Option *Warnmeldung vor dem Akzeptieren von Cookies* ab. Bestätigen Sie Ihre Einstellungen durch einen Klick auf *OK*.

Sie „browsen" mit einem so eingestellten Browser durch's Web? Dann werden Sie staunen, wie viele Cookies Sie von manchen Seiten serviert bekommen. Schauen wir uns das Ganze einmal beim Internet Explorer an:

1. Sie landen auf einer Seite, die Ihnen ein Cookie verpassen möchte. (Im Beispiel handelt es sich um die Seite *cookie1.htm*). Jetzt erscheint ein Dialogfenster, das Sie über die bevorstehende „Proviantübergabe" unterrichtet.

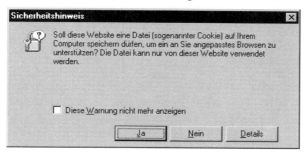

2. Sie wollen jedoch mehr wissen. Klicken Sie deshalb auf die Schaltfläche *Details*.

3. Im unteren Bereich können Sie jetzt genau ablesen, welches „Cookie-Ei" man Ihnen hier ins Nest legen will. Lesen Sie alle Informationen in Ruhe ab. Das sind exakt die Daten, die das Cookie auch auf Ihrer Festplatte speichern wird.

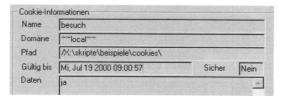

4. Klicken Sie jetzt auf *Ja*, wenn Sie das Cookie annehmen, auf *Nein*, wenn Sie es dagegen ablehnen möchten.

Gut zu wissen: Auch nach Annahme können Sie das Cookie jederzeit wieder löschen. Spüren Sie die betreffende Datei auf Ihrer Festplatte auf. Orientieren Sie sich am Datum.

Nach Beendigung der Experimente können Sie diese Option ja wieder auf die Normaleinstellung zurücksetzen.

Cookie auslesen und reagieren

Und wie lesen Sie das Cookie wieder aus? Schauen Sie sich's an. Als kleine „Spezialität" wird dem Surfer außerdem angezeigt, wann die Seite das letzte Mal geändert wurde. Dafür sorgt die *lastModified*-Eigenschaft des *document*-Objekts.

Für diesen ersten Fall sind Cookie-Name und -Inhalt übrigens uninteressant. Wir wissen: Wenn ein Cookie vorhanden ist, muss der Surfer schon einmal bei uns gewesen sein. Wenn nicht, hat er zumindest keine von uns stammenden Cookies aufzuweisen.

Hier wieder zuerst der Quellcode für unser Beispieldokument. Sie finden es auch unter dem Namen *cookieread1.htm.*

```html
<html>
<head>
<title>Kekse essen</title>
<script language="JavaScript" type="text/javascript">
<!--
if (document.ccokie !="") {
document.write("Schön, dass Sie uns wieder besuchen! Die Seite wurde " + document.lastModified + " das
letzte Mal geändert.")
}
else {
document.write("Schön, dass Sie uns besuchen!");
}
//-->
</script>
</head>
<body bgcolor="white">
<h1>Cookie lesen</h1>
<p>Hier steht jetzt toller Inhalt ...</p>
</body>
</html>
```

Und hier der Quellcode im Überblick:

1. Zuerst lesen Sie mit einer *if*-Abfrage aus, ob Sie überhaupt ein Cookie gesetzt haben. Schreiben Sie:

   ```
   if (document.ccokie !="") {
   ```

   was so viel bedeutet wie „Wenn Cookie-Wert ungleich Null".

2. Falls der Surfer ein Cookie auf seinem Rechner hat, reagieren Sie mit einer Textausgabe. Schreiben Sie „Schön, dass Sie uns wieder besuchen ..."

   ```
   document.write("Schön, dass Sie uns wieder besuchen! Die Seite wurde " + document.lastModified + " das
   letzte Mal geändert.")
   ```

   Als kleines Schmankerl können Sie dem Surfer noch mitteilen, wann die Seite das letzte Mal geändert wurde. Dazu dient *document.lastModified.*

3. Ansonsten (*else*) schreiben Sie lediglich, dass Sie sich über den Besuch freuen:

else {

document.write("Schön, dass Sie uns besuchen!");

}

Probieren Sie's aus. Der Surfer wird bestimmt ob so netter Begrüßung gern wiederkehren.

An welchen Stellen kann man Cookies auslesen?

Apropos Cookie auslesen. In unserem Beispiel ist alles ganz eindeutig. Die auslesende Datei (*cookieread1.htm*) befindet sich im gleichen Ordner wie die Datei, die den Cookie gesetzt hat (*cookie1.htm*). Doch wenn ich *cookieread1.htm* an eine andere Stelle legen würde, was dann? Das hängt ganz davon ab, an welcher Stelle Sie diese Datei platzieren!

Wichtig zu wissen:

* Der Cookie ist für alle Seiten sichtbar, die sich auf der gleichen Ebene befinden,

* und für Seiten, die in Unterordnern liegen.

Was heißt das konkret? Wenn ein Cookie also von www.beispiel.de/firma/index.htm gesetzt wurde, kann es auch von www.beispiel.de/firma/formular.htm gelesen werden. Auch das Dokument www.beispiel.de/firma/katalog/bestell.htm hätte dann Zugriff auf den „Krümelkeks" (*katalog* ist ein Unterordner von *firma*).

Nicht sichtbar wäre diese Information jedoch für die Seite www.beispiel.de/home.htm. Denn diese befindet sich eine Ordnerebene höher!

Selbstverständlich kann ein Cookie auch von der Seite ausgelesen werden, von der es stammt.

Namentliche Begrüßung mit Cookies

Setzen wir im nächsten Beispiel noch einen drauf: Der Surfer soll namentlich begrüßt werden. Dazu benötigen Sie zuerst eine Seite, die den Namen ausliest und als Cookie abspeichert. Später soll der Wert exakt dieses Cookies ermittelt und wieder ausgegeben werden.

Namen als Cookie speichern

Am einfachsten ist das Auslesen des entsprechenden Cookie-Werts. Im Beispiel soll nur der Namen ausgelesen werden. Dafür eignet sich ein Formular. Der Surfer trägt seinen Namen in das Formularfeld ein. Der *onChange*-Event-Handler ruft eine Funktion auf, die diesen Wert als Cookie speichert. Im Beispiel heißt diese Funktion *keks()*.

Mit folgendem Quellcode gelangen Sie zum Ziel:

```
<html>
<head>
<title>Kekse backen</title>
<script language="JavaScript" type="text/javascript">
<!--
function keks() {
var datum, yourname;
datum=new Date;
datum.setMonth(datum.getMonth()+3);
yourname=document.keksform.nimm.value;
document.cookie="surfername=" + yourname +  ";expires=" + datum.toGMTString();
}
//-->
</script>
</head>
<body bgcolor="white">
<h1>Kr&uuml;melmonsters Keksfabrik:</h1>
<form name='keksform" id="keksform">
Bitte Namen eintragen: <input type="text" name="nimm" id="nimm" onBlur="keks()" />
</form>
</body>
</html>
```

Wichtig für uns zu wissen: Das Beispielcookie heißt *surfername*. Der gespeicherte Wert ist das, was der Surfer in das Name-Feld eingetragen hat.

So sieht es im Netscape-Browser aus, wenn zusätzlich die Cookie-Abfrage eingeschaltet ist.

Sie finden das Dokument übrigens unter dem Namen *cookie2.htm*.

Cookie auslesen und Wert zurückgeben

Sie haben nur ein einziges Cookie gesetzt? Dann ist es tatsächlich sehr einfach! Vorher verrate ich Ihnen schnell noch, was es mit der *split()*-Methode auf sich hat.

 Die *split()*-Methode wandelt eine Zeichenfolge in ein Array um. Dabei wird ein bestimmtes Zeichen als Trennzeichen festgelegt. Das muss nicht unbedingt ein Komma sein. Mit *document.cookie.split("=")* wandelt Sie beispielsweise den *cookie*-Textstring (Cookies sind Zeichenfolgen!) in ein Array um. Schließlich wird der Cookie-Name vom Cookie-Wert durch ein = getrennt.

Und nun zeige ich Ihnen, wie Sie den Wert eines einzelnen Cookies auslesen.

Sie finden dieses Beispiel in einem separaten Ordner namens *eincookie*. Das im Folgenden zu besprechende Dokument heißt *eincookieread.htm*.

(Die Seite zum Setzen heißt *eincookie.htm* und entspricht der eben besprochenen Seite *cookie2.htm*.)

```
<html>
<head>
<title>Kekse essen</title>
<script language="JavaScript" type="text/javascript">
<!--
if (document.cookie=="") {
document.write("Schön, dass Sie uns besuchen");
```

```
}
else {
document.write("Schön, " + document.cookie.split("=")[1] + ", dass Sie uns wieder besuchen!");
}
//-->
</script>
</head>
<body bgcolor="white">
<h1>Cookie lesen</h1>
</body>
</html>
```

Hier eine kurze Erklärung:

1. Zuerst wird überprüft, ob überhaupt Cookies vorhanden sind. Falls die Cookies „leer" sind, erscheint der Text *Schön, dass Sie uns besuchen*.

   ```
   if (document.cookie=="") {
   document.write("Schön, dass Sie uns besuchen");
   }
   ```

2. Wenn jedoch ein Cookie vorhanden ist, kommt die *else*-Anweisung zum Zug. Der Wert des Cookies wird ausgelesen.

   ```
   else {
   document.write("Schön, " + document.cookie.split("=")[1] + ", dass Sie uns wieder besuchen!");
   }
   ```

3. Schauen wir etwas näher auf die Zeile, die den Wert des Cookies ausgeben soll. Wir haben nur ein Cookie gespeichert. Dieses heißt *surfername*. Dem Cookie wird durch das = der Name des Surfers zugewiesen. Das Cookie ist also in zwei Teile „gesplittet". Um an den 2. Teil heranzukommen, verwenden Sie die *split()*-Methode. In den runden Klammern legen Sie das = als Trenner fest (*"="*). Sie erinnern sich, dass in JavaScript der erste Wert durch 0, der zweite durch 1 angesprochen wird. Mit dem Indexwert *(1)* greifen Sie also auf den zweiten Wert zu, lesen im Beispiel also den Namen des Surfers aus.

   ```
   document.cookie.split("=")[1]
   ```

Wie schon erwähnt: Diese Methode funktioniert nur dann zuverlässig, wenn Sie lediglich ein einziges Cookie gesetzt haben!

Cookie auslesen bei mehreren Cookies

Sie haben mehrere Cookies auf der Festplatte des Surfers angelegt? Und Sie wollen nur den Wert eines einzelnen Cookies auslesen? Dann wird's so richtig kriminell! Hier zur Abschreckung schon einmal das komplette Skript.

Sie finden dieses Dokument unter der Bezeichnung *cookieread2.htm,* diesmal wieder im Ordner *cookies.*

Wir gehen die einzelnen Bestandteile Schritt für Schritt durch.

```
<html>
<head>
<title>Kekse essen</title>
<script language="JavaScript" type="text/javascript">
<!--
var keks, i, keksname, kekswert;
if ( document.cookie=="" ) {
document.write("Schön, dass Sie da sind!");
}
else {
keks=document.cookie.split("; ");
for(i=0;i<keks.length;i=i+1) {
keksname=keks[i].split("=")[0];
kekswert=keks[i].split("=")[1];
if (keksname== "surfername") {
document.write("Schön, " + kekswert+ ", dass Sie wieder da sind!");
}
}
}
```

```
//-->
</script>
</head>
<body bgcolo ="white">
<h1>Ein Cookie unter vielen auslesen</h1>
</body>
</html>
```

Und das verbirgt sich hinter dieser Anweisung? Hier finden Sie die Erklärung!

1. Am Anfang legen Sie im Beispiel vier Variablen fest. Diese besitzen die launigen Namen *keks, keksname, kekswert*. Die Variable selbst steht als Platzhalter für das Cookies selbst, der *keksname* symbolisiert den Cookie-Namen (z. B. *surfername*) und *kekswert* steht für den eigentlichen Wert. (Sie können gern andere Namen verwenden). Außerdem vorhanden in der Auflistung: Eine Zählvariable namens *i*.

   ```
   var keks, i, keksname, kekswert;
   ```

2. Dann wird wieder per *if*-Anweisung abgefragt, ob überhaupt Cookies vorhanden sind. Wenn nicht, wird der Surfer auf die „gewöhnliche Tour" begrüßt. Falls doch, greift *else* und unser „Spielchen" beginnt.

   ```
   if ( document cookie=="" ) {
   document.write("Schön, dass Sie da sind!");
   }
   else {
   ```

3. Und im *else*-Teil beginnt unser „Geniestreich"! Zuerst wird der Variablen *keks* ein Wert zugewiesen. Im Beispiel haben Sie es mit einem Array zu tun. Das ist – nur zur Erinnerung – eine Auflistung verschiedener Werte in einer Variablen. Warum tun wir das? Weil alle Cookies in der Regel in einer einzigen Textdatei landen. Intern wird ein Cookie vom anderen lediglich durch ein Semikolon mit Leerzeichen getrennt (;).

   ```
   keks=document.cookie.split("; ");
   ```

   Wenn Sie dieses also als Trenner festlegen, können Sie jedes Cookie über seinen Index ansprechen. Das erste Cookie hat den Index 0, das zweite den Index 1 usw.

4. Jetzt folgt eine Zählschleife. Diese zählt so lange, bis alle Kekse, pardon Cookies, durchgezählt sind.

   ```
   for(i=0;i<keks.length;i=i+1) {
   ```

5. Dabei wird der Zähler in der Variablen *i* gespeichert und weitergegeben. Als Nächstes liest das Skript den Cookie-Namen aus. Auch die Cookies selbst sind – Sie erinnern

sich – wieder „gesplittet". Die beiden Teile werden über Ihren Index angesprochen. Für den Cookie-Namen beträgt der Index 0:

```
keksname=keks[i].split("=")[0];
```

Der entsprechende Wert wird in der Variablen *keksname* gespeichert. (Wir interessieren uns dann genau zwei Zeilen tiefer für den Fall, dass dieser Name der Zeichenfolge *username* entspricht. Denn so hatten wir unser „Namens-Cookie" schließlich genannt.)

6. Doch vorher wird noch der Wert des betreffenden Cookies ermittelt. In unserem Fall wollen wir schließlich den Namen des Surfers wissen. Hier lautet der Index 1.

```
kekswert=keks[i].split("=")[1];
```

7. Jetzt folgt der Vergleich. Entspricht der Name des Cookies unserem Wunschcookie?

```
if (keksname== "surfername") {
```

8. Dann soll – bitteschön – der Wert genau dieses Cookies ausgegeben werden:

```
document.write("Schön, " + kekswert + ", dass Sie wieder da sind!");
```

Sie merken – erst diese Zählschleife macht die Arbeit mit Cookies so richtig flexibel! Definieren Sie ruhig mehrere Cookies. Lesen Sie den entsprechenden Wert aus und reagieren Sie darauf.

Besser navigieren in Framesets

Haben Sie auch schon einmal über solche Seiten gestaunt? Nein, ich will nicht darauf hinaus, dass das Browserfenster in mehrere Frames eingeteilt wurde. Das ist im Prinzip keine Kunst. (Und falls es für Sie doch noch eine sein sollte, blättern Sie fix zur Seite 123.)

Das Besondere dieser Lösung: Sobald der Surfer einen Link ausgewählt hat, wird die betreffende Rubrik hervorgehoben (hier durch eine weiße Hinterlegung). Außerdem erscheint im Titelframe eine speziell auf das Thema zugeschnittene Überschrift, hier erkennbar am Symbol.

Der Trick bei der Sache: Durch einen Klick auf einen Link wird gleich der Inhalt aller drei Frames auf einmal verändert: Zum einen das „Hauptdokument", zum anderen die „Linkleiste" zum dritten der Titel. Mit einfachen Hyperlinks klappt das nicht – aber mit JavaScript.

Und wenn wir uns schon mit Frames und JavaScript beschäftigen: Bauen Sie weitere Raffinessen in Ihre geframten Seiten ein! Lassen Sie Ihre Besucher lässig per Klappmenü in Ihren „Rahmen" herumwandern. Befreien Sie Ihre Dokumente aus der „Zwangs-Umrandung". Und noch ein Bonbon: Bis auf die zuletzt genannte Funktion funktionieren alle Skripts schon ab Netscape 2 und Internet Explorer 3!

Aber eins nach dem anderen!

Zwei Frames auf einmal ändern

Beginnen wir ganz bescheiden mit einer zweigeteilten Seite. Und damit Sie das Prinzip schnell durchschauen, nehmen wir einfache Beispiele ohne komplexen Inhalt.

Sie haben es mit einem zweigeteilten Fenster zu tun. (Der Rollbalken in der Abbildung dient nur zu Ihrer Orientierung, soll nicht mit eingeblendet werden.)

Falls Sie zwischendurch vergleichen möchten: Sie finden alle Dateien für das nächste Beispiel im Ordner *frames*. Schauen Sie hier in den Unterordner *fall1*.

Beispieldateien erstellen

Machen Sie mit: Erstellen Sie zuerst die Beispieldateien für unser Frameset.

1. Insgesamt benötigen Sie für das Beispiel sieben Dokumente! Zum einen das Frameset und zum anderen die drei Dokumente, die im „Hauptrahmen" angezeigt werden. Das ist sicher klar. Neu ist, dass Sie statt eines drei „Navigations-Dokumente" benötigen. Warum? Nun, in jedem dieser Dokumente muss schließlich eine andere Textstelle hervorgehoben werden.

2. Jetzt zur Namensgebung: Das Frameset nennen wir *frameset.htm*, hier ist die Benennung noch unkritisch. Bei den übrigen Dokumenten müssen Sie mit Bedacht vorgehen. Die im Haupt-Frame anzuzeigenden Haupt-Dokumente sollen *main1.htm*, *main2.htm* und *main3.htm* heißen. Die Navigations-Seiten werden im Beispiel *navi1.htm*, *navi2.htm* und *navi3.htm* genannt. Fällt Ihnen etwas auf? Richtig, der letzte Teil des Namens ist bei den jeweils korrespondierenden „Dokumenten-Paaren" (*main***1**.htm und *navi***1**.htm, *main***2**.htm und *navi***2**.htm usw.) gleich! Das ist eine wichtige Voraussetzung für das später zu erstellende Skript!

3. Und jetzt ran an das Beispiel: Erstellen Sie zuerst die Dokumente *main1.htm* bis *main3.htm*. Hier als Beispiel der Quelltext für *main1.htm*.

```
<html>
<head>
<title>Seite 1</title>
</head>
<body bgcolor="white">
```

```
<h1>Das ist Seite 1</h1>
</body>
</html>
```

4. Machen Sie sich außerdem schon über das Frameset her. Sie wissen ja, das ist das Dokument, das für die Aufteilung in Rahmen verantwortlich ist. Das Dokument soll im Beispiel *frameset.htm* heißen.

```
<html>
<head>
<title>Frameset</title>
</head>
<frameset cols="100,*" border="0">
<frame src="navi1.htm" name="navi" id="navi" />
<frame src="main1.htm" name="main" id="main" />
</frameset>
</html>
```

Im Beispiel wird das Browserfenster in zwei Spalten aufgeteilt. Die linke Spalte ist 100 Pixel breit, die rechte passt sich dagegen an die Größe des Browserfensters an. Die Namen der Frames (*name*) lauten *navi* für die Navigationsleiste und *main* für den Haupt-Frame. (Mit *id* bezeichnen Sie das „Gleiche in Grün" nach neuem XHMTL-Standard. Allerdings ist *name* derzeit noch die bessere Wahl!)

Vergessen Sie nicht, dass Sie in Framesets keine *<body>*-Tags setzen dürfen! Wir verzichten in den JavaScript-Frame-Beispielen außerdem auf eine Angabe von *<noframes></noframes>*.

Der Quellcode für die Navigations-Dokumente

Und nun ran an das Skript! Schließlich fehlt noch der Quellcode für unsere drei Navigations-Seiten *navi1.htm* bis *navi3.htm*. Doch zuerst etwas Theorie.

 Das eigentliche Frameset wird in JavaScript über das Schlüsselwort *parent* (bzw. *top*) angesprochen. Das Frameset wird hier als „Eltern-Fenster" (parent = Elternteil) begriffen. Die einzelnen Frames sind die Kinder. Die Kinder bekommen im Frameset stets Namen, hier *main* und *navi*. Sie wollen aus einem geframten Dokument heraus per JavaScript auf ein anderes Dokument in einem anderen Frame verweisen? Der Frame, auf den verwiesen werden soll, heißt *main*? Das Dokument, das dort anzuzeigen ist, *main1.htm*? Fangen Sie oben bei den „Eltern" an. Verzweigen Sie sich dann in der „beliebten Punktnotation" bis zum eigentlichen Dokument: *parent.main.window.location ="main1.htm"*.

Hier schon einmal das Dokument *navi1.htm* vorab. Wichtig: Das Skript muss in alle drei Dokumente eingebaut werden. Lediglich der Inhalt im Body wird leicht angepasst.

```html
<html>
<head>
    <title>Navi 1</title>
<script language="JavaScript" type="text/javascript">
<!--
var seite;
function rahmen(seite) {
parent.main.window.location="main" + seite;
window.location="navi" + seite;
}
//-->
</script>
</head>
<body bgcolor="white">
<p> </p>
<p><b>Seite 1</b></p>
<p><a href="javascript:rahmen('2.htm')">Seite 2</a></p>
<p><a href="javascript:rahmen('3.htm')">Seite 3</a></p>
</body>
</html>
```

Und hier die Erklärung für das Skript:

1. Zuerst wird eine Funktion erstellt. Es ist eine Funktion mit Parameterübergabe (siehe Referenzteil auf der CD zum Buch). Der Zuspieler ist die Variable *seite*. Diese zieht sich das Programm aus den JavaScript-Links im Body. So gibt *<a href="javascript:rahmen('2.htm')">Seite 2</a>* den Wert *2.htm* zurück.

    ```
    var seite;
    function rahmen(seite) {
    ```

ACHTUNG

> Wichtiger Hinweise: Die Variable muss stets vor ihrem ersten Auftreten initialisiert werden. Wenn Sie die Positionen von *var seite;* und *function rahmen(seite) {* vertauschen würden, würde Ihnen das zumindest der Internet Explorer 4 übelnehmen!

2. In der nächsten Zeile gibt das Skript an, welches Dokument in den Frame namens *main* geladen werden soll. Der Dateiname wird aus der Zeichenfolge *main* und dem Rückgabewert der Variablen gebildet. So entsteht beispielsweise *main1.htm*.

    ```
    parent.main.window.location="main" + seite;
    ```

3. In der nächsten Zeile geht es um das Dokument im aktuellen Frame. Hier wird ebenfalls eine andere Datei geladen, und zwar eine andere Navigations-Seite. Aus *navi* und *2.htm* ergibt sich beispielsweise *navi2.htm*.

```
window.location="navi" + seite;
```

Das Skript ist so einfach wie genial! Die Dokumente *navi2.htm* und *navi3.htm* sind bis auf einen winzigen Unterschied identisch. Die Links im Body müssen angepasst werden. Hier als Beispiel die geänderten Links für *navi2.htm*:

```
<p><a href="javascript:rahmen('1.htm')">Seite 1</a></p>
<p><b>Seite 2</b></p>
<p><a href="javascript:rahmen('3.htm')">Seite 3</a></p>
```

Sie können gern mit den fertigen Dateien aus dem Ordner *frames*, Unterordner *fall1* vergleichen!

Drei Frames auf einmal ändern

Setzen wir im nächsten Beispiel dem Gipfel die Krone auf: Drei Frames sollen sich gleichzeitig ändern. Wieder gilt: Die Rahmenlinien dienen nur der Illustration.

Zuerst benötigen sie drei weitere Dokumente. Erstellen Sie die Titelseiten, im Beispiel *titel1.htm*, *titel2.htm* und *titel3.htm* genannt.

Das erweiterte Frameset

Erweitern Sie außerdem das Frameset. Schließlich müssen mehrere Frames ineinander verschachtelt werden.

```
<html>
```

```
<head>
<title>Frameset</title>
</head>
<frameset rows="60,*" border="0">
<frame src="titel1.htm" name="titel" id="titel" />
<frameset cols="100,*">
        <frame src="navi1.htm" name="navi" id="navi" />
        <frame src="main1.htm" name="main" id="main" />
</frameset>
</frameset>
</html>
```

Zuerst teilen Sie das Dokument in Zeilen (rows). Die erste Zeile ist 60 Pixel hoch. Hier wird das Dokument *titel1.htm* (und später auch *titel2.htm*, *titel3.htm*) angezeigt. Der Frame-Name (bzw. *id*) lautet *titel*. In der zweiten Zeile definieren Sie ein weiteres Frameset. Dieses besteht wieder aus Spalten und entspricht dem oben definierten Frameset.

Das komplette Frameset-Dokument wird im Beispiel wieder unter dem Namen *frameset.htm* gesichert.

Das erweiterte Skript

Doch nun zu unserem Navigations-Dokument. Schauen Sie sich das Skript an. Es wurde im Vergleich zum vorherigen Fall lediglich um eine einzige Zeile erweitert. Dabei handelt es sich um *parent.titel.window.location="titel" + seite;*, die Zeile zur Anzeige des Titel-Dokuments im Frame mit dem Namen *titel*. Doch hier das komplette Skript.

```
<script language="JavaScript" type="text/javascript">
<!--
var seite;
function rahmen(seite) {
parent.main.window.location="main" + seite;
parent.titel.window.location="titel" + seite;
window.location="navi" + seite;
}
//-->
</script>
```

Falls Sie vergleichen möchten: Sie finden alle Dateien im Ordner *frames*, Unterordner *fall2*.

Und wo bleibt das tolle Beispiel vom Anfang? Keine Bange, dabei handelt es sich um das soeben besprochene Beispiel – zumindest vom Prinzip her. Es besteht jedoch aus mehr Dokumenten und wurde aufwendiger gestaltet. Trotzdem: Mit dem bisherigen Wissen können Sie solche und ähnliche Projekte mühelos erstellen.

Pulldown-Menü in Frames

Erinnern Sie sich noch an die schicken Pulldown-Menüs von Seite 220? Dummerweise arbeiten diese Klapplisten nicht mit Frames zusammen. Doch mit Ihrem bisher erworbenen „Frame-Wissen" lösen Sie das Problem spielend.

Nehmen wir einfach das „OnChange-Beispiel". Das Skript soll diesmal in einen eigenen Frame eingebunden werden. Es wird lediglich leicht abgewandelt. Im Beispiel haben Sie es insgesamt mit den Dokumenten *main1.htm*, *main2.htm*, *main3.htm*, dem Frameset und natürlich dem „Menü-Dokument" *navi1.htm* zu tun.

Mehr als ein Menü ist nicht nötig, da dieser Frame nicht ausgewechselt werden muss!

Das Frameset für dieses Beispiel sieht so aus:

```
<html>
<head>
    <title>Das ist das Frameset</title>
</head>
<frameset rows="50,*" border="0">
<frame src="navi1.htm" name="navi" id="navi" />
<frame src="main1.htm" name="main" id="main" />
</frameset>
</html>
```

Entscheidend ist jedoch der Code für das Navigations-Dokument, für *navi1.htm*. Tippen Sie einfach:

```
<html>
<head>
<title>Navigation im Frameset</title>
<script language="JavaScript" type="text/javascript">
<!--
```

```
function wechsel() {
var auswahl, seite;
auswahl=document.form1.wahl;
seite=auswahl.options[auswahl.selectedIndex].value;
parent.main.window.location=seite;
}
//-->
</script>
</head>
<body bgcolor="white">
<form name="form1" id="form1">
<select size="1" name="wahl" onChange="wechsel()">
<option value="dummy.htm" selected="selected">Bitte w&auml;hlen!</option>
<option value="main1.htm">Seite 1</option>
<option value="main2.htm">Seite 2</option>
<option value="main3.htm">Seite 3</option>
</select>
</form>
</body>
</html>
```

Sie merken: Die einzige Neuerung liegt in *parent.main.window.location=seite;*. Schließlich verweisen Sie auf ein Dokument, das im Frame namens *main* angezeigt werden soll.

Haben Sie's gemerkt? Auch hier hilft wieder der Trick mit dem *Dummy*-Dokument. Vergleichen Sie einfach mit den Dateien aus dem Ordner *Frames*, Unterordner *Fall3*.

Dokumente in Framesets ein- bzw. ausgliedern

Da haben Sie sich die schönsten Framesets gebastelt und was passiert? Der Surfer bekommt von Ihren tollen Rahmen womöglich überhaupt nichts mit! Er landet – geführt von einer Suchmaschine – direkt auf einer Ihrer Seiten. Diese wird jedoch völlig rahmenlos angezeigt.

Warum? Nun, schließlich führte der Link von der Suchmaschine nicht erst zum Frameset, sondern geradewegs zum geframten Dokument. Etliche Suchmaschinen indizieren Ihre Seite ganz automatisch und kümmern sich einen Teufel darum, ob diese nun im Frameset angezeigt werden soll oder nicht. Kümmern Sie sich wenigstens darum!

Dokument ins Frameset zwingen.

Mit einem winzigen Zweizeiler sorgen Sie dafür, dass sich Ihre Seite immer wieder in das Frameset „zurückkuschelt".

```
<script language="JavaScript" type="text/javascript">
<!--
if (parent.location==window.location) {
parent.location="frameset.htm";
}
//-->
</script>
```

Der Code ist schnell durchleuchtet: Zuerst prüft das Skript, ob das „Elterndokument" das eigene Dokument ist. Das sollte eigentlich nicht sein, weil das übergeordnete Dokument dem Frameset gehört. Falls es doch passiert (direkter Link von der Suchmaschine), heißt es: Marsch zurück ins Frameset. Dann wird dem Elterndokument der URL des Framesets zugewiesen. Ansonsten muss das Skript nicht weiter aktiv werden.

Schauen Sie in den Ordner *frames*, Unterordner *spezial*. Bis auf *main3.htm* wurden alle Dokumente nachträglich mit diesem Skript „behandelt". Sie können also alle diese Dokumente direkt aufrufen – stets erscheint das komplette Frameset auf dem Schirm!

Befreiungsschlag aus Frameset

Auch der umgekehrte Fall tritt ein. Da gibt es doch tatsächlich Homepage-Freunde, die fremde Seiten im eigenen Frame darstellen. Abgesehen von rechtlichen Bedenken – das ist doch nun wirklich nicht die feine englische Art. Setzen Sie zum Befreiungsschlag aus dem Frameset an. Aber nicht mit dem Schwert, sondern mit einem Skript!

Auch hier genügt wieder ein simpler Zweizeiler:

```
<script language="JavaScript" type="text/javascript">
<!--
if (parent.location!=window.location) {
parent.location=window.location;
}
//-->
</script>
```

Diesmal erfolgt der Test jedoch andersherum. Die Position des aufgerufenen Dokuments entspricht nicht der des Elternfensters, also nicht der höchsten Ebene? Dann wird der Seite kurzerhand die höchste Ebene zugewiesen.

 Wichtiger Hinweis: Das Skript funktioniert zwar schon im Netscape-Navigator 2. Der Internet Explorer lässt sich aber erst ab Version 4 zum Befreiungsschlag aus dem Frameset überreden.

Schauen Sie in den Beispielordner *Frames*, Unterordner *Spezial*. Hier ist es die Datei *main3.htm*, die nicht mehr geframt werden will!

Kapitel 14

Seiten mit Pep:
Animation, Dynamik und DHTML

Machen Sie Ihren müden Seiten Beine! Wie wäre es mit Rollover-Effekten für Grafiken, Lauf-text in der Statuszeile, ausgefeilten Dropdown-Menüs? Erzeugen Sie Banner und Animatio-nen. Bauen Sie „echte" DHTML-Effekte in Ihre Seiten ein.

 An dieser Stelle schon die Ernüchterung: DHTML ist nichts weiter als ein Mode-Schlagwort. DHTML steht für Dynamic HTML, dynamisches HTML. Und wie Sie mehr Dynamik erzeugen, wissen Sie längst: Mit einer Kombination von HTML und JavaScript. Aber auch die Cascading Style Sheets (siehe Seite 83) zählen im weiteren Sinne zu DHTML. Doch wenn es zu den DHTML-Effekten im engeren Sinne kommt, wird es kritisch: Hier arbeiten beide Browser mit teilweise unterschiedlichen Methoden, beispielsweise Ebenen anzusprechen und Objekte „fliegen zu lassen".

Keine Sorge, ich zeige Ihnen auf den nächsten Seiten die Multimedia- und DHTML-Effekte, die in beiden Browserwelten anstandslos funktionieren. Beginnen wir zuerst wieder mit „reinem" JavaScript. Wenden wir uns dann im Laufe das Kapitels ausgewählten Effekten zu, die im „engeren Sinne" zu DHTML zählen. Gerade hier gilt wieder – einen „Vierer-Browser" sollten die Betrachter schon mitbringen.

Dynamische Schaltflächen

Den Effekt kennen Sie unter Garantie: Sie ziehen die Maus über eine Grafik und schon wird diese gegen eine andere ausgetauscht. Edel!

OnMouseover werden Sie als inzwischen JavaScript-kundiger Computerfreund sagen. Und so ist es.

Und wenn Sie die Maus weiterziehen? Dann muss die „Zweitgrafik" wieder auf die Reserve-bank. Sagen wir doch gleich *OnMouseout* dazu.

Und tatsächlich sind die Event-Handler bei diesem Beispiel schon die halbe Miete.

Dynamik mit Inline-Skript

Sie werden staunen, wie einfach sich dieser Effekt erzielen lässt. Ich zeige Ihnen das Skript an zwei Beispielen. Doch zuerst kümmern Sie sich am besten um die entsprechenden Grafiken.

1. Für jeden „OnMouseover-Link" benötigen Sie je ein Grafik-Pärchen. Beide Dateien müssen exakt die gleiche Größe besitzen. Erstellen Sie diese Grafiken in Ihrer Bildbearbeitung. Fügen Sie die gewünschten Änderungen in die zweite Grafik ein.

2. Im Beispiel haben Sie es mit zwei Grafik-Pärchen zu tun. Das erste Paar heißt *data1.gif* und *data2.gif*. Das zweite Pärchen *service1.gif* und *service2.gif*. Die jeweils zweite Grafik ist die entsprechende „Highlight-Grafik".

3. Arbeiten Sie jetzt einfach mit einem Inline-Skript. Sie erstellen einen Grafik-Hyperlink. Mit dem Event-Handler *OnMouseover* wird die zweite Grafik aufgerufen. *OnMouseout* sorgt dafür, dass wieder Schaltfläche 1 eingewechselt wird. Hier schon einmal das Skript für ein „Schaltflächenpaar".

```
<a href="http://www.databecker.de" onMouseover="document.data.src='data2.gif'";
onMouseout="document.data.src='data1.gif'"><img src="data1.gif" width="101" height="25" border="0"
name="data" id="data" /></a>
```

4. Fangen wir bei der Grafik selbst an, beim *<img>*-Tag. Hier ist vor allem der Name wichtig (im Beispiel: *name="data"*, für neuere Browser jedoch das XHTML-konforme *id="data"*)! Aber auch Breite und Höhe sollten Sie an dieser Stelle exakt angeben!

```
<img src="data1.gif" width="101" height="25" border="0" name="data" id="data" />
```

Weiterhin wichtig ist das Attribut *border="0"*. Damit erreichen Sie, dass kein störender Rahmen um die Grafik gelegt wird.

5. Und was passiert im Hyperlink selbst? Schließlich dient die Grafik als Verweis! Im Hyperlink definieren Sie die Anweisung zum Einfügen der „Highlight"-Grafik. Dafür nutzen Sie den *onMouseover*-Event-Handler. Sie beziehen sich dabei auf den Namen der Grafik. Sie schreiben

```
onMouseover="document.data.src='data2.gif'";
```

Dadurch wird die neue Grafik (*data2.gif*) bei „Mouseover" anstelle der alten eingefügt. Nicht vergessen: Die Codezeile muss auch bei Inline-Skripts durch ein Semikolon abgeschlossen werden.

6. Jetzt folgt noch der Event-Handler *onMouseout*. Sie schreiben:

```
onMouseout="document.data.src='data1.gif'"
```

und sorgen auf diese Art dafür, dass bei „Mausverlust" die alte Grafik wieder an die Stelle der Highlight-Grafik tritt.

7. Der komplette Code für beide Grafik-Pärchen sieht im Beispiel so aus. Die Absätze (*<p></p>*) dienen nur der besseren Ausrichtung der Grafiken.

```
<p>
<a href="http://www.databecker.de" onMouseover="document.data.src='data2.gif'";
onMouseout="document.data.src='data1.gif'"><img src="data1.gif" width="101" height="25" border="0"
name="data" id="data" /></a>
</p>
<p>
<a href="http://www.jchanke.de" onMouseover="document.service.src='service2.gif'";
onMouseout="document.service.src='service1.gif'"><img src="service1.gif" width="101" height="25" border="0"
name="service" id="service" /></a>
</p>
```

Schauen Sie auch in den Ordner *dynalink*. Das Beispiel können Sie in der Datei *mouseover1.htm* begutachten. Trotzdem besitzt das Skript noch einen entscheidenden Haken:

- In älteren Browsern (Internet Explorer 3, Netscape 2) kommt es möglicherweise zu Fehlermeldungen.
- Bei langsamen Serververbindungen und vor allem bei großen Grafiken kann es eine Weile dauern, ehe die Zweitgrafik vom Server geladen wurde.

Das Resultat: Nach dem „MouseOver" vergehen erst ein paar Schrecksekunden, ehe sich die „Highlight"-Grafik aufgebaut hat. Das trübt den Eindruck. Und hier greift unser Skript Nr. 2!

Skript verbessern durch Vorladen der Grafiken

Das zweite Skript ist noch eine Spur pfiffiger als das erste. Allerdings kommen Sie allein mit Inline-JavaScript nicht mehr aus.

Schauen Sie sich das Beispiel an:

```
<html>
<head>
<title>Die zweite Version</title>
<script language="JavaScript" type="text/javascript">
<!--
if (document.images) {
var data1=new Image();
data1.src="data1.gif";
var data2=new Image();
data2.src="data2.gif";
var service1=new Image();
service1.src="service1.gif";
var service2=new Image();
service2.src="service2.gif";
}
else {
alert("Leider haben Sie einen zu alten Browser");
}
//-->
</script>
</head>
<body bgcolor="white">
<h1>Dynamische Schaltfl&auml;chen</h1>
<p>
```

```
<a href="http://www.databecker.de" onMouseover="document.data.src=data2.src";
onMouseout="document.data.src=data1.src"><img src="data1.gif" width="101" height="25" border="0"
name="data" id="data" /></a>

</p>

<p>

<a href="http://www.jchanke.de" onMouseover="document.service.src=service2.src";
onMouseout="document.service.src=service1.src"><img src="service1.gif" width="101" height="25" border="0"
name="service" id="service" /></a>

</p>

</body>

</html>
```

Zuerst wird durch eine *if*-Funktion geprüft, ob der Browser überhaupt mit Image-Objekten umgehen kann. Dafür sorgt *if (document.images)*.Falls nicht (wie bei Netscape 2 und Internet Explorer 3), wird eine Fehlermeldung ausgegeben, und zwar *alert("Leider haben Sie einen zu alten Browser");*.

Ansonsten werden die Grafiken als so genannte Objektvariablen schon vorgeladen. Dadurch steht auch die zweite Grafik sofort zur Verfügung.

Weiterhin wichtig ist der veränderte Verweis im *<a>*-Tag! Verweisen Sie nach dem Event-Handler nicht mehr direkt auf den Dateinamen (*data1.gif*), sondern auf die Objektvariable! Schreiben Sie beispielsweise

```
onMouseover="document.data.src=data2.src"
```

Beachten Sie bei diesem Beispiel unbedingt, dass die inneren Gänsefüßchen nicht gesetzt werden. Schließlich handelt es sich um eine Variable, nicht um einen Textstring.

Sie finden das Skript in der Datei *mouseover2.htm*.

Ein animiertes Banner erstellen

Wie wäre es zur Abwechslung mit einem animierten Banner? Da gibt es zwei Varianten. Die erste: Sie erzeugen Ihre Animation mit JavaScript. Die zweite: Sie erstellen eine animierte GIF-Datei.

 Für Animationen können Sie eine raffinierte Eigenschaft des GIF-Formats nutzen: Mehrere Grafiken lassen sich in einer einzigen Grafik zusammenfassen! Um allerdings mehrere Bilder in eines zu packen, benötigen Sie ein Zusatzprogramm. Der Vorteil: Die GIF-Banner funktionieren völlig ohne JavaScript, können praktisch mit jedem Browser ausgelesen werden. Der Nachteil: Sie sind auf das Dateiformat GIF und damit auf 256 Farben beschränkt.

Bleiben wir bei JavaScript! Beispiele für die Verfahrensweise „ohne Programmierung" habe ich Ihnen ja schon ab Seite 57 gezeigt.

Banner mit JavaScript

Im Beispiel erzeugen Sie ein Werbefenster, das hintereinander drei JPG-Grafiken anzeigt. Jede Grafik-Datei wird drei Sekunden lang eingeblendet.

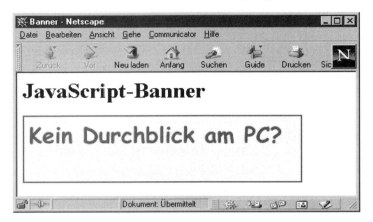

Und nun ran an das Skript!

```
<html>
<title>Banner</title>
<script language="JavaScript" type="text/javascript">
<!--
var banner, nr, gesamt;
banner=new Array("bild1.jpg","bild2.jpg","bild3.jpg");
nr=-1;
gesamt=banner.length;
function werbung() {
if (document.images) {
nr=nr+1;
if (gesamt==nr) {
nr=0;
}
document.anzeige.src=banner[nr];
setTimeout("werbung()",3000);
}
}
//-->
</script>
</head>
```

```
<body bgcolor="white" onLoad="werbung()">
<h1>JavaScript-Banner</h1>
<img src="bild1.jpg" width="400" height="100" name="anzeige" id="anzeige" />
</body>
</html>
```

Und hier die Vorgehensweise:

1. Erzeugen Sie zuerst die drei Grafiken für Ihr Projekt. Im Beispiel handelt es sich um die JPG-Grafiken *bild1.jpg*, *bild2.jpg* und *bild3.jpg*. Diese müssen in der Größe völlig identisch sein. Im Beispiel beträgt die Breite (*width*) 400 Pixel und Höhe (*height*) 100 Pixel.

2. Im Quelltext des Dokuments fügen Sie einen Verweis auf die erste Grafik ein, und zwar per *<img>*-Tag. Wichtig sind dabei die entsprechenden Größenangaben. Vergessen Sie nicht die Benennung (*name="anzeige"* bzw. *id="anzeige"*), denn so können Sie im Skript einen Verweis auf das Feld einfügen.

```
<img src="bild1.jpg" width="400" height="100" name="anzeige" id="anzeige" />
```

3. Dann legen Sie im Skript drei Variablen fest. Die Variable *banner* listet Ihre drei Grafiken auf. Die Variable *nr* ist ein Zähler und mit *gesamt* ermitteln Sie die Gesamtlänge der Grafiken (im Beispiel 3). Die Variable ist vor allem dann interessant, wenn Sie Ihrem Werbefenster weitere Bilder hinzufügen möchten.

```
var banner, nr, gesamt;
banner=new Array("bild1.jpg","bild2.jpg","bild3.jpg");
nr=-1;
gesamt=banner.length;
```

4. Nun erzeugen Sie die Funktion, die die Grafiken auswechselt. (Diese Funktion wird im *<body>*-Tag mit dem *onLoad*-Event-Handler aufgerufen.) Dabei prüft das Skript zuallererst wieder, ob der Browser überhaupt das *image*-Objekt unterstützt.

```
function werbung() {
if (document.images) {
```

5. Wenn ja, addiert das Programm eine 1 zum in der Variablen *nr* gespeicherten Wert hinzu (am Anfang wurde dieser Wert auf 0 gesetzt). Wenn der Gesamtwert der Anzahl der Bilder (hier 3) entspricht, wird der Wert der Variablen auf 0 zurückgesetzt.

```
nr=nr+1;
if (gesamt==nr) {
nr=0;
```

6. Die folgende Zeile sorgt dafür, dass das entsprechende Bild angezeigt wird:

```
document.anzeige.src=banner[nr];
```

7. Und die *setTimeout()*-Methode blendet jedes Bild im Beispiel für drei Sekunden ein. Denn in diesem Abstand wird die Funktion wiederholt. Natürlich können Sie den Wert auch wunschgemäß anpassen, beispielsweise, wenn Sie die Grafiken länger oder kürzer einblenden möchten.

```
setTimeout("werbung()",3000);
```

Sie finden das Banner im Ordner *banner*. Der Dateiname lautet *banner1.htm*.

Banner mit Hyperlink versehen

Hoppla, da hätten wir ja noch etwas ganz Wichtiges vergessen. Das Banner funktioniert, gewiss. Doch es fehlt der Hyperlink, der auf die Seite des Werbekunden verweist. Bauen Sie diesen einfach ein, beispielsweise so:

```
<a href="http://www.databecker.de"><img src="bild1.jpg" width="400" height="100" border="0"
name="anzeige" id="anzeige" /></a>
```

Vergessen Sie dabei nicht das Attribut *border="0"*, damit der störende Link-Rahmen unterdrückt wird. Das auf diese Weise „vollendete" Dokument finden Sie in der Datei *banner2.htm*.

Diashow statt Banner

Mit einer kleinen Änderung bauen Sie dieses Skript auch zur Diaschau um. Wie? Nun, ganz einfach!

Entfernen Sie erstens den Event-Handler *onLoad* aus dem Body. Löschen Sie zweitens die Zeile mit der *setTimeout()*-Methode. Auch den Link auf eine andere Webseite benötigen Sie nicht mehr.

Starten Sie die Funktion jetzt jeweils von Hand. Nutzen Sie beispielsweise den Event-Handler *onClick* im Zusammenhang mit einem Schalter. Schreiben Sie:

```
<form>
<input type="button" value="Weiter" onClick="werbung()" />
</form>
```

Vergleichen Sie mit der Datei *diashow.htm*.

Natürlich können Sie an dieser Stelle auch Ihre Urlaubsfotos oder eine Produktpräsentation einbinden. Selbst einen Zurück-Schalter basteln Sie sich mit Ihrem vorhandenen Wissen im Nu.

Lauftext erzeugen

Sie interessieren sich für einen Ticker? Das zappelt und tickt schon auf so vielen Seiten, dass es seine Art hat. Aber einverstanden, auf einen „Tick" mehr oder weniger soll es uns nicht ankommen.

Übrigens funktionieren die hier vorgestellten Ticker im Gegensatz zu den anderen Skripts dieses Kapitels schon ab Internet Explorer 3 und Netscape 2.

Lauftext im Formularfeld

Auch hier gilt wieder: Sie können die Ausgabe in ein Text-Formularfeld oder in die Statuszeile umleiten. Schauen wir uns einfach beide Möglichkeiten an. Zuerst geht es um
„Lauftext im Formularfeld".

Hier das Skript für das komplette Dokument:

```
<html>
<head>
<title>Lauftext</title>
<script language="JavaScript" type="text/javascript">
<!--
var text, i, ticktext;
text="Tolle Neuerscheinungen bei DATA BECKER! + + + ";
i=0;
function lauftext() {
if (i<text.length) {
i=i+1;
}
else {
i=0;
}
ticktext=text.substring(i,text.length)+text.substring(0,text.length);
document.tickform.tickfeld.value=ticktext;
setTimeout("lauftext()",100);
}
//-->
</script>
</head>
<body bgcolor="white" onLoad="lauftext()">
```

```
<h1>Ein Ticker tickt ...</h1>
<form name="tickform" id="tickform">
<input type="text" size="50" name="tickfeld" id="tickfeld" />
</form>
</body>
</html>
```

Mit den vorhandenen JavaScript-Kenntnissen können Sie sich die Wirkungsweise dieses Skripts bestimmt recht schnell erschließen: Das Skript arbeitet mit einer Zählschleife. Dabei wird die Variable *i* stets um 1 erhöht, bis *i* die Länge des Textstring erreicht hat.

Die *substring()*-Methode ermittelt nun die Zeichen zwischen *i* und *textlength()*. Da die Funktion immer wiederholt wird, wird vom Anfang des Textes stets ein Zeichen „abgeschnitten". Damit aber wieder Text „hinterher fließt", verketten Sie einfach die „schwindende" Textmenge und einen kompletten „Satz" Text.

```
ticktext=text.substring(i,text.length)+text.substring(0,text.length);
```

Sie finden das komplette Skript im Ordner *ticker* in der Datei *ticker1.htm*.

Lauftext in der Statuszeile

Natürlich können Sie den Lauftext auch in der Statuszeile ausgeben. Ersetzen Sie lediglich die Zeile

```
document.tickform.tickfeld.value=ticktext;
```

Schreiben Sie stattdessen:

```
window.status=ticktext;
```

Löschen Sie außerdem das Textfeld. Vergleichen Sie ruhig mit der Datei *ticker2.htm*.

Sie sind begeistert von der Tickerei und können nicht genug bekommen? Keine Bange, im *ticker*-Ordner finden Sie ein weiteres Beispiel. Die Datei *ticker3.htm* arbeitet mit einem Array. Hier können Sie gleich mehrere Meldungen einbauen, die hintereinander abgearbeitet werden. Trennen Sie die einzelnen Tickertexte jeweils durch Komma und setzen Sie sie in Gänsefüßchen!

Ebenentechnik: Objekte fliegen lassen

Widmen wir uns endlich einigen DHTML-Effekten „im engeren Sinne". Lassen Sie Objekte über den Bildschirm fliegen. Arbeiten Sie mit Styles und Ebenen.

Alles paletti? Leider nicht! Der Engländer würde jetzt sagen: „This is where the trouble starts".

- DHTML im engeren Sinne wird erst von Browsern der „Vierer-Generation" unterstützt, sprich vom Internet Explorer ab Version 4 und vom Netscape-Browser 4.x.
- Jeder Browser besitzt ein anderes Objektmodell. Sie müssen praktisch für Internet und Netscape anderen Code schreiben und zusätzlich mit „Trick 17" arbeiten, damit das Programm funktioniert.
- Viele Effekte werden erst ab Internet Explorer 5 korrekt dargestellt.

Schauen wir uns trotzdem an, wie man mit Styles Sheets und JavaScript Ebenen anspricht und animiert.

INFO Für dieses und das nächste Kapitel benötigen Sie Grundkenntnisse zu Style Sheets. Wichtig ist vor allem das Wissen über das exakte Positionieren von Elementen. Sie sind gerade nicht auf dem Laufenden? Blättern Sie fix zur Seite 96 und frischen Sie Ihre Kenntnisse auf!

Ich zeige Ihnen zuerst, wie Sie auf simple Weise Objekte „über den Bildschirm" fliegen lassen. Dabei ist es völlig egal, ob es sich um Grafiken oder Textpassagen handelt!

Objekte animieren

Im Beispiel bewegt sich die Lokomotive von links nach rechts und stoppt bei der Position 600 Pixel. Das Flugzeug dagegen fliegt von rechts nach links und macht bei 0 Pixel halt. Damit Sie aber nicht sagen können: „Hey, das hätten wir mit <marquee></marquee> lösen können, lassen wir den Flieger zusätzlich schräg nach unten schweben!

Außerdem probieren wir das Beispiel ein paar Seiten weiter hinten auch im Netscape-Browser aus. Und der versteht bekanntlich kein *<marquee>*.

Zuerst zeige ich Ihnen, wie das Beispiel im Internet Explorer funktioniert. Danach folgt die „Netscape-Version". Die Grafiken *lok.gif* und *flugzeug.gif* (und alle Skripts) finden Sie im Ordner *dhtml*.

Doch bevor es losgeht, sind einige grundsätzliche Vorüberlegungen nötig:

- Um Objekte (Text bzw. Grafik) in Ebenen ansprechen zu können, müssen Sie die Objekte in „Container" packen. Wie? Fügen Sie Ihre Textpassage oder das Bild einfach in *<div></div>*-Tags ein. Schreiben Sie beispielsweise *<div id="name1" class="stil1"><img src="bild1.gif" /></div>*. Beachten Sie außerdem, das in *<div>* das Attribut *name* vollständig durch *id* abgelöst wurde.

- Per Style Sheet legen Sie die genaue Position der Container fest. Schreiben Sie beispielsweise *div.stil1 { position absolute; left: 10px; top: 100px; }*.

- Mit JavaScript sprechen Sie die jeweilige Ebene an und manipulieren diese Position.

Nachdem Sie Problem eins und zwei mit den vorhandenen CSS-Kenntnissen gelöst haben, bleibt Problem drei. „Wie manipuliert man die Position per JavaScript"?

Position per JavaScript ansprechen

Der Internet Explorer und Netscape gehen unterschiedliche Wege. Im Internet Explorer handelt es sich um die *all*-Eigenschaft des *document*-Objekts. Hier lautet die Syntax:

```
document.all["name1"].style.Position
```

Netscape verwendet jedoch die *layers*-Eigenschaft. Die Schreibweise ist erfreulich kurz. Schreiben Sie

```
document.layers["name1"].Position
```

Sie sehen, dass Sie die Ebenen bei beiden Methoden über Arrays ansprechen können. Das ist sehr praktisch: Setzen Sie in die eckigen Klammern einfach den Namen ein, den Sie der *<div>*-Ebene mit dem Attribut *id* verpasst haben. Im Beispiel ist es *name1*. Vergessen Sie nicht die Anführungszeichen, da es sich um Strings handelt.

Und was setzen Sie bei *Position* ein? Dort gehören die Angaben zur Veränderung der Position für *left* bzw. *top* hinein, also der Abstand vom linken und oberen Fensterrand.

Auch hier weicht die Syntax in beiden Browsern voneinander ab. Hier die entsprechenden Angaben:

In CSS	Im Internet Explorer	In Netscape
left=20px	pixelLeft=20	left=20
top=100px	pixelTop=100	top=100

Quellcode für das Beispiel

Mit dem Wissen ist die Lösung des Problems nur noch halb so schwer! Hier der Quellcode, zuerst für die Internet Explorer-Variante.

```
<html>
<head>
     <title>Animation mit DHTML</title>
<style type="text/css">
<!--
div.pos1 { position: absolute; top: 80px; left: 0px; }
div.pos2 { position: absolute; top: 180px; left: 600px; }
//-->
</style>
<script language="JavaScript" type="text/javascript">
<!--
var i=0;
function bildmove() {
if (i<=600) {
i=i+1;
}
document.all["bild1"].style.pixelLeft=i;
document.all["bild2"].style.pixelLeft=600-i;
document.all["bild2"].style.pixelTop=i;
setTimeout("bildmove()",100);
}
//-->
</script>
</head>
<body bgcolor="white" onLoad="bildmove()">
<h1>Die Objekte bewegen sich</h1>
<div id="bild1" class="pos1"><img src="lok.gif" width="191" height="98" border="0" /></div>
<div id="bild2" class="pos2"><img src="flugzeug.gif" width="171" height="199" border="0" /></div>
</body>
</html>
```

Schauen wir uns die einzelnen Elemente der Reihe nach an!

1. Im Body des Dokuments finden Sie zwei Ebenen (*<div>*-Container), in die je eine Grafik eingebunden wurde. Die *<div>*-Container wurden mit dem Attribut *id* benannt. Die erste Ebene heißt *bild1*, die zweite *bild2*. Wichtig sind auch die Style Sheet-Klassen *pos1* und *pos2*, die für den „perfekten Sitz" sorgen.

```
<div id="bild1" class="pos1"><img src="lok.gif" width="191" height="98" border="0" /></div>
<div id="bild2" class="pos2"><img src="flugzeug.gif" width="171" height="199" border="0" /></div>
```

2. Apropos perfekter Sitz. Die Position selbst legen Sie natürlich direkt im Style Sheet fest. Die entsprechenden Angaben hierfür finden Sie im Kopfbereich:

```
<style type="text/css">
<!--
div.pos1 { position: absolute; top: 80px; left: 0px; }
div.pos2 { position: absolute; top: 180px; left: 600px; }
//-->
</style>
```

3. Doch nun zum Skript. Hier wird zuerst die Zählvariable *i* deklariert und gleich mit dem Wert 0 „gefüttert". Außerdem definieren Sie eine Funktion, die hier *bildmove()* heißt.

```
var i=0;
function bildmove() {
```

4. Danach wird die Variable so lange um 1 erhöht, bis der Wert 600 erreicht ist. Vergleichen Sie vom Prinzip her ruhig mit dem „Lauftext-Beispiel", da sind wir ähnlich vorgegangen! Lediglich die *else*-Anweisung fehlt, da die Animation nach dem Erreichen der Bedingung stoppen soll!

```
if (i<=600) {
i=i+1;
}
```

5. Nun manipulieren Sie per JavaScript die Position der Objekte. Für das Flugzeug werden beide Werte geändert. Damit sich das Objekt von rechts nach links bewegt, ist auch etwas „Mathematik" im Spiel (*600-i*).

```
document.all["bild1"].style.pixelLeft=i;
document.all["bild2"].style.pixelLeft=600-i;
document.all["bild2"].style.pixelTop=i;
```

6. Und zum Schluss sorgt die *setTimeout()*-Methode für eine stete Wiederholung!

```
setTimeout("bildmove()",100);
```

Vergessen sie nicht den *onLoad*-Event-Handler im *<body>*-Tag! Sie finden das Beispiel in der Datei *iemove.htm*.

Animation im Netscape-Browser

Und für Netscape? Eigentlich ist es gar nicht so schwer! Ersetzen Sie lediglich die Zeilen

```
document.all["bild1"].style.pixelLeft=i;
document.all["bild2"].style.pixelLeft=600-i;
document.all["bild2"].style.pixelTop=i;
```

durch

```
document.layers["bild1"].left=i;
document.layers["bild2"].left=600-i;
document.layers["bild2"].top=i;
```

Vergleichen Sie mit der Datei *netmove.htm*, wo Sie das fertige Ergebnis finden.

Skript für beide Browser tauglich machen

Und wie lösen Sie das „Browserproblem"? Einverstanden, Sie könnten vor Ihre Animationen eine weitere Seite „vorschalten". Diese fragt ab, welchen Browser der Surfer benutzt. Je nach Qualifikation wird er auf die eine oder andere Seite umgeleitet.

Das Gleiche erreichen Sie jedoch auch, wenn Sie beide Skripts „zusammenbacken". Ermitteln Sie über eine *if*-Abfrage, ob der Browser *document.all* bzw. *document.layers* versteht. Schreiben Sie

```
if (document.all) {
```

bzw.

```
if (document.layers) {
```

Hier der komplette Quelltext für diese „allbrowsertaugliche" Variante. Vergleichen Sie auch mit der Datei *allmove.htm*.

```
<html>
<head>
    <title>Animation mit DHTML</title>
<style type="text/css">
<!--
div.pos1 { position: absolute; top: 80px; left: 0px }
```

```
div.pos2 { position: absolute; top: 180px; left: 600px }
//-->
</style>
<script language="JavaScript" type="text/javascript">
<!--
var i=0;
function bildmove() {
if (i<=600) {
i=i+1;
}
if (document.all) {
document.all["bild1"].style.pixelLeft=i;
document.all["bild2"].style.pixelLeft=600-i;
document.all["bild2"].style.pixelTop=i;
}
if (document.layers) {
document.layers["bild1"].left=i;
document.layers["bild2"].left=600-i;
document.layers["bild2"].top=i;
}
setTimeout("bildmove()",100);
}
//-->
</script>
</head>
<body bgcolor="white" onLoad="bildmove()">
<h1>Die Objekte bewegen sich</h1>
<div id="bild1" class="pos1"><img src="lok.gif" width="191" height="98" border="0" /></div>
<div id="bild2" class="pos2"><img src="flugzeug.gif" width="171" height="199" border="0" /></div>
</body>
</html>
```

Durch diese zweifache *if*-Abfrage haben wir einen weiteren Schönheitsfehler der vorhergehenden Versionen beseitigt: Ältere Browser produzieren keine Fehlermeldungen, sondern „schweigen still".

So sieht diese Seite beispielsweise im Netscape-Navigator 2 aus. Dieser Browser versteht selbstredend noch kein DHTML.

Pulldown-Menü mit DHTML

Haben Sie schon einmal die Webseiten von Microsoft besucht? Sind Ihnen dort auch die schicken Pulldown-Menüs aufgefallen? Das Ganze ist nichts weiter als eine grandiose Mogelpackung. Dieser Service funktioniert nur dann, wenn Sie mit dem Internet Explorer „angebrowst" kommen.

Für Netscape-Benutzer hat Microsoft anscheinend nicht viel übrig, hier „klappt" nichts.

Sie machen es besser! Im nächsten Beispiel zeige ich Ihnen, wie Sie ein schickes Pulldown-Menü erstellen, das auf beiden Browserplattformen funktioniert.

Zugegeben, das beste Ergebnis erreichen Sie mit dem Internet Explorer in der Version 5. Aber immerhin: Netscape 4.x-Benutzer bleiben nicht außen vor!

Style Sheets vorbereiten

Zuerst benötigen Sie wieder die „Ebenen-Container". Hier legen Sie die absolute Position, die Hintergrundfarbe und die Schrifteigenschaften des jeweiligen Menüs fest. Im Beispiel handelt es sich um die folgenden zwei Menüs:

> div.navi1 { position: absolute; left: 10px; top: -70px; background-color: silver; layer-background-color: silver; width: 85px; }
>
> div.navi2 { position: absolute; left: 100px; top: -70px; background-color: silver; layer-background-color: silver; width: 85px; }

(Sie können gern weitere Menüs hinzufügen.)

Der Trick liegt darin, dass Sie bei der *top*-Positionierung einen negativen Wert angeben. Auf diese Art rutscht das Menü so nach oben, dass nur der unterste Eintrag angezeigt werden kann! (Den richtigen Wert finden Sie durch Ausprobieren, im Beispiel (drei Menüpunkte) sind es *-70px*.)

Die Hintergrundfarbe für das Menü legen Sie mit *background-color* fest, im Beispiel handelt es sich um *silver*, also um ein helles Grau. Die Angabe *layer-background-color: silver* habe ich nur aus Kompatibilitätsgründen zum Netscape Navigator eingefügt. Nur so erreichen Sie, dass sich bei Netscape der „Hintergrund-Rahmen" über die gesamte Breite (hier *width: 85px*) zieht.

Nun zur Schriftart und zu den Eigenschaften der Menüpunkte. Es handelt sich in allen Fällen um Hyperlinks. So können Sie bequem mit *A:link, A:hover, A:active* und *A:visited* arbeiten! Hier die entsprechenden Angaben für das Beispiel:

> A:link { text-decoration: none; font-family: arial, helvetica; font-size: 10pt; color: black; }
>
> A:hover { text-decoration: none; font-family: arial, helvetica; font-size: 10pt; color: black; background-color: red; width: 85px; }
>
> A:active { text-decoration: none; font-family: arial, helvetica; font-size: 10pt; color: black; }
>
> A:visited { text-decoration: none; font-family: arial, helvetica; font-size: 10pt; color: black; }

Besonders interessant ist *A:hover*. Durch die Angabe *background-color: red;* erreichen Sie, dass ein schicker Farbbalken erzeugt wird, wenn der Betrachter den Mauszeiger über die Links führt. Leider: Netscape interpretiert die Angabe *A:hover* nicht.

Das komplette Dokument

Kommen wir nun zum eigentlichen Skript. Damit Sie die Zusammenhänge erkennen, zeige ich Ihnen das komplette Dokument im Quelltext.

```html
<head>
<title>Klappmen&uuml;</title>
<style type="text/css">
<!--
div.navi1 { position: absolute; left: 10px; top: -70px; background-color: silver; layer-background-color: silver; width: 85px; }
div.navi2 { position: absolute; left: 100px; top: -70px; background-color: silver; layer-background-color: silver; width: 85px; }
A:link { text-decoration: none; font-family: arial, helvetica; font-size: 10pt; color: black; }
A:hover { text-decoration: none; font-family: arial, helvetica; font-size: 10pt; color: black; background-color: red; width: 85px; }
A:active { text-decoration: none; font-family: arial, helvetica; font-size: 10pt; color: black; }
A:visited { text-decoration: none; font-family: arial, helvetica; font-size: 10pt; color: black; }
//-->
</style>
<script language="JavaScript" type="text/javascript">
<!--
var pos, menue;
function klapp(menue) {
if (document.all) {
pos=document.all[menue].style.pixelTop;
}
if (document.layers) {
pos=document.layers[menue].top;
}
if (pos==-70 || pos==0) {
pos=-15;
}
else {
pos=-70;
}
if (document.all) {
document.all[menue].style.pixelTop=pos;
}
if (document.layers) {
```

```
document.layers[menue].top=pos;
}
}
//-->
</script>
</head>
<body bgcolor="white">
<div id="navi1" class="navi1"><br />
<a href="seite1a.htm" title="Beschreibungstext zu Seite 1a">Seite 1a</a><br />
<a href="seite1b.htm" title="Beschreibungstext zu Seite 1b">Seite 1b</a><br />
<a href="seite1c.htm" title="Beschreibungstext zu Seite 1c">Seite 1c</a><br />
<a href="egal.htm" onMouseover="klapp('navi1')">Navigation 1</a>
</div>
<div id="navi2" class="navi2"><br />
<a href="seite2a.htm" title="Beschreibungstext zu Seite 2a">Seite 2a</a><br />
<a href="seite2b.htm" title="Beschreibungstext zu Seite 2b">Seite 2b</a><br />
<a href="seite2c.htm" title="Beschreibungstext zu Seite 2c">Seite 2c</a><br />
<a href="egal.htm" onMouseover="klapp('navi2')">Navigation 2</a>
</div>
</body>
</html>
```

Auch wenn Ihnen der Code auf den ersten Blick kompliziert erscheint: Keine Bange! Das meiste können Sie sich jetzt schon erschließen:

Die Menüs sitzen in „Ebenen-Containern". Das erste Menü wurde beispielsweise zwischen *<div id="navi1" class="navi1">* und *</div>* platziert. Hier finden Sie zum einen die wichtige Benennung (*id="navi1"*) und die Stilklasse (der Einfachheit halber auch *navi1*, also *class="navi1"*).

In den Links selbst arbeiten Sie mit dem *title*-Attribut. So sorgen Sie dafür, dass – zumindest beim Internet Explorer – eine gelbe Kurzinfo erscheint.

Der unterste Link ist für das Aufrufen der JavaScript-Funktion verantwortlich. Beim Berühren (*onMouseover*) soll das Menü ein- bzw. ausgeklappt werden. Und hier greift unser Skript!

Das Skript im Überblick

Schauen Sie sich ruhig einmal an, was sich hinter diesem Skript verbirgt! Denn hier wird an manchen Stellen „mit Trick 17" gearbeitet.

1. Nach der Deklaration zweiter Variablen wird die Funktion *klapp(menue)* eingeleitet. Wie Sie sehen, ist es eine Funktion mit Parameterübergabe (s. a. CD zum Buch). So sorgen wir dafür, dass weitere Menüs in das Skript einbezogen werden können.

```
var pos, menue;
function klapp(menue) {
```

2. Nun erfolgt die Abfrage, ob der Browser *document.all* kennt. Wenn ja, kann es sich nur um den Internet Explorer ab Version 4 handeln. In der nächsten Zeile wird ermittelt, bei welcher Position das Menü derzeit steht. (Die Ausgangsposition ist -70, also der zusammengeklappte Zustand.) Wichtiger Hinweis: Der Internet Explorer 4 gibt hier auch korrekt -70 zurück, der Internet Explorer 5 beim ersten Versuch jedoch 0. Das Problem lösen wir weiter unten!

```
if (document.all) {
pos=document.all[menue].style.pixelTop;
}
```

3. Die gleiche Abfrage erfolgt jetzt für den Netscape-Browser. Auch hier wird der „Klapp-zustand" abgefragt und in der Variablen *pos* gespeichert.

```
if (document.layers) {
pos=document.layers[menue].top;
}
```

4. Nun kommt eine weitere *if*-Abfrage, die einen Wert zurückgibt. Ist das Menü einge-klappt? Beträgt der Wert also -70 (bzw. beim IE beim ersten Versuch 0, die Striche bedeuten „oder")? Dann soll das Menü ausgefahren werden. Der Wert wird also auf -15 gesetzt.

```
if (pos==-70 || pos==0) {
pos=-15;
}
```

5. Falls das Menü jedoch ausgefahren ist, muss es dagegen wieder eingeklappt werden. Falls also der Wert nicht -70 (bzw. 0) entspricht, wird der Wert auf -70 zurückgesetzt!

```
else {
pos=-70;
}
```

6. Der Rest ist kein weiteres Problem. Der in der Variablen *pos* gespeicherte Wert (-15 bzw. -70) wird jetzt dazu verwendet, der Ebene eine neue Position zuzuweisen.

```
if (document.all) {
document.all[menue].style.pixelTop=pos;
```

```
}
if (document.layers) {
document.layers[menue].top=pos;
}
```

Das Skript finden Sie in der Datei *menu.htm* im *dhtml*-Ordner. Wie schon erwähnt –Sie können ruhig weitere Menüs in Ihr Skript einbauen.

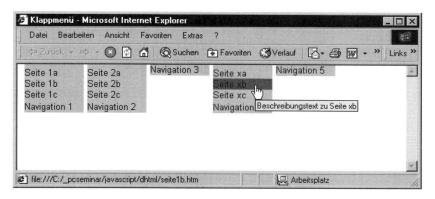

Die Datei *menuviel.htm* zeigt Ihnen das gleiche Beispiel mit mehreren Menüs.

Sie sind begeistert vom Thema DHTML? Schauen Sie sich auf der Seite der norwegischen Werbeagentur Reibo & Cetera um. Surfen Sie zu http://reibo.cetera.no/. Hier wurde DHTML in attraktiver Weise eingesetzt. Aber auch an ältere Browser haben die Macher gedacht: Es gibt auch eine sehr ansprechende Non-DHTML-Version!

 Sie wollen gut gemachte DHTML-Sites sehen? Surfen Sie zu www.bratta.com. Auf der Unter-Seite www.bratta. com/dhtm stellt Ihnen der Webdesigner Thomas Brattli etliche kostenlose DHTML-Skripts zur Verfügung. Klicken Sie auf *Scriptomania*. Hier finden Sie auch ein Tutorium zu DHTML (in Englisch). Übrigens: Die besten Skripts von Thomas Brattli sind im Freewareprogramm *1st Page* enthalten, siehe auch Seite 28!

Leider will ich Ihnen nicht verschweigen, dass das bisherige DHTML-Menü auch einen Haken hat. Es funktioniert nicht mehr im allerneusten Netscape-Browser, Version 6. Das liegt daran, dass dieser Browser ein völlig neues Objektmodell verwendet, das nicht kompatibel mit älteren Modellen ist, nicht einmal mit Netscape 4.x!

Allerdings hat sich Netscape 6.x noch nicht so recht durchgesetzt. Nur 2 % aller Besucher meiner Serviceangebote im Web nutzen diesen Browser, 90 % setzen auf den Internet Explorer und mehr als 5 % favorisieren sogar noch den älteren Netscape-Browser 4.x.

Trotzdem können Sie dafür sorgen, dass auch die restlichen 2 % Ihrer Benutzer alle Menü-Effekte sehen. Deshalb habe ich für Sie ein „Universal-Menü" erstellt:

Schauen Sie zu den Beispieldateien auf der Buch-CD. Im Ordner *dhtml* halte ich das erweiterte und damit recht umfangreiche neue Menü für Sie bereit. Es steckt in der Datei *menu_neu.htm*. Da ich ausgiebig mit Kommentaren (Erklärungen) gearbeitet habe, können Sie den Code hoffentlich relativ einfach durchschauen. Tragen Sie Ihre Sprungziele einfach an den entsprechenden Stellen ein. Sie können das Menü ganz nach Wunsch abwandeln und erweitern.

Hallo Webmaster, bitte hochladen

Jetzt wird's richtig interessant! Laden Sie Ihre Seite endlich auf den Server! Melden Sie sich bei den Suchmaschinen an.

Bevor ich Ihnen verrate, wie Sie Ihre Seiten beim Dienstleister installieren, schauen Sie sich kurz einmal an, was sich hinter den Meta-Tags verbirgt.

Meta-Tags und mehr

Einige Suchmaschinen werten die so genannten Meta-Tags aus. Das sind beispielsweise Hotbot, AltaVista und Fireball. Leider geht jede Suchmaschine dabei etwas anders vor.

Meta-Tags sind nichts weiter als Angaben über Ihre Homepage. Sie werden in den Head gesetzt, beispielsweise unter *<head>* und über *<title>*. Hier als Beispiel einige ausgewählte Meta-Tags:

```
<meta http-equiv="content-type" content="text/html; charset=iso-8859-1" />
<meta name="generator" content="Editor 5.1" />
<meta name="author" content="Hans Hallmeyer" />
<meta name="keywords" content="HTML, HTML für Anfänger, Homepage, Website, HTML-Kurse, HTML-Tabellen, Frames, HTML-Tags, Word, Tipps zu Word, Tipps zu Office, Excel, Windows 2000, Tipps zu Windows, Bücher, Autor von EDV-Büchern, EDV-Kurse, Interneteinführung" />
<meta name="description" content="pfiffige Homepage-Grundkurse für Anfänger, HTML ganz easy, DOS-Kurse, außerdem Tipps zu Word, Office, StarOffice, Windows und vieles mehr" />
<meta name="rating" content="HTML" />
<meta name="revisit-after" content="14 days" />
```

Und was verbirgt sich dahinter?

1. Die erste Zeile ist Ihnen sicher schon bekannt. Hier geben Sie den Zeichensatz an. Wenn sie ihn so angeben wie oben, können Sie problemlos Umlaute verwenden.

2. Etliche HTML-Editoren verewigen sich gern im Meta-Tag *generator*. Sie können diesen Eintrag nachträglich ohne Schwierigkeiten aus Ihrem Dokument löschen.

3. Die Angabe *author* muss sicher nicht erst großartig erläutert werden. Geben Sie hier, wenn Sie wollen, Ihren Namen an.

4. Die Stichwörter (*keywords*) ermöglichen Ihnen, verschiedenen Stich- bzw. Schlagwörter einzugeben. Trennen Sie diese durch Kommas. Bis zu 256 Zeichen sind gestattet.

5. Als Nächstes folgt die Beschreibung (*description*). Auch hier sind bis zu 256 Zeichen Text gestattet.

6. *Rating* heißt so viel wie Einschätzung, Kategorie. Hier ist lediglich ein Eintrag nötig.

7. Geben Sie mit *revisit-after* einen Zeitraum an, nach dem die Suchmaschine die Seite wieder indizieren soll.

Leider gibt es bei Meta-Tags keine Standardisierung. Jede Suchmaschine verwendet ihre eigenen Regeln. Surfen Sie am besten bei der betreffenden Suchmaschine vorbei und informieren Sie sich.

 Die deutschsprachige Suchmaschine Fireball nimmt Ihnen die Arbeit ab. Surfen Sie einfach zur Adresse www.fireball.de/metagenerator.html. Hier finden Sie einen Meta-Tag-Generator, der Ihnen das Erstellen der Meta-Tags vereinfacht.

Die Site auf den Server laden

Sie wollen Ihre Seiten auf den Server des Dienstleisters laden? Nichts leichter als das! Besorgen Sie sich vorher das richtige Tool, Sie benötigen ein so genanntes FTP-Programm.

 Bekannte FTP-Programme sind beispielsweise Cute FTP oder WS_FTP. Ich empfehle Ihnen WS_FTP. Die jeweils neuste Version können Sie sich von www.ipswitch.com herunterladen. Ältere, aber dafür uneingeschränkt kostenlose Versionen können Sie über die Service-Seite zu diesem Heft abrufen, über www.jchanke.de/x.html!

Das Schöne an WS_FTP: Sie müssen es nicht erst umständlich installieren. Doppelklicken Sie auf die entsprechende EXE-Datei und schon startet das Programm.

Seiten mit WS_FTP auf den Server laden

Und so gehen Sie vor, um die Dateien auf den Server zu laden:

1. Starten Sie WS_FTP. Im Beispiel handelt es sich um die Version WS_FTP95. Doppelklicken Sie einfach auf die entsprechende EXE-Datei.

2. Richten Sie das Programm nun wunschgemäß ein. Tippen Sie dazu die entsprechenden Angaben in die Formularfelder. Besonders wichtig sind die Felder *Host Name/Address*, *User ID* und *Password*. Was Sie hier im Einzelnen eintragen müssen, kann Ihnen nur Ihr Dienstleister verraten. Bei *Host Type* steht in der Regel *Automatic Detect*. Bei manchen Dienstleistern sind zusätzliche Angaben nötig. Bei AOL müssen Sie noch ins Register *Startup* gehen. Tippen Sie im Feld *Initial Remote Host Directory* zusätzlich „/aolname".

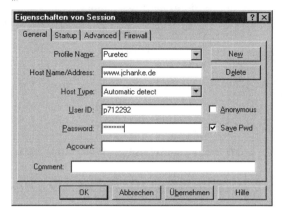

3. Klicken Sie jetzt einfach auf *OK*. WS_FTP verbindet Sie mit dem Server. Sie können auf Ihr Verzeichnis zugreifen. WS_FTP arbeitet wie ein Datei-Manager: Im linken Bereich sehen Sie stets den Inhalt Ihrer lokalen Festplatte. Im rechten Bereich jedoch haben Sie Einblick in die Dateien auf dem Server.

4. Sie möchten eine Datei auf den Server überspielen? Markieren Sie sie im linken Bereich. Klicken Sie jetzt auf die entsprechende Pfeil-Schaltfläche.

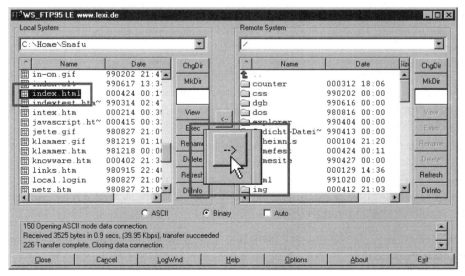

5. Sie können auch mehrere Dateien gleichzeitig markieren. Klicken Sie dafür zuerst die erste Datei an. Halten Sie jetzt die Taste (Umschalt) gedrückt. Markieren Sie die letzte Datei. Automatisch werden die dazwischen liegenden Dateien mit markiert. Das Auswählen nicht zusammenhängender Dateien geht auch. Dazu müssen Sie jedoch (Strg) gedrückt halten.

6. Selbst das Überführen einer kompletten Ordnerstruktur ist kein Problem. Markieren Sie einfach den entsprechenden Ordner. Wählen Sie dann die Pfeilschaltfläche. Beantworten Sie die Frage *Do you want to transfer the selected directory structures?* mit *Ja*.

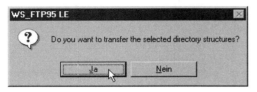

7. Klicken Sie auf die Schaltfläche *Close*, wenn Sie die Verbindung trennen möchten.

Tipps zu WS_FTP

An dieser Stelle habe ich noch ein paar Hinweise, die Ihnen die Arbeit mit WS_FTP erleichtern sollen:

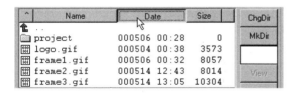

- *Sortieren*: Sie können durch einen Klick auf den entsprechenden Spaltenkopf die Dateien bequem nach Alphabet, Speicherdatum, Typ usw. sortieren.

- *Neuen Ordner erstellen*: Einen neuen Ordner erstellen Sie in WS_FTP durch einen Klick auf die Schaltfläche *MkDir*.

- *Ordner löschen*: Sie wollen einen Ordner löschen? Dann müssen Sie zuerst alle Dateien löschen, die sich in diesem Ordner befinden.

- *Profile*: Nutzen Sie WS_FTP für mehrere Dienstleister. Erstellen Sie mit der Schaltfläche *New* ein neues Profil. Wählen Sie dann jeweils *Connect*, um sich zu verbinden, bzw. *Close*, um die Verbindung zu trennen.

Und natürlich können Sie mit WS_FTP die Daten auch vom Server wieder zurück auf Ihre lokale Festplatte spielen!

Anmeldung bei Suchmaschinen

Wer suchet, der findet. Und damit auch Sie gefunden werden, sollten Sie Ihre Seite bei den Suchmaschinen anmelden.

Doch bevor es so weit ist, gebe ich Ihnen einen kleinen Überblick über die wichtigsten Suchmaschinen.

Suchmaschinen im Überblick

Hier die wichtigsten deutschsprachigen Suchmaschinen und ihre charakteristischen Merkmale.

Typ	Eigenschaft	Vorteil	Nachteil	URL
Kataloge	Redaktionell (von Menschenhand!) betreut, thematisch geordnet.	Vorauswahl, bequeme Eingrenzung durch Kategorien, guter Ausgangspunkt zum ziellosen Surfen.	Geringe Aktualität, geringe Trefferquote, möglicherweise keine Ergebnisse bei spezielleren Anfragen.	www.yahoo.de www.web.de
Crawler bzw. Spider (Suchroboter)	Datenbank wird durch selbstständige automatische Suche im Netz (Robotersuche) erstellt.	Viele Treffer, höhere Aktualität, hohe Wahrscheinlichkeit, etwas zu finden.	Viele Mehrfacheinträge der gleichen Seite.	www.altavista.de www.fireball.de www.google.de
Meta-Suchmaschinen	Suche in Suchmaschinen.	Fragt mehrere Suchmaschinen gleichzeitig ab, sehr empfehlenswert.	Liefert nur die jeweils ersten Treffer, nur geringe Eingrenzung der Suche möglich.	http://meta.rrzn.uni-hannover.de (MetaGer) www.apollo7.de

Und nach dem Studium dieser Liste wissen Sie sicher, bei welchen Suchmaschinen Sie sich nicht anmelden können: Bei den Meta-Suchmaschinen. Diese führen schließlich (bis auf Ausnahmen) keine eigenen Datenbank, sie suchen in anderen Suchmaschinen.

Meta-Suchmaschinen haben übrigens nichts mit den Meta-Tags zu tun.

Seite bei Katalogen anmelden

Sie wollen Ihre Seite bei einem Katalog wie Yahoo! oder Web.de anmelden? Kein Problem. Ich zeige es Ihnen am Beispiel von Yahoo. Wir nehmen an, dass Sie eine Seite über Hunde erstellt haben.

1. Surfen Sie zur entsprechenden Suchmaschine, im Beispiel zu www.yahoo.de. Schauen Sie die Kategorien gut an. Überlegen Sie sich, in welche Kategorie Ihre Seite passen könnte. Wählen Sie im Beispiel *Naturwissenschaft & Technik*, gehen Sie in die Unterkategorie *Tiere & Haustiere*.

2. Je nach Thema gibt es weitere Unterkategorien, beispielsweise *Säugetiere* und *Hunde*. Haben Sie die gewünschte Kategorie gefunden, in der Sie die Seite einordnen möchten? Dann klicken Sie auf den Hyperlink *Web-Site vorschlagen*.

3. Füllen Sie jetzt das umfangreiche Online-Formular aus. Nehmen Sie sich Zeit.

Es dauert bei Katalogen eine Weile, ehe Sie Ihren Eintrag in der Datenbank vorfinden. Schließlich prüfen die Redakteure vorher, ob Ihre Seite überhaupt würdig ist, aufgenommen zu werden.

Nur 30 bis 40 % aller Vorschläge werden in die Datenbank eingetragen.

INFO Gerade diese Auswahl von Menschenhand macht Kataloge so wertvoll. Nach dem Motto: Die guten ins Töpfchen, die schlechten ins Kröpfchen landen tatsächlich nur die Einträge in der Datenbank, die etwas mit dem Thema zu tun haben und mit Inhalt gefüllt sind. Allerweltsseiten wie „Hallo, ich bin online", haben bei Katalogen keine Chance.

Bei Web.de ist die Vorgehensweise übrigens ähnlich. Fahnden Sie hier nach dem Link *Homepage anmelden*.

Seite bei Crawlern anmelden

Bei den Crawlern ist das Ganze viel einfacher. Schließlich gehen die Maschinen automatisch auf die Suche, Ihre Seiten werden maschinell ausgewertet. So melden Sie Ihre Seite bei Altavista an. Bei anderen Maschinen gehen Sie einfach sinngemäß vor.

1. Surfen Sie zu www.altavista.de. Fahnden Sie nach einem Link wie *Seite bei AltaVista anmelden*. (Bei anderen Maschinen kann er auch *Seite anmelden* oder *URL melden* heißen.)

2. Tippen Sie Ihre Webadresse in das Formular ein. Wählen Sie die Schaltfläche *Hinzufügen*. Das war's schon.

Die Maschine wird Ihre Seite demnächst besuchen und schnellstmöglich in die Datenbank eintragen.

Automatische Eintragung

Sicher, Handarbeit ist mühevoll. Und deshalb gibt es unzählige Dienstleister bzw. Programme, die Ihnen „automatische Eintragung in über 400 Suchmaschinen" versprechen.

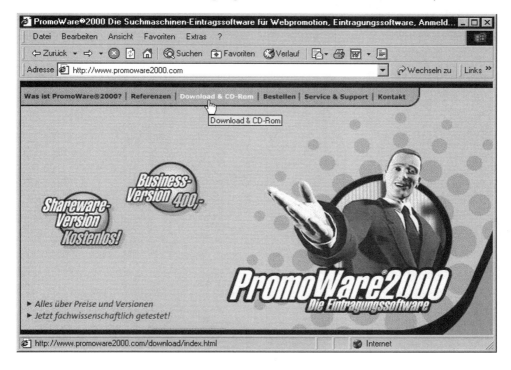

Unter www.promoware2000.com können Sie sich einen Testversion solch eines Programms herunterladen. Auf www.orkan.de/submitservice/home.htm habe ich einen Dienstleister gefunden, die Sie kostenlos in über 40 Suchmaschinen einträgt.

Ich empfehle: Beschränken Sie sich lieber auf wenige Suchmaschinen, bei denen Sie sich direkt anmelden. So lernen Sie die jeweilige Suchmaschine auch am besten kennen.

Stichwortverzeichnis

#IMPLIED 158
#REQUIRED 158
_blank 138
_parent 139
_self 139
_top 138
1st Page 2000 28

A

A
   active 99, 299
   hover 99, 299
   link 99, 299
   visited 99, 299
Absatzformate, freie 94
Adobe GoLive 27
alink 78
AltaVista 309
Alternativtext für Grafik 51
Amaya 26
Anführungszeichen in HTML 36
Animationen
   mit dem GIF-Format 57
   mit DHTML 291
   mit Paint Shop Pro 57
   mit StarOffice 58
   Überblick 285
Anker, interne 72
Anmeldung bei Suchmaschinen 309
Applet 186
Arachnophilia 29
Arrays 222
   in JavaScript 246
   Kompaktschreibweise 248
   tabellarische Form 247
ASCII 19
ATTLIST 158
Attribute
   farbige Darstellung 28
   in XML definieren 158
   Schreibung der Namen in HTML 40
   steuern Tags 39
Aufzählung 40
automatische Umleitung 200

B

Banner
   GIF oder JavaScript 285

   mit Hyperlink 288
   mit JavaScript 286
   mit Paint Shop Pro 57
   über Webseite 57
Baumstruktur in XML 149
Berners-Lee, Tim 20
Besuchszeit 253
Betreff in E-Mail-Link 68
Bewegen von Objekten 291
bgsound 78
Bildbearbeitung 46
Bilder
   ausrichten 49
   Dateigröße reduzieren 48
   Formate für das Web 46
   in HTML-Dokumente einbinden 48
   Regeln für Dateinamen 48
   scannen 47
block 170
Bobby 30
border 113, 130
break 38

C

case 211
CGI 105
   Auswertung von Formularen 105
   kostenlose CGI-Unterstützung 24
   Skripts in 1st Page 28
cgibin 105
charAt() 240
checkbox 109
Coffee-Cup-HTML-Editor 29
colspan 115
confirm() 235
Cookies
   Annahme nach Aufforderung 261
   auslesen 263, 265
   eigene Werte speichern 266
   namentliche Begrüßung 266
   setzen 259
   Sicherheit 258
   Speicherort 260
   Surfer wiedererkennen 259
   Überblick 258
Crawler 309
CSS
   als kaskadierende Formatvorlagen 92
   externe Style Sheets 101

für XML 169f
im Überblick 83
Inline-Styles 96
Kommentare einbnden 89
Listen gestalten 94
Pseudo-Klassen 99
Syntax 87

D

date 243
Dateiendungen einblenden 32
Dateninsel 163
DE-NIC 25
DHTML 281
Ebenetechnik 291
im WWW 303
Tutorium 303
Dialogfenster mit JavaScript 235
Diashow 288
display 170
div
als Inline-Style 96
Eigenschaften 94
pixelgenaue Ausrichtung 96
document.all 293
document.bgcolor 197
document.layers 293
document.write() 204
Dokumenttyp-Definition .... Siehe auch DTD
in XML 149
Überblick 36
Dokumenttyp-Deklaration 152
Domäne 24
Dreamweaver 27
DTD
PCDATA 151
planen 150
praktisches Beispiel für XML 149
Reihenfolge festlegen 151
Schlüsselwörter 151
Verweis auf DTD 152

E

Ebenen
absolut positionieren 295
mit DHTML ansprechen 292
Eigenschaften 187
E-Mail 17
E-Mail-Adresse auf Gültigkeit testen 240
E-Mail-Link 68
embed 76f
Event-Handler 194
Externe Style Sheets 101

F

Farben
Farbnamen 43
für Hyperlinks 78
sichere Webpalette 54
Farbverlauf 52
Feeback 68
Fenster
automatisch schließen 227
exakt positionieren 226
mit JavaScript 224
rollen 226
Fernbedienung mit JavaScript 229
Fett 42
Film einbinden 75
Flash 76
font 42
Font-Tag in HTML 42
for 210
for-each in XSLT 176
Formatvorlagen als Style Sheets 83
Formulare
Auswahlfelder 108
Daten abschicken 109
Felder auf Eingabe prüfen 236
Kontrolle vor dem Versenden 238
Kontrollkästchen 109
mehrzeiliges Texteingabefeld 107
per CGI auswerten 105
per E-Mail auswerten 105
Radioknöpfe 108
Texteingabefelder 106
Überblick 103
verbessern mit JavaScript 233
zur Passwortabfrage 212
Fotos
in HTML-Dokument einbinden 48
scannen 47
frameborder 130
Frames
als Fensterrahmen 123
benennen 124
besser navigieren 271
drei auf einmal ändern 276
dreigeteiltes Fenster 133
externe Hyperlinks 138
Fenster in Zeilen aufteilen 128
fremde Seiten einrahmen 138
mit Pulldown-Menü 278
Namen mit name und id 127
Navigation mit JavaScript 274
noframes 127
Rahmen unterdrücken 130
Rahmengröße 131

Rahmengröße fixieren 131
Ränder 132
Rollbalken anzeigen 130
Seite erscheint im falschen Fenster 125
ungleichmäßige Aufteilung 135
zwei auf einmal ändern 272
zweigeteiltes Fenster 123
Framesets
Anzeige individuell steuern 129
Befreiung aus Frameset 280
Dokument ins Frameset zwingen 279
Erklärung 126
für zweigeteiltes Fenster 126
verschachteln 135
Verweise auf externe Seiten 138
framespacing 130
FrontPage Express 27
FTP 18
function 193
Funktionen
in JavaScript 193
Syntax 194
Fusion 27

G

geschütztes Leerzeichen 43
getDate() 244
getDay() 244
getHours() 250
getMinutes() 250
getMonth() 244
getSeconds() 250
getTime() 254
getYear() 244
GIF
Animationen 57
Eigenschaften 46
Hintergrundtransparenz 54
interlaced 56
GoLive 27
Grafik .... *Siehe* auch Bilder
Grafiken
als Hintergrund 52
als Schaltfläche 70
Alternativtext 51
ausrichten 49
bauen sich langsam auf 56
Breite und Höhe 51
Dateigröße reduzieren 48
Effektfilter 48
für das Web aufbereiten 45
in Frame einbinden 133
in HTML-Dokument einbinden 48
in Listen einbinden 94

in WML 165
in XML 174
mit Rahmen 55
springen 51
Tipps und Tricks 54
Transparenz 54
Grafikprogramme 46
Gültige XML-Dokumente 143

H

h1 37
Hallo Welt! 188
Handys, Seiten für Handys 165
heading 38
height 51
Hintergrund
einfärben 52
für Tabellen 114
mit Farbverlauf 52
Muster 53
Hintergrundfarbe 52
Hintergrundgrafik 52
Hintergrundsound 77
history.back() 221
Hochladen der Hompage 306
Homepage
als Startseite 61
Browsertypen 25
die erste Seite 31
hochladen 306
kostenlos 23
Layoutprogramme 26
mit Windows-Editor erstellen 32
Namenswahl 25
planen 61
Tools und Ressourcen 26
Homesite 29
Hot Metal 28
Hot Spots 80
Hover-Links
für Effekte 99
Probleme 100
href 74
HTML
Prüfprogramm 29
Überblick 19
versus XML 141
HTML-Kit 28
HTTP 18
Hyperlinks
absolute 65
als Grafik 70
auf anderen Dateien 62
auf Dateien 67

auf Dateien in Unterordnern 64
auf externe Webseiten 65
auf interne Anker 74
auf Mediadatei 75
auf Newsgruppen 67
aus Frameset heraus 138
benutzerdefinierte Farben 78
E-Mail-Link 68
Funktionsweise 18
im Überblick 61
in Frames mit JavaScript 272
in Pulldown-Menü 220
in XML 164
JavaScript-Fenster als Fernbedienung 229
mit Hover-Effekt 99
mit JavaScript 198
mit QuickInfo 79
mit XLink 164
neues Browserfenster 79
ohne Unterstreichung 99

I

id 72, 127
if-Abfrage, allgemein 205
Image Map
    mit MapMaker 80
    mit StarOffice 82
Index 222
index.htm 62
inline 170
Inline-Skript 198
Inline-Style 96
interlaced 56
interne Anker 72
Internet Explorer 25
Internet, Unterschied zu World Wide Web 17

J

Java 184
    Überblick 185
Java-Applet 186
JavaScript
    Arrays 246
    Banner 286
    bei Netscape einschalten 85
    Bestätigungsdialog 235
    Besuchszeit 253
    Datum 243
    Einführung 183
    Eingabebox 202
    externes Skript 208
    Fallunterscheidung 211

Fenster programmieren 224
Frames 271
Funktion 193
in XML/XSL 192
Inline-Skript 198
Lauftext 289
Passwortabfrage 207
Position im Frameset 279
Pulldown-Menü in Frames 278
Pulldown-Menüs 220
Rechnen 255
Schleifen 208
Statuszeile ansprechen 252
Textausgabe 204
Uhrzeit 249
Vergleichsoperatoren 207
versus Java 184
JPG
    Eigenschaften 46
    progressive 56

K

Kaskadierende Formatvorlagen 92
Kataloge 309
Klangdatei mit JavaScript einbinden 75
Klassen
    in Style Sheets 92
    Pseudo-Klassen in CSS 99
Knoten 149
Kommentare
    in JavaScript 191
    in Style Sheets 89
    in XML 144
Kontrollkästchen 109
Kostenlose Homepage 23
Kursiv 42

L

Lauftext 44, 289
    in Formularfeld 290
    in Statuszeile 291
Layer 293
Leerzeichen, geschütztes 43
Leerzeilen 43
line-height 93
Linien 37
link 78
Links .... Siehe Hyperlinks
Listen mit Grafik 94
list-style-image 94
Lynx 26

M

Macromedia Dreamweaver 27
Macromedia Flash 76
mailto 68
MapMaker
    Freeware 29
    Image Map erstellen 80
marginheight 132
marginwidth 132
Math.round() 255
MathML 146
maxlength 107
Menü in JavaScript 220
Meta-Suchmaschinen 309
Meta-Tags
    für automatische Umleitung 202
    für Suchmaschinen 305
    Zeichencode einbinden 36
Methoden 188
Micrografx 46
Mosaic 26
MP3 75
msxml 154
Musik einbinden 75

N

name 72, 127
name space 162
Namen für Frames 124
Namensraum 162
Namenswahl bei Homepage 25
Netobjects Fusion 27
Netscape Composer 27
Netscape Navigator 25
Netscape, JavaScript einschalten 85
Newsgruppen
    Überblick 67
    Verweis 67
noframes 127
noframes versus body 128
non breaking space 43
non-validierend 153
noresize 131
NoteTab 29
Nummerierung 40

O

object 77
Objekte in JavaScript 186
Objektorientierte Programmiersprache 186
Office 2000 27
ol 40

onClick 195
onLoad 196
onMouseover 195
OnMouseover-Buttons 281
opener 229
Opera 26
order-by 180
Ordner, eigenen Ordner einrichten 32
Ordnerstruktur 64

P

padding 93
Paint Shop Pro 29, 46
paragraph 38
parent 274
Parser 143
    non-validierend 153
    validierend 154
Passwort, gegenchecken 237
Passwortabfrage
    mit JavaScript 205
    mit mehr Sicherheit 214
    per Formular 212
PCDATA 151
Perl 105
Photoshop 46
PNG 46
position 96
Positionieren des Fensters 226
Positionierung
    absolute mit CSS 96
    Reihenfolge 98
Prolog 147
prompt() 202
Prüfprogramm 29
Pulldown-Menü 220
    in Frames 278
    mit DHTML 298

Q

QuickInfo
    für Grafiken 51
    für Textlinks 79

R

Radioknöpfe 108
Rahmen
    für Tabelle 113
    in Frames 130
Rahmen für Grafik 55
Rahmen in CSS 95
Rechnen in JavaScript 255

Reihenfolge mit z-index 98
reset
    Daten abschicken 109
    durch JavaScript abfangen 233
Rollbalken in Frames 130
rows 128
rowspan 115
Runden in JavaScript 255

S

Scannen mit Paint Shop Pro 47
Schalter 70
Schaltflächen, dynamische 281
Schleifen
    for-Schleife 210
    while-Schleife 208
Schließen eines Fensters 227
Schriftart mit font-Tag 42
scrolling 130
select 108
self.close() 228
Selfhtml 30
setMonth() 259
setTimeout() 201
SGML
    Definition 19
    und XML 146
Sichere Webpalette 54
size 107
Skriptfehler in JavaScript 185
SMIL 146
Sonderzeichen 35
Sortieren in XSL 180
Sounddatei in HTML einbinden 75
span, freie Zeichengestaltung 94
split() 267
Springen von Grafiken 51
StarOffice 29
    Animation 58
    Image Map 82
Statuszeile
    Lauftext 291
    Uhrzeit ausgeben 252
Stile 83
Style Sheets .... *Siehe* auch CSS
    Browsertyp 85
    extern auslagern 101
    Gemeinsamkeiten mit JavaScript 88
    in DHTML-Menü 299
    in Dokument einbinden 86
    Inline-Style Sheets 96
    Klassen 92
    Kompaktschreibweise 89
    Nachteile 85

Schriftart und -größe 88
Syntax 87
Überblick 83
Vererbungsprinzip 90
submit 109
Submitservice 311
substring() 214
Suchmaschinen
    Seite bei Crawlern anmelden 310
    Seite bei Katalogen anmelden 309
    Überblick 309
switch 211

T

Tabellen
    Breite 113
    einfache Tabelle 112
    für XSL 180
    Hintergrundfarbe 114
    Horizontalausrichtung 119
    in HTML 111
    in XML 174
    passen sich Fensterbreite an 121
    Rahmen 113
    Textfluss 113
    Überblick 111
    Zellen exakt ausrichten 116
    Zellen teilen 115
table 112
Tags
    eigene erstellen 21
    Regeln in HTML 31
    Überblick 20
target 139
td 112
text-align 93
textarea 107
Texteingabefelder, Attribute 107
Texturen 53
th 114
Ticker 289
Tidy 30
Tim Berners-Lee 20
Timer für Fenster 227
toLowerCase() 214
top 274
toUpperCase() 214
tr 112
Transparenz für Hintergrundfarbe 54
TrueColor 46
TWAIN 47
type in JavaScript 191
Überschriften 37

U

Uhrzeit 249
   als Button 252
   in Statuszeile 252
ul 40
Ulead 46
Uli Meybohms HTML-Editor 29
Umlaute 35
Umleitung
   per onLoad 200
   per refresh 202
   timergesteuert per setTimeout 201
Unterstrichen 42
Upload 306
Usenet 17, 67

V

Validator 29
validierend 154
valign 119
value 107
Variablen 202
VBScript 184
Vererbungsprinzip in Style Sheets 90
Vergleichsoperatoren 207
Verschachteln von Frames 135
Verweildauer auf Webseite 253
Verweis .... Siehe auch Hyperlinks
   auf externes Skript 208
Video einbinden 75
vlink 78

W

W3C 20
WAIS 18
WAP
   Nachteile 22
   Überblick 22
   WML-Seite erstellen 165
WBMP 165
well-formed 146
while 208
width 51
window.opener 229
window.status 253
Windows-Explorer 32
WinWAP 166
WML 22
   Beispiel für WML-Dokument 166
   erlaubte Tags 165
   im Überblick 165
Wohlgeformt 146

World Wide Web als Teilmenge des Internet 17
World Wide Web Consortium (W3C) 20
WS_FTP 29
   Seiten hochladen 306
   Tricks 308
   Überblick 306
Wurzelelement 147

X

X-Forms 21
XLink 164
XML
   als offener Standard 145
   als Teilmenge von SGML 146
   Attribute definieren 158
   benötigte Dokumente 143
   Einführung 141
   Grafik einfügen 174
   gültige Dokumente 143
   HTML-Datei in XML 162
   Hyperlinks mit XLink 164
   in HTML-Datei einbinden 163
   Knoten 149, 157
   Kommentare 144
   layouten 169
   Prolog 147
   Prüfprogramm 154
   Regeln 143
   Struktur im Browser betrachten 148
   und JavaScript 192
   versus HTML 141
   Verweis auf CSS-Datei 170
   Vorteile gegenüber HTML 144
   WML 165
   wohlgeformt 146
   Wurzelelement grafisch 157
xmlns 162
XSL 169
   erstes Beispiel 172
   for-each 176
   sortieren 180
XSLT
   als Variante von XSL 172
   im Internet Explorer 169

Z

Zählschleife 210
Zeichenformate, freie 94
Zeilenhöhe 93
Zellen teilen 115
z-index 98

►►► Wenn Sie an dieser Seite angelangt sind ...

dann haben Sie sicher schon auf den vorangegangenen Seiten gestöbert oder sogar das ganze Buch gelesen. Und Sie können nun sagen, wie Ihnen dieses Buch gefallen hat. Ihre Meinung interessiert uns!

Uns interessiert, ob Sie jede Menge „Aha-Erlebnisse" hatten, ob es vielleicht etwas gab, bei dem das Buch Ihnen nicht weiterhelfen konnte, oder ob Sie einfach rundherum zufrieden waren (was wir natürlich hoffen). Wie auch immer – schreiben Sie uns! Wir freuen uns über Ihre Post, über hr Lob genauso wie über Ihre Kritik! Ihre Anregungen helfen uns, die nächsten Titel noch praxisnäher zu gestalten.

Was mir an diesem Buch gefällt: _____

_____

_____

Das sollten Sie unbedingt ändern: _____

_____

Mein Kommentar zum Buch: _____

442 291

_____

_____

☐ Ja Ich möchte DATA BECKER Autor werden. Bitte schicken Sie mir die Infos für Autoren.

☐ Ja Bitte schicken Sie mir Informationen zu Ihren Neuerscheinungen

Name, Vorname _____

Straße _____

PLZ, Ort _____

Ihre Ideen sind gefragt!

Vielleicht möchten Sie sogar selbst als Autor bei

DATA BECKER

mitarbeiten?
Wir suchen Buch- und Software- Autoren. Wenn Sie über Spezial-Kenntnisse in einem bestimmten Bereich verfügen, dann fordern Sie doch einfach unsere Infos für Autoren an.

Bitte einschicken an:
DATA BECKER GmbH & Co. KG
Postfach 10 20 44
40011 Düsseldorf

Sie können uns auch faxen:
(02 11) 3 19 04 98

Apropos: die ◄ ◄ ◄ nächsten Versionen. Wollen Sie am Ball bleiben? Wir informieren Sie gerne, was es Neues an Software und Büchern von *DATA BECKER* gibt.

DATA BECKER
Internet: http://www.databecker.de